未婚化する日本

ペアーズ共同調査と統計データが示すその傾向と対策

白秋社編集チーム／編著
天野馨南子／監修

本書について

現在の日本では、出生率が低下し人口における子どもの割合が減る「少子化」、寿命の延長よりも主に少子化によって65歳以上の高齢者の割合が急激に増加する「高齢化」、そして全体としての「人口減少」の3つが同時に進行しています。これは日本に限ったことではなく、イタリアやスペイン、お隣の韓国でも同様の状況です。

この状況が続くことで、生産年齢人口の減少による生産力の低下、これに伴う経済の停滞、国際競争力の低下、国や自治体の税収の低下・財政悪化、社会保障や公的サービスの維持困難など、さまざまな悪影響を及ぼすことが見込まれます。

この状況を何とか食い止めようと、政府や自治体がさまざまな施策を打ち出していますが、大きな成果が出るに至ってはいない状況です。ことに合計特殊出生率を上昇させ、出生数を増やすことは最重要課題ですが、昨年2020年のそれは1・34と5年連続低下、出生数も85万人を割り込みました。

これに追い打ちをかけたのが新型コロナウイルス感染症の流行です。20年は婚姻件数も減少しており、結果として21年の出生数は80万人を切る可能性があるのです。

果たしてこの実態をどのように改善させるのか。本書では、気鋭の人口問題専門家の助言のもと、さまざまなデータを紐解きながら、少子化の真の原因を探り、そして、根本的な課題とその効果的な対策を提示します。くわえて、そもそも子どもを産み育てる夫婦をどのように増やすかについて、ＩＴやＡＩなどを利活用することで、効率よく男女が結ばれる時代に到達した現状を報告します。

本書を一読いただくことで、読者の皆様の多くが持つ少子化対策の従来のイメージは刷新され、常識にとらわれないさまざまな解決の手立てが目の前に提供されていることに気づくことになるでしょう。

２０２１年10月
白秋社編集チーム

【目次】

本書について …… 2

序章：消滅へと向かう日本の「ふるさと人口」

どうして日本の人口は消滅コースにあると言えるのか …… 13
なぜ超低出生率（LLF）が続いているのか？ …… 19

第一章：日本の未婚化を俯瞰する

婚姻数半減の衝撃 …… 32
平均結婚年齢を上げる高齢者婚 …… 35
共働き世帯の方が専業主婦世帯より子が多いという事実 …… 37
未婚化に突き進むニッポン男性 …… 44
未婚化対策は少子高齢化対策の一丁目一番地 …… 48
結婚適齢期に恋愛相手ナシ大多数の現実 …… 51
「世話焼き」不在社会 …… 61
変容する出会いの場 …… 65

コロナ禍という非日常が気づかせること …… 68
コロナ禍で活性化する婚活市場 …… 73

第二章：日本の未婚化はなぜ起きているのか
～「日本の未婚化の要因に関する仮説検証調査（2020）」が示す事実～

「日本の未婚化の要因に関する仮説検証調査（2020）」
調査目的と調査における仮説 …… 82
調査結果の要点と考察
【1】活動の積極性の差 …… 86
【2】相手の考えへの「思い込み」 …… 96
【3】結婚希望年齢と実態の乖離 …… 106
マッチングアプリ（ペアーズ）利用者の特徴 …… 110
調査結果からの示唆 …… 115

第三章：統計データが示す「未婚化する日本」の実態

【考察1】結婚にはタイムリミットがある
男性の初婚年齢のピークは27歳、35歳以降は「婚難」…… 120
女性の初婚年齢のピークは26歳、30歳で7割が結婚…… 123
「平均初婚年齢」という罠…… 125
【考察2】中年男性の年下妻志向は非現実的
カップルの年齢差の平均は縮小傾向…… 130
中高年男性の結婚年齢や条件への勘違い…… 134
【考察3】未婚者は相手への条件を求めすぎる
結婚には経済力が必要という思い込み…… 140
男性優位を打ち破る「学歴上位妻」の台頭…… 143
【考察4】女性は自ら設定した「ガラス天井」に縛られている
世の中の流れに合わせた男性の共働き志向…… 148
未婚女性のロールモデルは専業主婦の母？…… 153

【考察5】 積極性が結婚の成否を決める

結婚相手の絶対数が激減している …… 157

早くから真剣に取り組む女性VS.あとから慌てる男性 …… 159

【未婚化解消に向けて】

活動時期の意識改革 …… 164

相手に求める条件の再考 …… 165

自ら周囲にアピールする …… 167

従業員が婚活できる環境整備は企業の責任 …… 169

関係人口で地方との人的交流を増やす …… 172

第四章：新しい婚活スタイルの登場

婚活の第一歩は「出会うこと」 …… 178

世界中で利用される「マッチングアプリ」 …… 184

マッチングアプリの最大のメリットは「出会いの数」 …… 188

マッチングアプリの仕組みとリスク回避について …… 192

提供過剰気味のマッチングアプリ …… 194
出会いたいのか、結婚したいのか …… 197
自治体が提供する結婚支援サービスの台頭
ビックデータを活用した全国初の公的結婚支援センター
「えひめ結婚支援センター」 …… 200
ボランティアスタッフの協力で地域一体となってサポート …… 201
ビッグデータの解析結果を活用した「IT婚活」 …… 202
事例紹介パート① マッチングアプリ・ペアーズ 婚活編 …… 206
事例紹介パート② えひめ結婚支援センター 婚活編 …… 226

第五章：未婚化を阻止するために

認識すべき5つの「勘違い」
人生の「ハザードマップ」を知る …… 250
未婚化を助長する5つの「勘違い」 …… 253
「普通」という条件のハードル …… 278

自立を阻む過保護すぎる「親」
「長期子どもポジションキープ」の現実 …… 281
男性の未婚には母親の影響も …… 286
日本の未婚化にどのように歯止めをかけるか
多様化する結婚と出会い方 …… 291
女性も「申し込まれる側」から「申し込む側」へ …… 294
「未婚化」が引き起こす日本の消滅 …… 298
コロナ禍で日本の結婚、出産数はさらに減少 …… 301
世界的な結婚・出産減による人口減少危機 …… 303
未婚化を食い止め、国民と社会に幸福な未来を …… 306

おわりに …… 312

【参考】日本の将来推計人口（平成29年推計） …… 318

序章

消滅へと向かう
日本の「ふるさと人口」

この本を手にした皆さんは、令和時代に入った日本が直面する「ある重大な事実」を知ることになります。

読後にはきっと「どうしてこんな大事なことが広く知られていないんだろう」と驚く（嘆く）方も多いことでしょう。

最初に結論からお話しすると、日本は今「ふるさと人口消滅」に向かって一直線に走っています。このまま人口の減少傾向が変わらないとすると、日本の空の下で生まれる人々（日本の「ふるさと人口」とします）は「消滅コース」をたどる運命にあると人口問題を扱う学者の間では言われているのです。

人口統計的には明確に「レッドリスト」。

それが令和時代の日本の真実の姿です。

ここで、①どうして日本のふるさと人口は消滅コースにあるといえるのか、そして、②なぜそうなってしまったのかの2点について、この本の最初に簡単に説明しておきましょう。

どうして日本の人口は消滅コースにあるといえるのか

合計特殊出生率（Total Fertility Rate、以下ＴＦＲ）という言葉を耳にしたことがある方は少なくないかもしれません。メディアなどでは「出生率」と省略されていることが多い統計用語です。大切なことは、ＴＦＲは「統計的に作り出された指標値」であり、その意味をよく理解した上で用いましょう、ということです。

ＴＦＲの意味とは一体どういうことでしょうか？

ある調査年Ｘ年において、Ｙエリアに住む１人の女性が生涯に（15歳から49歳の間に）産むだろう子どもの数を、そのエリアの対象年齢の全女性の出産動向から算出したものがＴＦＲです。例えばＴＦＲが１・５だとすると、Ｘ年の出産動向からみると「Ｙエリアの女性は生涯に１・５人の子どもを授かるでしょう」という読み方になります。

よくＴＦＲを「夫婦が授かる子どもの数」と読み間違える方がいます。しかし、ＴＦＲ１・５を「最近の夫婦は１・５人子どもを授かるらしいよ」と読むのは大間違いです。

【図0-1】 TFR計算イメージ

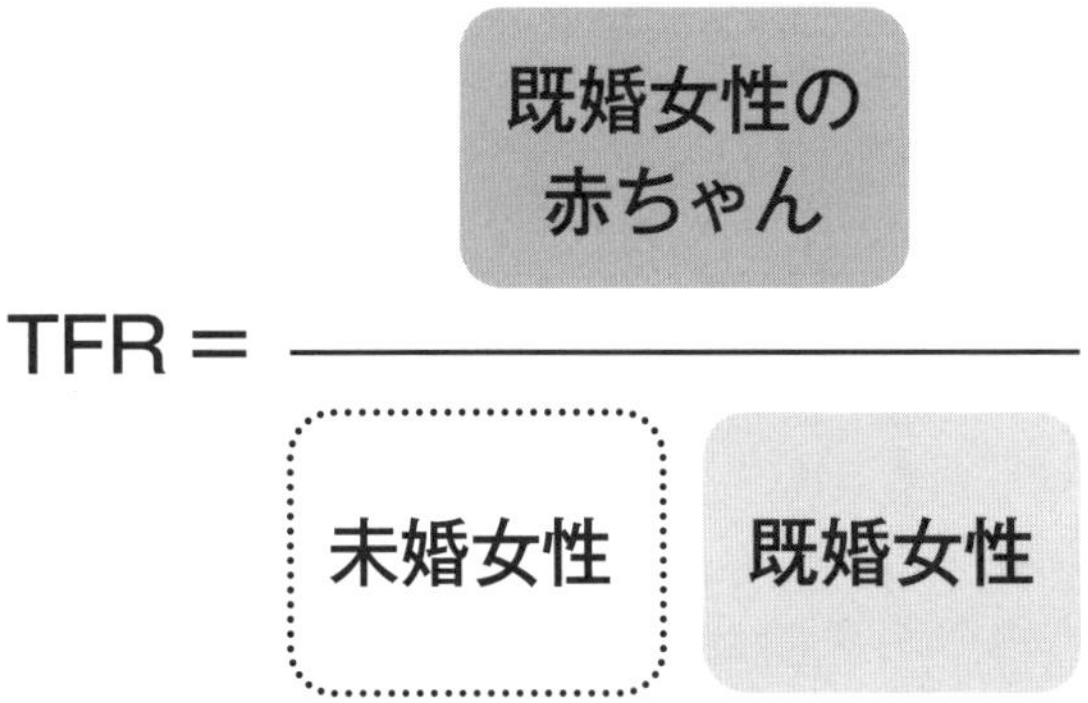

監修者作成

ＴＦＲは15歳から49歳のそのエリアの全女性を含んで計算されます。ですので、その中身は大まかに未婚の女性と既婚の女性の２パターンの出産状況に分かれるのです。つまり15歳から１歳ごとに未婚女性の出生率と既婚女性の出生率を足し上げていってＴＦＲは計算されるのです。

日本の場合、長期にわたり婚外子比率は２％で推移しています。ですので、計算上はほとんどが既婚女性の赤ちゃんとなります（図０－１）。

この図からわかるように、ＴＦＲはそのエリアの未婚者割合が高くなればなるほど下がっていきます。夫婦が授かる子どもが平均して３人であったとしても、未婚者割合が高い場合、ＴＦＲは１.５になることがあるのです。

ＴＦＲの計算の中身への理解を置き去りにして、ＴＦＲが低下するとすぐに「子育て支援不足！　何やっているんだ！」とほぼ既婚者を対象とした子育て支援施策に力が入りがちです（図の右下の部分へのアプローチ）。

しかし、未婚者がどんどん増えている状況（図の左下部分の割合の増加）では、いくら子育て支援に資金投入したとしても、そもそも支援するカップルがいなくなっていく状況であるために、一向にＴＦＲが上がらない、つまり赤ちゃんが増えないということになるのです。

ＴＦＲの説明はこのくらいにして、実はこのＴＦＲがある一定水準を下回る状況が続くと人口減少が止まらなくなるとされています。例えば１.５を下回る状況を超低出生率（ＬＬＦ：Lowest-low Fertility）と呼びますが※1、１人の女性が生涯に授かる子どもの数が１.５を下回るＬＬＦという状況はどういう状況を意味するのでしょうか。

※1　人口の回復不能な減少をもたらすレベルの低出生率の水準や呼称等は学者によって諸説あり必ずしも均一ではありませんが、1.3ならびに1.5が多く採用されています。今回は人口学者・元慶應義塾大学経済学部教授 津谷典子氏、国立社会保障・人口問題研究所 人口動向研究部第1室長 守泉理恵氏の定義を採用しています。

人類は男性と女性に大きく分かれます。そして、神の手とでもいうべきでしょうか、男児：女児＝1.05：1.00で、世界中ほぼ同数生まれてきます。男児の方が多く生まれていても乳児死亡率が高いため、成人になるとほぼ1：1に近づき、男女のマッチングが余りなくバランスよく行われる数となります。

男性と女性の2名がマッチングして1名しか生まれない場合、子世代人口は親世代人口の半分になってしまいます。これが1.5名であっても、1.5／2＝75％水準の人口に子世代は減ってしまうのです。このような出生状況をLLFと呼んでいます。

たった数年程度、このようなLLF状況が突発的に起こったとしても、後に続く何年かで高い出生率を取り戻せば子世代の人口が大きく減っていくことを免れることができます。しかし、LLFが長期、例えば20年以上（赤ちゃんが次世代の親になる程度の期間）続いてしまうと、ふるさと人口は「LLFの罠《わな》」に陥り、絶滅への道を進むことになります。

「LLFの罠」については、国立社会保障・人口問題研究所「人口問題研究」に掲載されている「非常に低い出生率：その結果、原因、及び政策アプローチ」（ピーターマクドナルド）※2が詳しいので、さらに深掘りされたい方はご一読下さい。大まかに説明すると、低出生率社会が続くと「低出生率状態が普通※3」という感覚に社会が変化し、それを維持するような社会構造に変化していくために、人口減少が止まらなくなる、という罠です。

いずれにしても、人口学的にLLFが長期に継続した場合、そのエリアに生まれる「ふるさと人口」は絶滅する、という歴史があるのですが、日本のTFRの状況はどうでしょうか（図0－2）。

日本のTFRは1975年から恒常的に2.0を下回り始めます。親世代と同じ数の子世代が維持されるための人口置換水準とされるTFRは日本の場合は2.07※4です。つまり、1975年以降、親世代人口＞子世代人口となるTFRが続いています。そして、1995年以降は1.5を恒常的に切っています。

すでに日本は、25年＝四半世紀もの間LLFが継続しており、LLFの罠に完全にはまり込んでしまっているのです。親世代の75％水準に満たない赤ちゃんしか生まれないことによって、日本の人口は縮小ループ、すなわち消滅への道をひた走っているのです。

※2　人口問題研究（J. of Population Problems）64－2（2008.6）p.46～53
※3　例えば、一人っ子が普通、子どもを持たないことが普通、など。「私は2人きょうだいなので、家族を持ったら子どもは2人欲しい」といった感覚が「私は一人っ子なので、家族を持ったら子どもは1人でいい」という感覚に社会全体の動向が変化していくような状況を言います。
※4　乳児死亡率や成人するまでの死亡率をふまえて算出されているため、2.0よりも大きな数字となっています。

【図0-2】 日本の TFR の推移

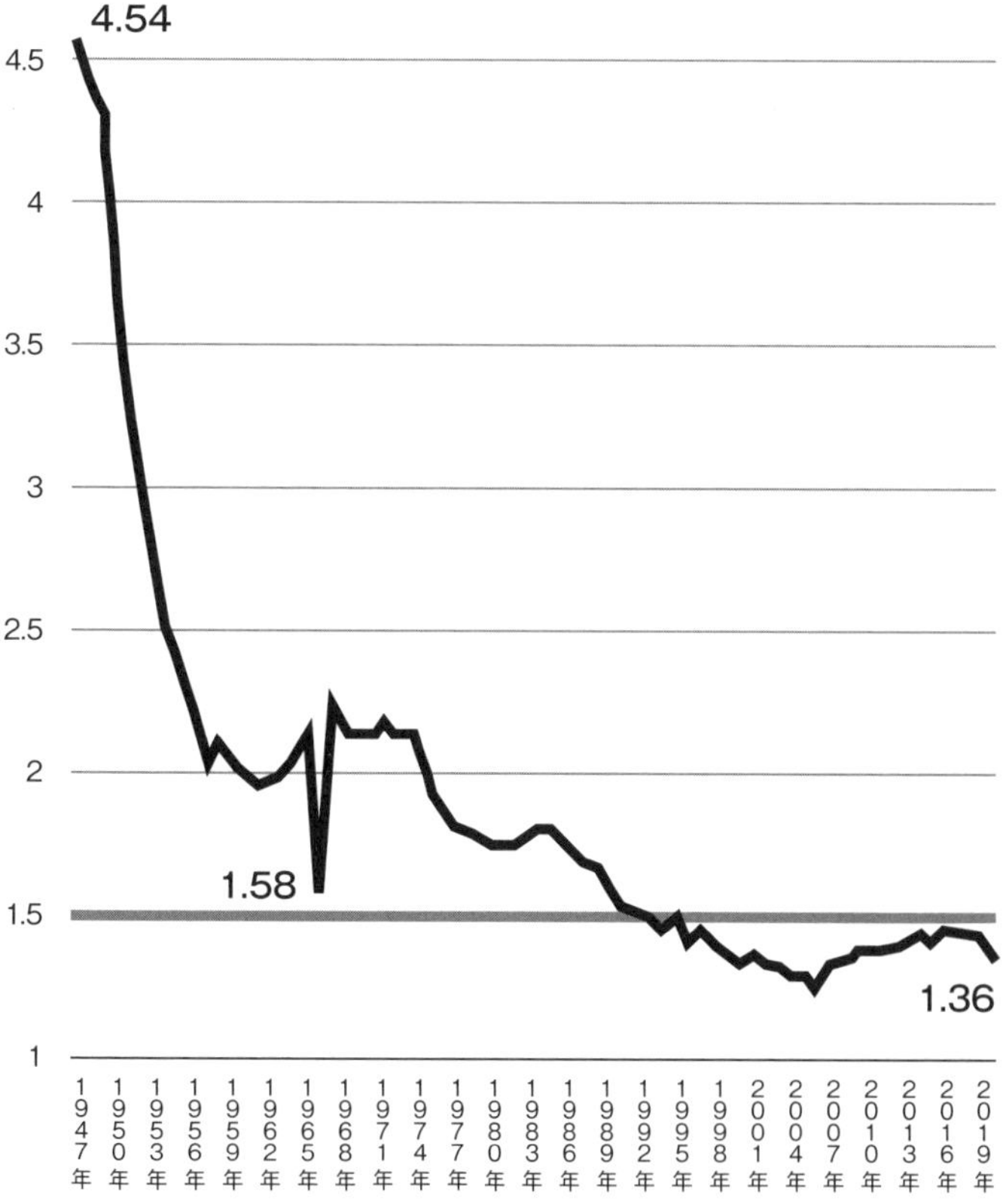

出典：厚生労働省「人口動態統計」より編集部作成
データ：年次別に見た合計特殊出生率

なぜ超低出生率（ＬＬＦ）が続いているのか？

ここで一つ、低出生率だから人口が減るとは限らない、という話をしておきたいと思います。日本ではあたかもＴＦＲが赤ちゃんの増減を測定する一番の指標のように思われていますが、若い移民を沢山受け入れている国や、東京都のようにその場所では生まれていない地方からの若い成人男女が転居によって途中で大勢転入しているエリアでは、低出生率でも赤ちゃんの数に影響しないどころか、赤ちゃんが増加するケースさえあるのです。

先ほどの図表を用いてもう一度確認しておきます。

図０－３を見て下さい。①と②では移民以外の女性とその赤ちゃんの数（幅）は変えていません。しかし、移民の女性が加わって移民女性の一部が出産することにより、赤ちゃんの数は増加しています。ＴＦＲは、むしろ未婚の移民女性も増加したことから低下しています。つまり、出産可能な女性人口が一定割合移動する状況下では、ＴＦＲが低下したからといって、出生数が低下する（赤ちゃんが減少する）とは限らないわけです。

非常に誤解が多いので、ＴＦＲを語る上で絶対におさえておいていただきたいことの一つ

【図0-3】 TFR計算イメージ―移民が多いケース

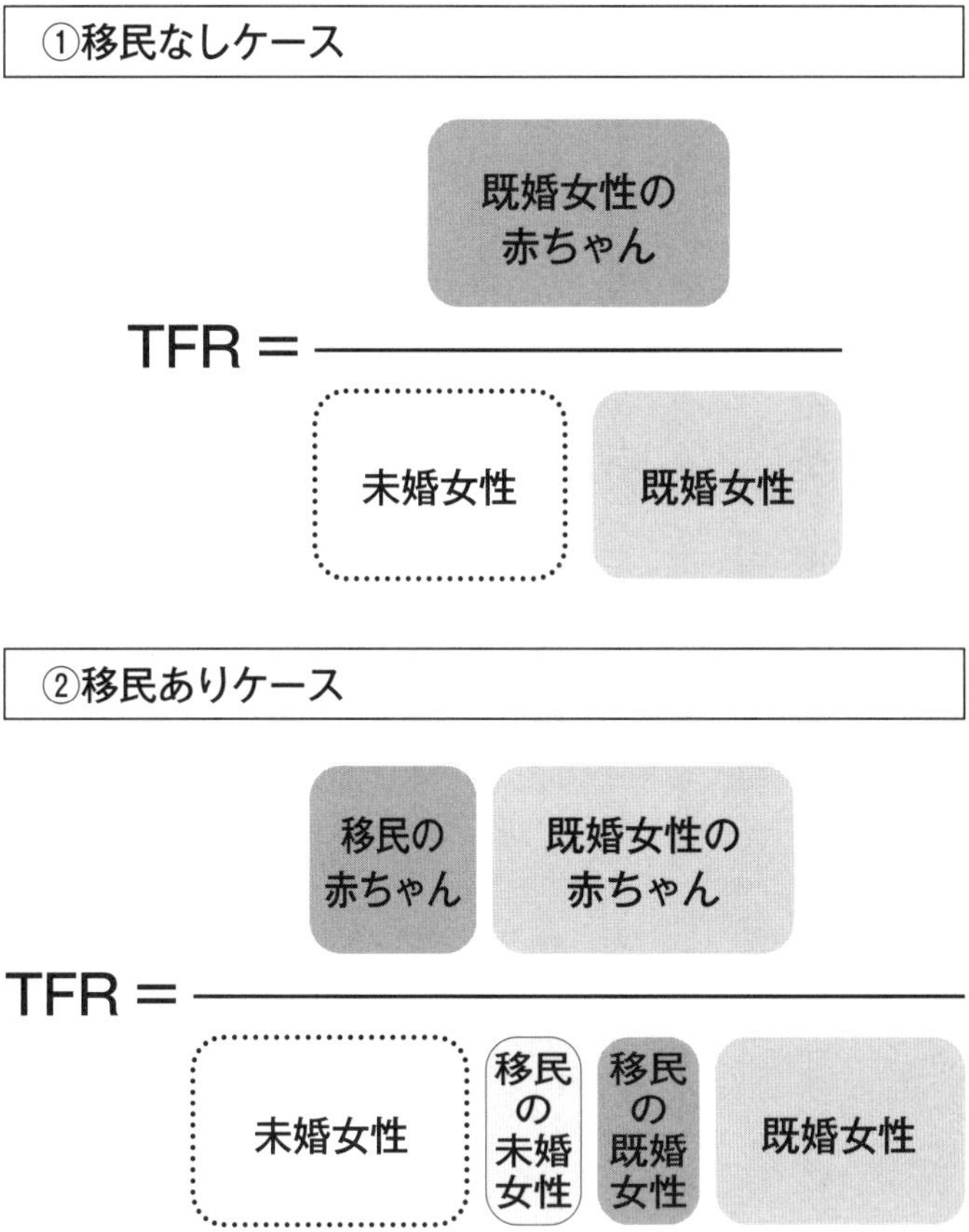

監修者作成

ですが、女性の人口移動が一定割合ある場合は、実はＴＦＲの高低では少子化度合いの高低を語ることはできません。

例えば日本において東京都は全国一未婚率が高く出生率が低いために、あたかも「日本の少子化の本丸エリア」的に思っている方が多いのですが、結婚数も出生数も非常に多く、東京都の人口は30年後も減少しないという推計が、２０１５年国勢調査の結果をもとにした分析結果として国立社会保障・人口問題研究所から出されています。

実際、47都道府県の将来人口の増減率は、各エリアのＴＦＲの高低順には全くなっていないのが実情です。理由は「20代の若い独身男女が多数、東京・神奈川・埼玉などに移動してしまうから」です。母親候補の若い女性が県外に流出している中で、残った女性のＴＦＲをいくら上げても、生まれる赤ちゃんの数、すなわちふるさと人口維持には限界があるのです。

しかし、日本全体でみると、日本での移民割合はわずか2.0％（２０１９年）※5にすぎません。そのためＴＦＲが赤ちゃん数の増減をみる有効な指標になりえるのです。

では日本のＴＦＲはなぜ低いのか、という話に戻ります。

図０－１や図０－３から人口の出入りがないという前提においては、ＴＦＲが低下するのは、

①既婚女性の産む赤ちゃん数の低下　②未婚者割合の増加

の両方か、またはどちらかが原因ということになります。

そこで、日本の半世紀の婚姻数の推移と出生数の推移をみてみたいと思います（図0－4）。

少子化社会、といっても漠然としたイメージしか持っていない方がほとんどだと思います。なぜならメディアなどでよく使用されるＴＦＲでは、実際の子どもの数の減り方が実感できないからです。

まず表内の出生数をご覧ください。

１９７０年には１９３万人の赤ちゃんが生まれていました。しかし、２０１９年には87万人にまで減少し、なんと半世紀たたずに45％水準＝半数以下まで赤ちゃんの数が激減しているのです。２０２１年に51歳になる人口の半分も赤ちゃんが生まれていないという状況です。

次に婚姻総数（結婚数）をご覧ください。

１０３万カップルから60万カップル（１９７０年の58％水準）にこちらも激減し

※5　資料：United Nations - Population Division

【図0-4】 1970年から2019年までの出生数、婚姻総数の推移、ならびに推移データの関連性の分析結果

世代	年	出生数A	婚姻総数B	うち初婚同士C	初婚同士割合（%）	1夫婦あたり子どもの数A/B	出生数/初婚同士婚姻数A/C
	1970年	1,934,239	1,029,405	914,870	88.9	1.88	2.11
団塊ジュニア	1971年	2,000,973	1,091,229	972,908	89.2	1.83	2.06
団塊ジュニア	1972年	2,038,682	1,099,984	979,331	89.0	1.85	2.08
団塊ジュニア	1973年	2,091,983	1,071,923	949,938	88.6	1.95	2.20
団塊ジュニア	1974年	2,029,989	1,000,455	878,277	87.8	2.03	2.31
	1980年	1,576,889	774,702	657,373	84.9	2.04	2.40
	1990年	1,221,585	722,138	589,886	81.7	1.69	2.07
	2000年	1,190,547	798,138	630,235	79.0	1.49	1.89
	2010年	1,071,305	700,222	520,960	74.4	1.53	2.06
乳幼児	2017年	946,146	606,952	445,672	73.4	1.56	2.12
乳幼児	2018年	918,400	586,952	429,742	73.3	1.57	2.14
乳幼児	2019年	865,239	599,007	438,912	73.3	1.44	1.97
		出生数A	婚姻総数B	うち初婚同士C	初婚同士割合（%）	1夫婦あたり子どもの数A/B	出生数/初婚同士婚姻数A/C
1970年→2019年		45%	58%	48%	82%	77%	93%
出生数との相関関係		1.00	0.89 強い相関	0.93 強い相関	0.92 強い相関	0.82 強い相関	0.53 相関はある
1夫婦あたり減少数（人）						0.43人減少	0.14人減少

代表的な年のみ図表には掲載、関連性（相関）分析は49年分のデータ結果
出典：厚生労働省「人口動態統計」より編集部作成

ています。しかも、全結婚数に占める再婚割合が増加（11％から27％）しているため、初婚同士の婚姻数では91万カップルから44万カップル（48％水準）と、さらに大きく減少しています。

ここで2つの49年間の推移データ間の関連性の強さをみる相関分析を行ったところ、婚姻数、特に初婚同士婚姻数ならびに初婚同士婚姻数割合と出生数との間に強い正の相関があることがわかりました※6。

ここで図0－4の一番右の列（出生数／初婚同士婚姻数）について補足します。正確には出生数には再婚者を含む結婚において新たに授かった赤ちゃんも含まれます。ですので、分子と分母の親の基準がそろっていません。ではなぜあえてA／Cを計算しているのかという話になります。

出生数のうち初婚同士のカップルの赤ちゃんの数は、人口動態統計からはとることができません。

そこで、毎年ではありませんが、数年おきに公表されている国立社会保障・人口問題研究所の「完結出生児数」（初婚同士の一夫婦が生涯に授

※6　再婚を含む総婚姻数とも強い相関がみられているものの、実は再婚含み婚姻数や再婚割合と出生数との間に強い負の相関（再婚が増えるほど赤ちゃんは減る）があり、それによって結婚が増えることによる赤ちゃん増加効果が薄まっています。
※7　結婚後15年から19年経過している初婚同士の夫婦がもっている子どもの数のアンケート調査結果

【図0-5】 完結出生児数の推移（人）

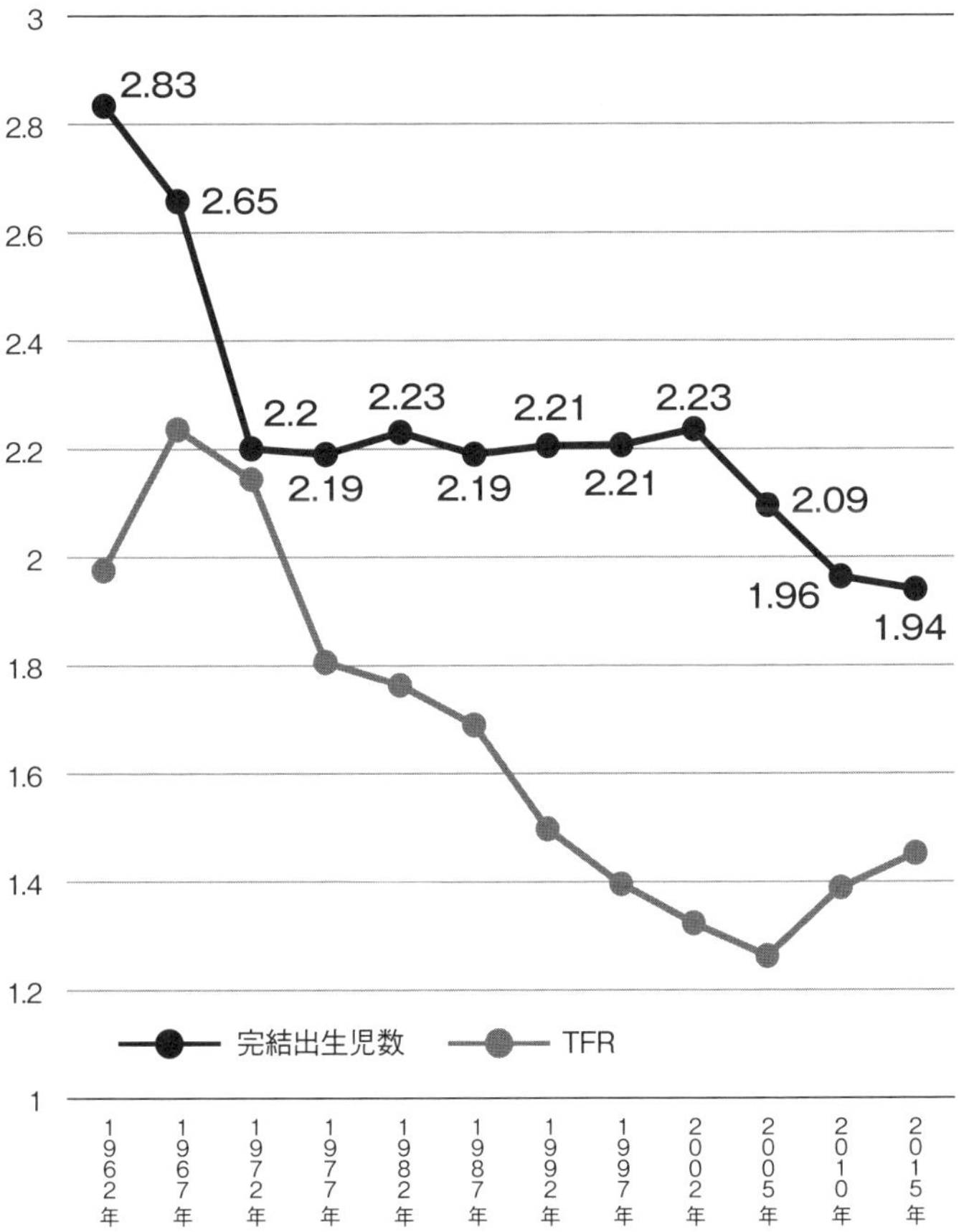

出典：厚生労働省「人口動態統計」、国立社会保障・人口問題研究所「出生動向基本調査」より編集部作成

かる子どもの数の平均※7）をみてみると、2015年に実施された最新調査からは1.94人となっています（図0－5）。

23ページの49年分の推移表（図0－4）では見えていませんが、2015年はA／B（結婚あたり出生数）＝1.58、またA／C＝2.16（初婚同士結婚数でわった出生数）となっており、A／Cの水準の方がより完結出生児数に近くなっています。

2015年以外の過去データを見ても、完結出生児数はほぼA／Cに近い状況となっています※8。

このことから、初婚同士の夫婦が持つ子どもの数（完結出生児数）の実態はA／Cに近い、ということで代替的に出生数との相関関係をみています※9。

以上の結果を簡単に説明すると、「初婚同士の結婚数が増えれば、出生数は必ず増えます」「初婚同士の結婚数が増えないと、出生数は増えません」という結果が出ているのです。

また再婚数とその割合が増えていること（出生数に強い負の相関をも

※8　特に再婚割合が上昇するにつれて、完結出生児数は初婚同士夫婦あたり出生数により近似する傾向です。

※9　完結出生児数は結婚後15年から19年経過した初婚同士夫婦の持つ子どもの数のためタイムラグはありますが、2つの推移データの変化の近似性をみることを目的として利用しています。

つことが判明）が理解をやや難しくしていましたが、初婚同士の婚姻数と出生数がほぼ同率（48％水準、45％水準）で減少していることから、初婚夫婦あたりの赤ちゃんの数（これは半世紀の間、ほぼ2・0人前後の水準）の減少というよりは、初婚同士の婚姻数の激減が日本の少子化の決定要因だったことがみてとれます。

ちなみに1970年から2019年の49年間で15歳から49歳の女性（TFR計算対象人口数）は82・5％水準（2940万→2427万）にしか減っていません。つまり、少子化でTFR計算対象人口が減った以上のスピードで、1970年の48％水準にまで未婚化が進んだことが出生数の激減（45％水準に減少）の大きな原因といえます。

今でもたまに、高齢世代から「少しは赤ちゃんが減ったっていいんだよ。過密だしちょっとは広々と暮らした方がいい」などという声を聞くことがあります。残念ながら少しどころではなく、団塊世代といわれる70代前半人口の出生数のもはや1／3未満しか赤ちゃんは生まれてこない、「赤ちゃん消滅社会」が日本の真実の姿です。

そしてその理由は、「初婚同士夫婦が持つ子どもの数はさほど減っていない一方で、そもそものカップルが消滅していく社会」にあるのです。

ふるさと人口として日本の空の下で生まれる赤ちゃんが消えてもよいかどうかは読者それぞれの判断です。

世界全体では人口増加は続いていますので、世界的にみれば日本という小さな島国の上で生まれている人口が再生産されなくても、特段問題のない話、という考え方もあるのかもしれません。

次の章からは、日本における未婚化に関する興味深い分析結果や、未婚割合の増加抑止に向けて取り組む人々の姿、そして今どきのさまざまなカップルのリアルな姿などを見ていきます。

赤ちゃん消滅社会、すなわちふるさと人口消滅への流れの中で、本書の読後に皆さんが何を感じるのか、大変興味深く思います。

第1章

日本の未婚化を俯瞰する

本章では結婚や出産、未婚化について、まずその現状と背景、今後の予測についてさまざまなデータから考察します。これにより、少子高齢化の原因として、世間一般に形成されているイメージと実際のそれとの間に乖離《かいり》があるということをご理解いただけるはずです。

これに加え、日本も2020年年明けから猛威を振るい始めた新型コロナウイルス感染症と、その結果陥ったいわゆる「コロナ禍」という極めて特殊な事象が、人々の恋愛観や婚活などにどのような影響を与えたかについても探っていきます。

婚姻数半減の衝撃

まず、日本の婚姻の現状を確認します。

現在の日本における最重要課題の一つである少子高齢化対策には、とにもかくにも出生数を増やすことが必須です。出生数を増やすと聞くと、「女性の社会進出で共働き夫婦が増え、夫婦に授かる子どもの数が減少したのだろう」というイメージから、もっと子育て支援を頑張ればいいという結論を導く読者が大半だと思います。しかし、いくら子育て支援に力を入れたとしても、そもそも子どもを産み育てるカップルの数が増えるどころか急減していく現状のままでは、少子高齢化は決して止まることはありません。

米の増産といいながら、水田が消えていく状況を止めないようなことでは、収穫量が減るのは当たり前という発想が、子育て支援を軸に進められてきたこれまでの日本の少子化政策には欠けていたといえます。

事実、日本の婚姻数は急激に減っているのです。

図1-1は、1947年から2019年までの婚姻件数と婚姻率の年次推移を表したものです。この間、日本の総人口は約2千万人増加しています。婚姻件数も、戦後の第一次ベビーブーム世代が25歳前後の年齢を迎えた1970年から74年にかけては年間100万組を超え、人口千人当たりの婚姻件数を指す婚姻率も概《おおむ》ね10・0以上ありました。この頃をピークに、1978年以降2010年まではおおよそ年間70万組台で増減を繰り返していましたが、2011年以降は年間60万組台に落ち、2018年にはついに60万組台を割って58万6481組に、婚姻率も4・7と過去最低の記録を更新し、大きな話題となりました。しかし、それを少子化に直結して考え、これを最優先課題であると声高に叫ぶ人は多くはありませんでした。

その後、2019年は7年ぶりに増加し、59万8965組になりましたが、それでも60万

【図 1－1】　婚姻件数及び婚姻率の年次推移

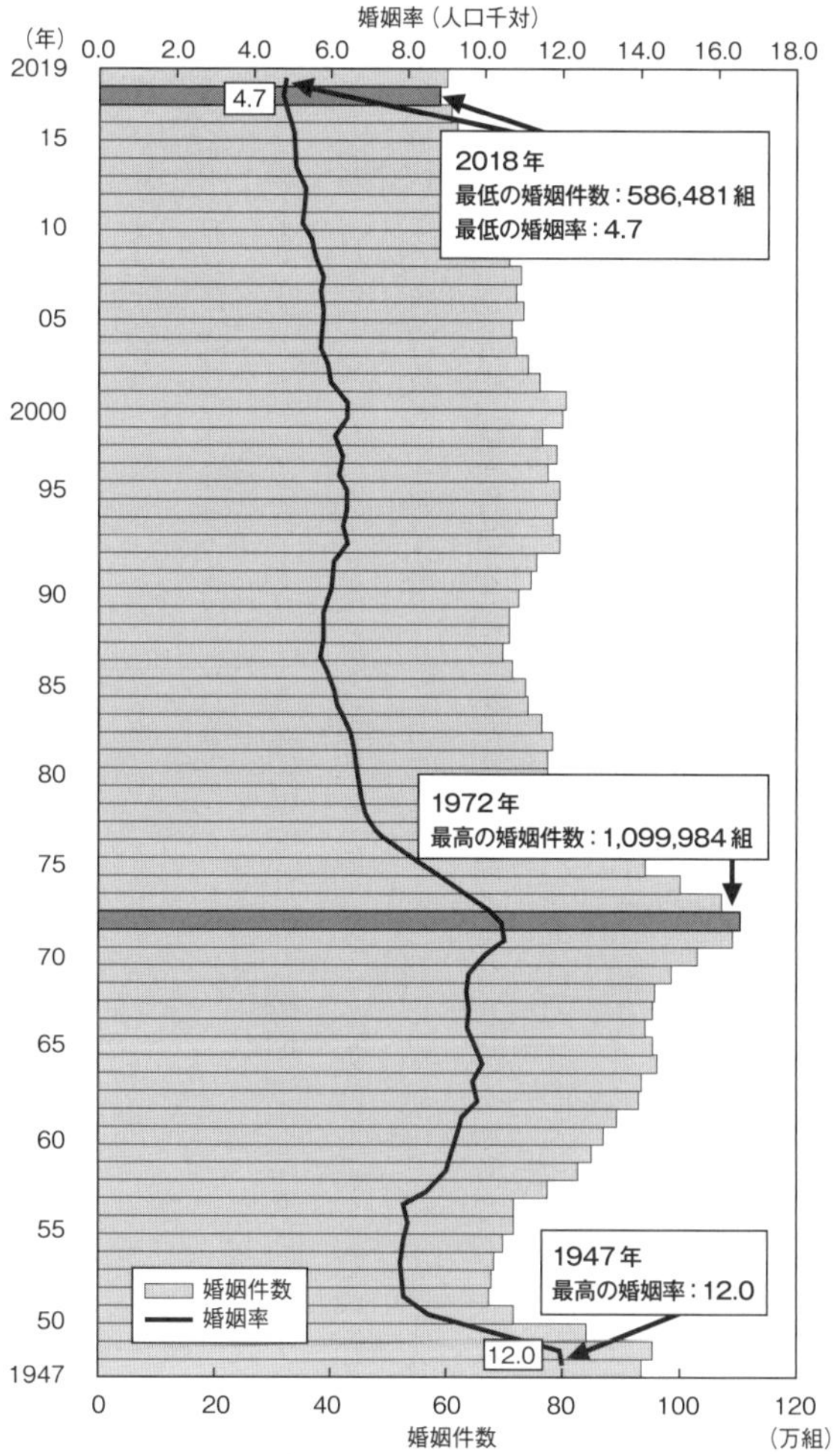

出典：厚生労働省「人口動態統計」（2020 年）より編集部作成

組台を超えることはありません。婚姻率は前年の4・7より0・1上がりましたが、ピーク時の1972年と比べると、半分程度にまで減少しており、日本の未婚化は止まっていません。

平均結婚年齢を上げる高齢者婚

では、婚姻年齢の状況はどのようになっているのでしょうか？　詳しく見ていきましょう。

図1－2は、1975年から2018年までの平均初婚年齢と出生順位別に分けた母親の平均出産年齢の年次推移を表したものです。婚姻数がピークに近かった1975年の平均初婚年齢は、男性が27・0歳、女性が24・7歳で、男女ともに平均年齢でも25歳前後の結婚となっていることがわかります（注：ただし平均はあくまでも平均であり、その年齢＝結婚件数が最多となる結婚ピーク年齢とは限りません）。その後、長期的に男女ともに平均初婚年齢が上がり、2019年では男性が31・2歳、女性が29・6歳となっています。1975年と比較すると、男性は4・2歳、女性は4・9歳も上昇しています。

ただ、社会的に大きな誤解が生じているのですが、この平均年齢の上昇は、高齢化によって発生している一部の中高齢者の結婚が平均値を引き上げる傾向にあり、これが結婚ピーク

【図 1-2】 平均初婚年齢と出生順位別母の平均年齢の年次推移

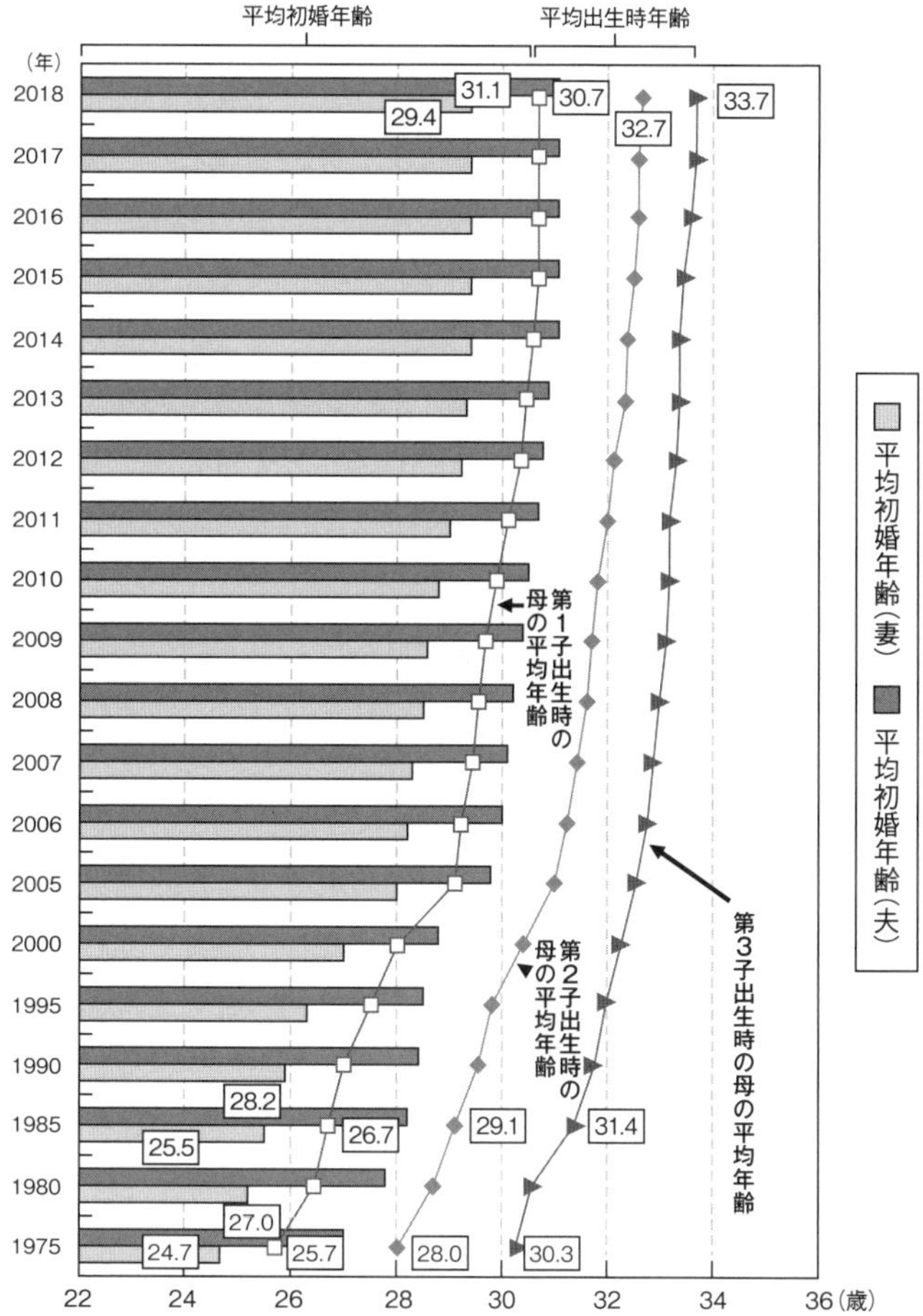

出典：厚生労働省「人口動態統計」(2020 年) より編集部作成

年齢と平均年齢との乖離を拡大させている結果となっているのです。これについては後の章で詳しく解説します。

また、出生時の母親の平均年齢を出生順別にみると、２０１８年では第1子が30・7歳、第2子が32・7歳、第3子が33・7歳となっています。これが１９７５年では第1子が25・7歳、第2子が28・0歳、第3子が30・3歳で、いずれも２０１９年の第1子を出産する平均年齢を4～5歳程度下回っています。こうしたことから、わが国では晩婚化という名の中高齢者結婚に影響される形での平均結婚年齢の上昇、そして晩産化※1が進んでいる様子がみられます。

共働き世帯の方が専業主婦世帯より子が多いという事実

「少子化の主たる原因は女性の晩婚化、晩産化にある」と声高に主張する方は決して少なくありません。確かに、晩婚化は少子化につながります。

※1　晩産化に関しても晩婚化ほどではないものの、平均年齢と実際の出産ピーク年齢との間に２歳程度の差が生じています。こちらも平均年齢あたりでの出産ライフデザインを考える男女へのマイナスの影響が懸念されます。子どもを授かりたいから結婚したいと考える男女にとって、婚期や産期を先延ばしすることは、未婚化・子どもを持てないなどのリスクを高めます。

どんなに医学が進歩しても、人間の体には出産適齢期というものがあるからです※2。

もう一つ指摘されているのが、女性の社会進出です。女性が高学歴化し、結婚をしても仕事を続けるため、共働きの女性は出産を専業主婦の女性よりは望まないだろう、だから女性の社会進出が少子化を招いているに違いない、という指摘です。こういう考えを持つ方は、共働き夫婦といえば、テレビドラマに出てくるようなおしゃれなDINKs(Double Income No Kids =子どもを持たない夫婦の略)夫婦をイメージしているのかもしれません。しかし、データで見た現実では意外な結果が出ているのです。

図1−3は、2015年の国勢調査の結果をもとに専業主婦世帯と共働き世帯の「子なし夫婦」の割合を表したものです。ご覧のように、子どものいない世帯の割合は、専

※2　女性の出産適齢期に関しては若い世代を中心に認知度が高い一方、男性には授かり年齢に制限がないかのように考える人が少なくありません。しかし、2019 年に生まれたすべての赤ちゃんの父親の授かり年齢のピークは 32 歳です（2019 年厚生労働省「人口動態調査」）。父親の授かり年齢のピークは、第 1 子 30 歳、第 2 子 32 歳、第 3 子 35 歳、第 4 子 36 歳、第 5 子以上 36 歳。男性といえども年齢上昇と子どもの有無や数に強い関係があります。これは出産適齢期の女性とそもそもマッチング可能な男性の年齢に制限があること（産期ある女性に選ばれる立場でもあること）、また男性も年齢上昇による 35 歳以上の不妊があることが報告されています。詳細は獨協医科大学越谷病院主任教授　岡田　弘「35 歳を目安に衰えるってホント!? 加齢と精子の意外な関係」https://seem.life/lab/59　を参照ください。

【図 1-3】 専業主婦世帯と共働き世帯の「子なし夫婦」割合

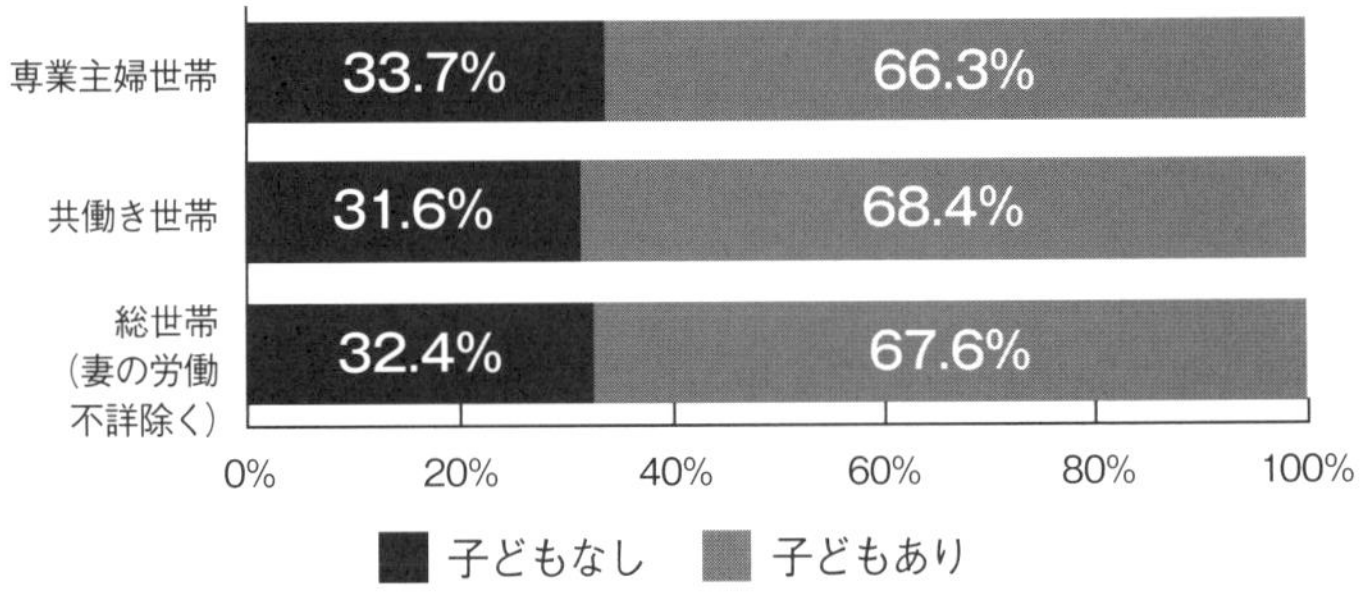

出典：総務省「国勢調査」（平成 27 年）より編集部作成

【図 1-4】 夫婦の働き方×子どもの数の割合

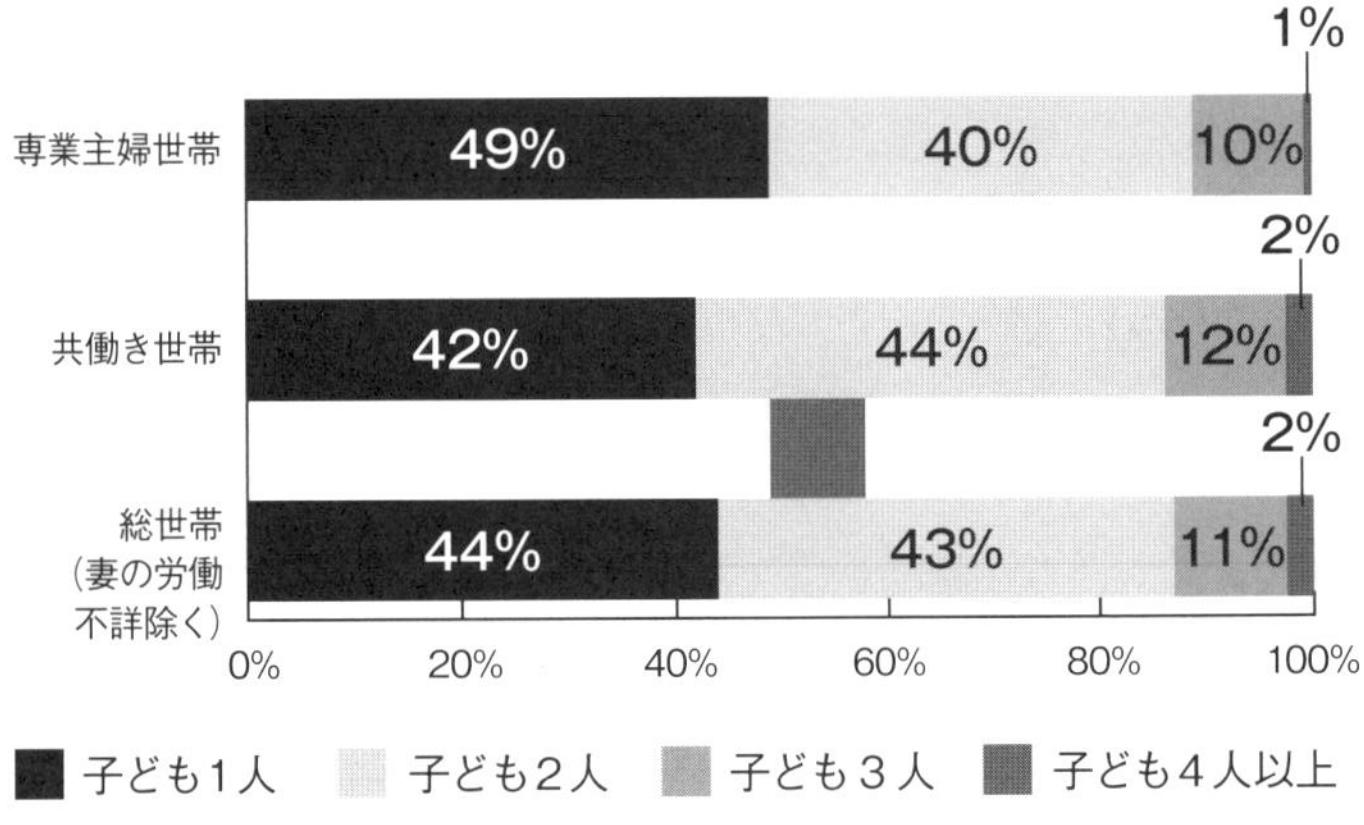

出典：総務省「国勢調査」（平成 27 年）より編集部作成

業主婦世帯では約34％、共働き世帯では約32％と、わずかな差ではありますが、専業主婦世帯で子どものいない世帯の割合の方が高くなっています。このことから、「共働き世帯は専業主婦世帯よりも子どもを持たないだろう」というのは誤解で、むしろその逆」ということが明確に示されています。

さらに意外だったのは、子どもがいる世帯での子どもの数です。図1－4は、同じく2015年国勢調査結果から夫婦の働き方と子どもがいる世帯での子どもの数の割合を算出した結果です。子どもがいる専業主婦世帯の49％、つまり2世帯に1世帯において子どもが1人という結果が出ているのです。子どもが2人いる世帯は40％、3人いる世帯は10％といずれも一人っ子世帯の割合を下回っています。

一方、子どもがいる共働き世帯で一番多いのは、子どもが2人いる世帯で、その割合は44％です。子どもが1人いる世帯は42％、3人いる世帯は12％となっています。つまり、共働き世帯の方が、専業主婦世帯よりも子どもの数が多いという結果です。

以上のことから、女性の社会進出による共働き世帯の増加が子どもを産む数を減少させ、そのことが少子化につながっているという指摘は、現状においては誤りであることがわかり

【図1-5】 完結出生児数の推移

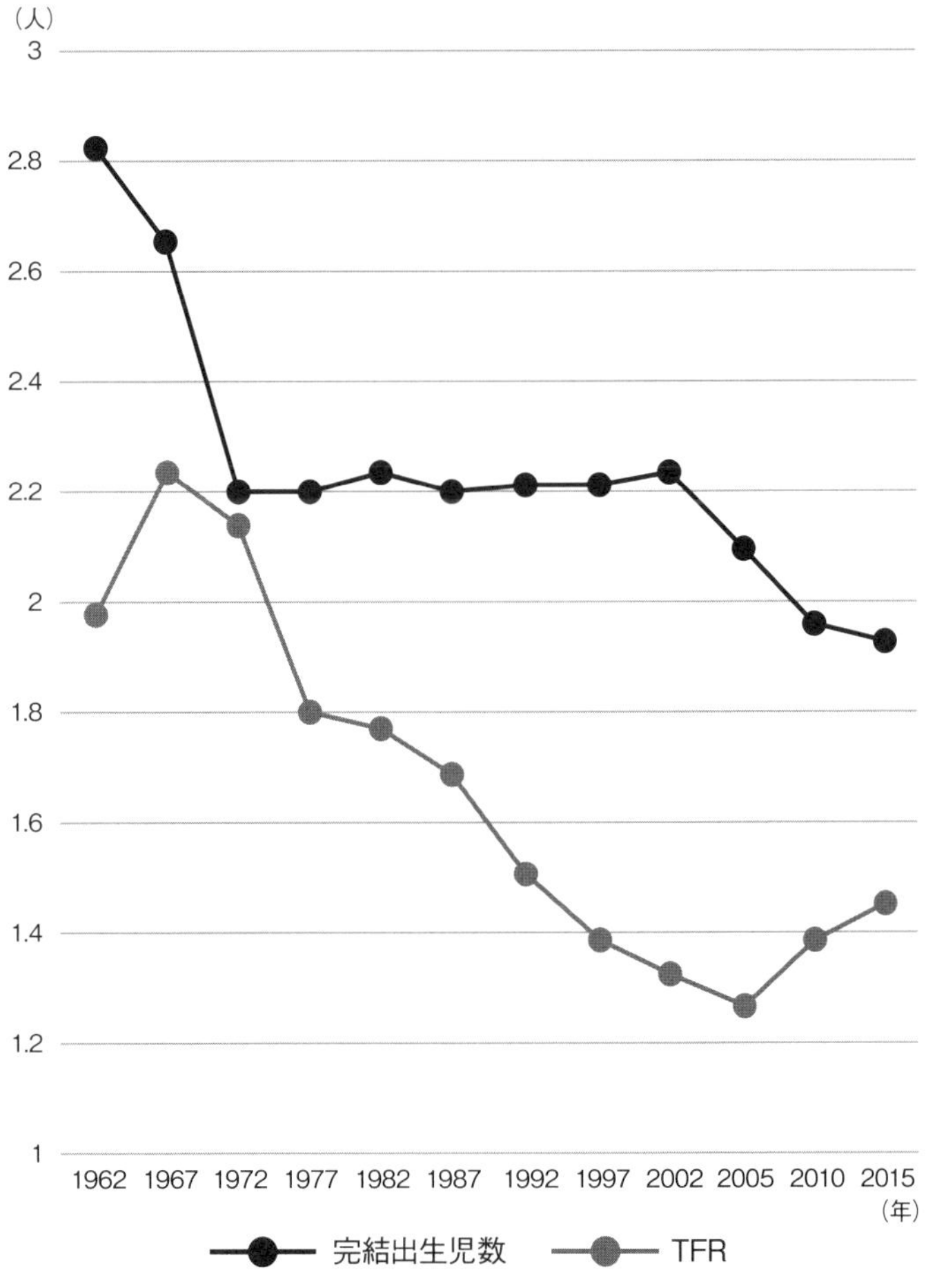

出典：国立社会保障・人口問題研究所「出生動向基本調査」、厚生労働省「人口動態調査」より編集部作成（再掲）

ます※3。

また、完結出生児数（初婚夫婦が最終的に持つ子どもの数の平均値）は、減少傾向にはあるものの現在も1・9をキープしていますので、夫婦が持つ子どもの数が激減したというエビデンスはありません（図1−5）。

つまり、初婚夫婦に限ると「日本は平均して2人の子どもを今も持つ」という家族構成であり、その中身としては、共働き世帯の方が若干子どもが多いといえるのです。それにもかかわらず、赤ちゃんの数が減少し続けているということは、共働き世帯の増加に伴う既婚者の持つ子どもの数の減少が少子化の最大の原因とはいえないということになります。

この事実には驚いた方も多いのではないでしょうか。このように少子化に関する議論において、誤解は少なくありません。データが示すように、思い込みとは違う現実が少なからずあるのが日本の少子化の現状です。

※3　OECDデータでも、女性の労働力率と出生率は1970年では負の相関関係でしたが、2000年では正の相関関係に転じ、むしろ女性の労働力率の高い国ほど出生率が高くなるという関係性に変化しています／内閣府 男女共同参画会議「少子化と男女共同参画に関する専門調査会」資料等

【図1-6】 年齢（5歳階級）別未婚率の推移

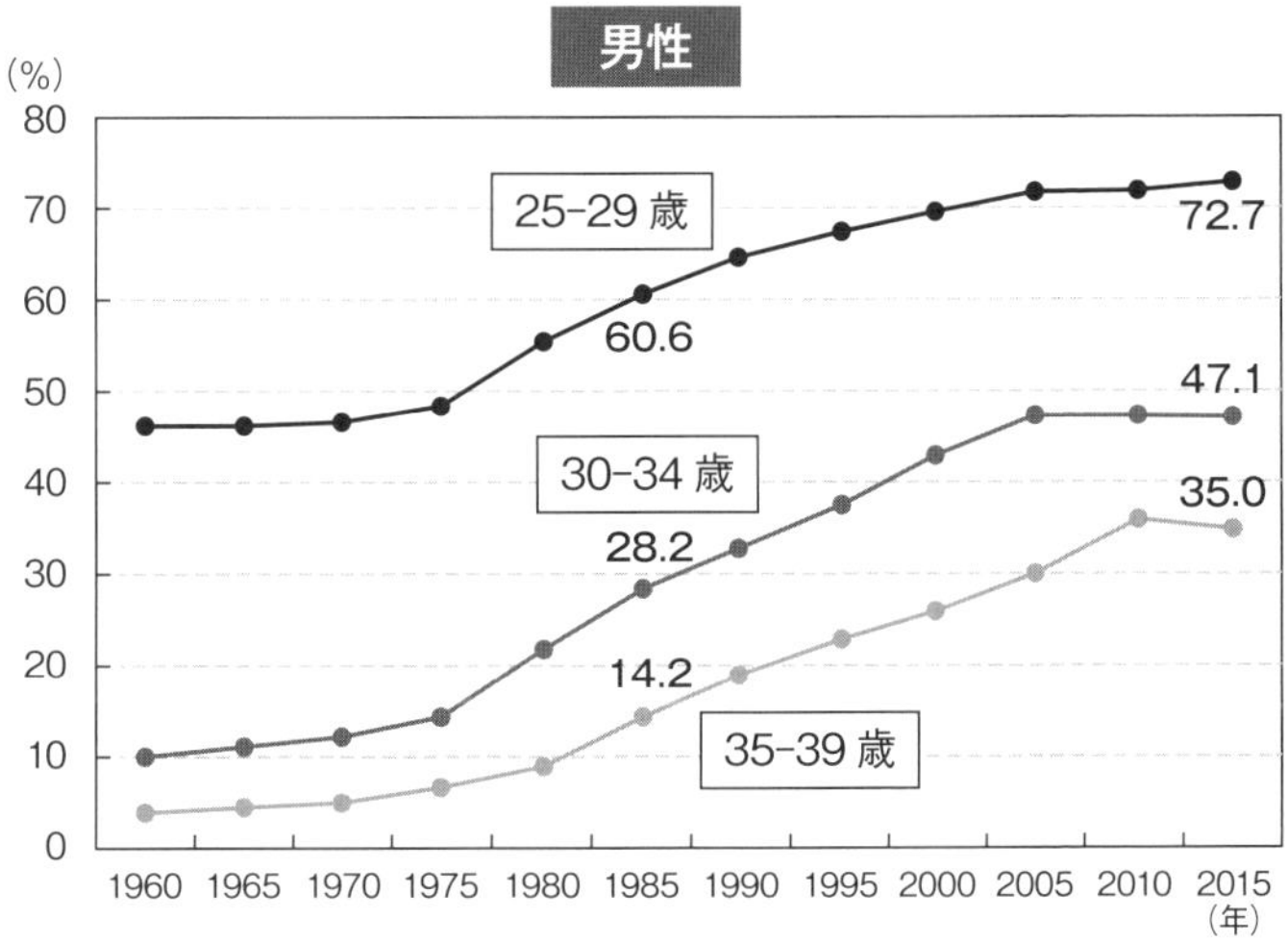

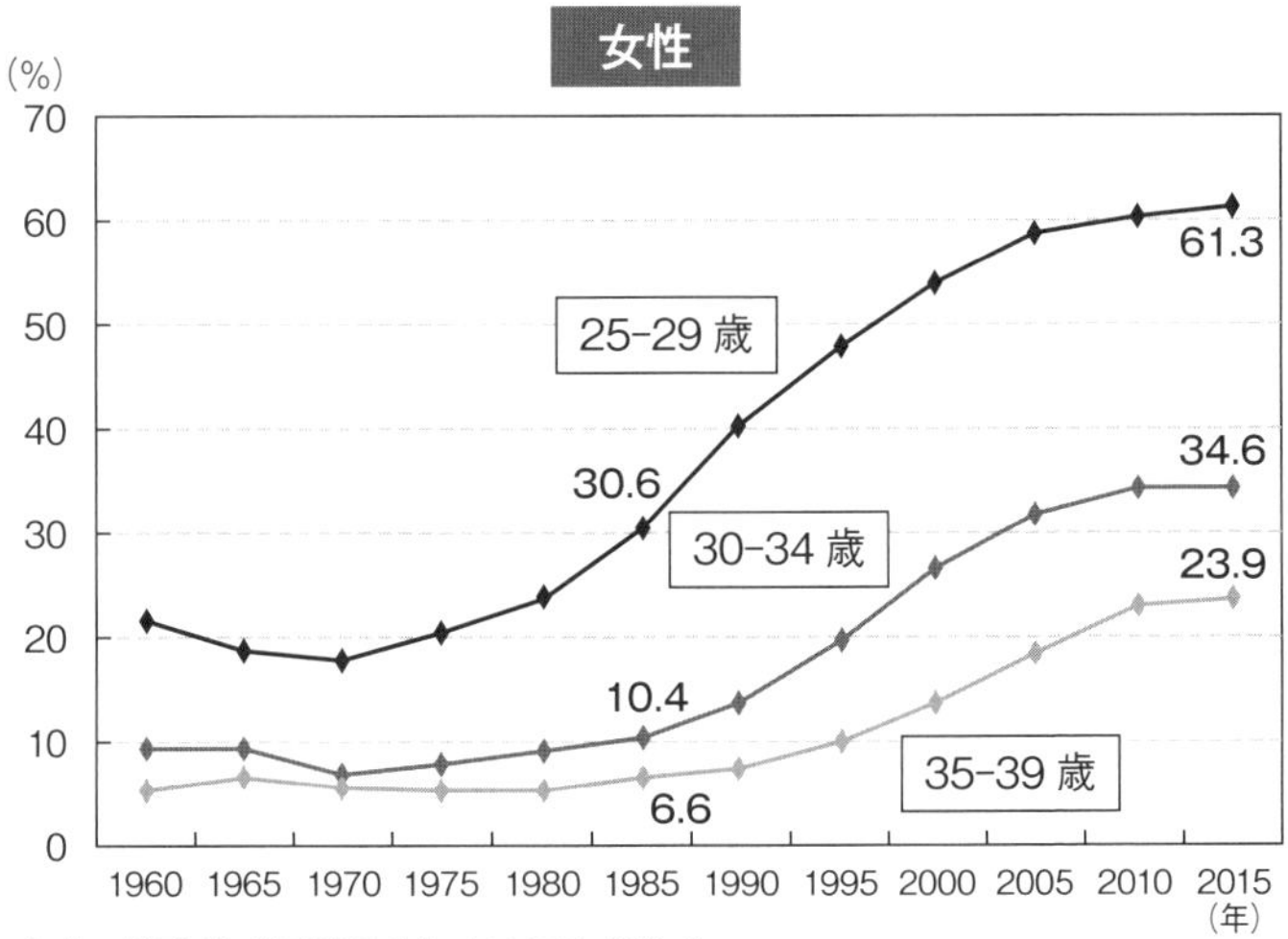

出典：総務省「国勢調査」より編集部作成

未婚化に突き進むニッポン男性

既婚者について見てきたので、次に未婚者（結婚歴がない人）に目を向けてみたいと思います。

図1－6は5歳階級で年齢別に分けた未婚率の推移を表したものです。未婚率を年齢別で見てみると、25歳～29歳の男性は72.7％、女性は61.3％と、20代後半ですでに男女の未婚率に目立つ差が生じます。30歳～34歳になると、男性は47.1％でおよそ2人に1人、女性は34.6％でおよそ3人に1人となり、35歳～39歳になると、男性は35.0％でおよそ3人に1人、女性は23.9％でおよそ4人に1人といったように、男性と女性との間には常に10ポイント以上の大きな開きが生じています。

さらに、50歳時の未婚割合を見ると、衝撃的な事実を知ることになります。図1－7は、50歳時の未婚割合の半世紀の推移を表したものです。ここでいう未婚とは、一度も結婚をしたことがない人を指し、離婚や死別で一人になった人は含みません。

このグラフからもわかるように、1990年頃までは、男女ともに50歳時未婚割合は低く、多くの成人男女は50歳までに結婚していました。ところが、それ以降になると状況が変わっ

【図1-7】　50歳時の未婚割合（1965～2015年）

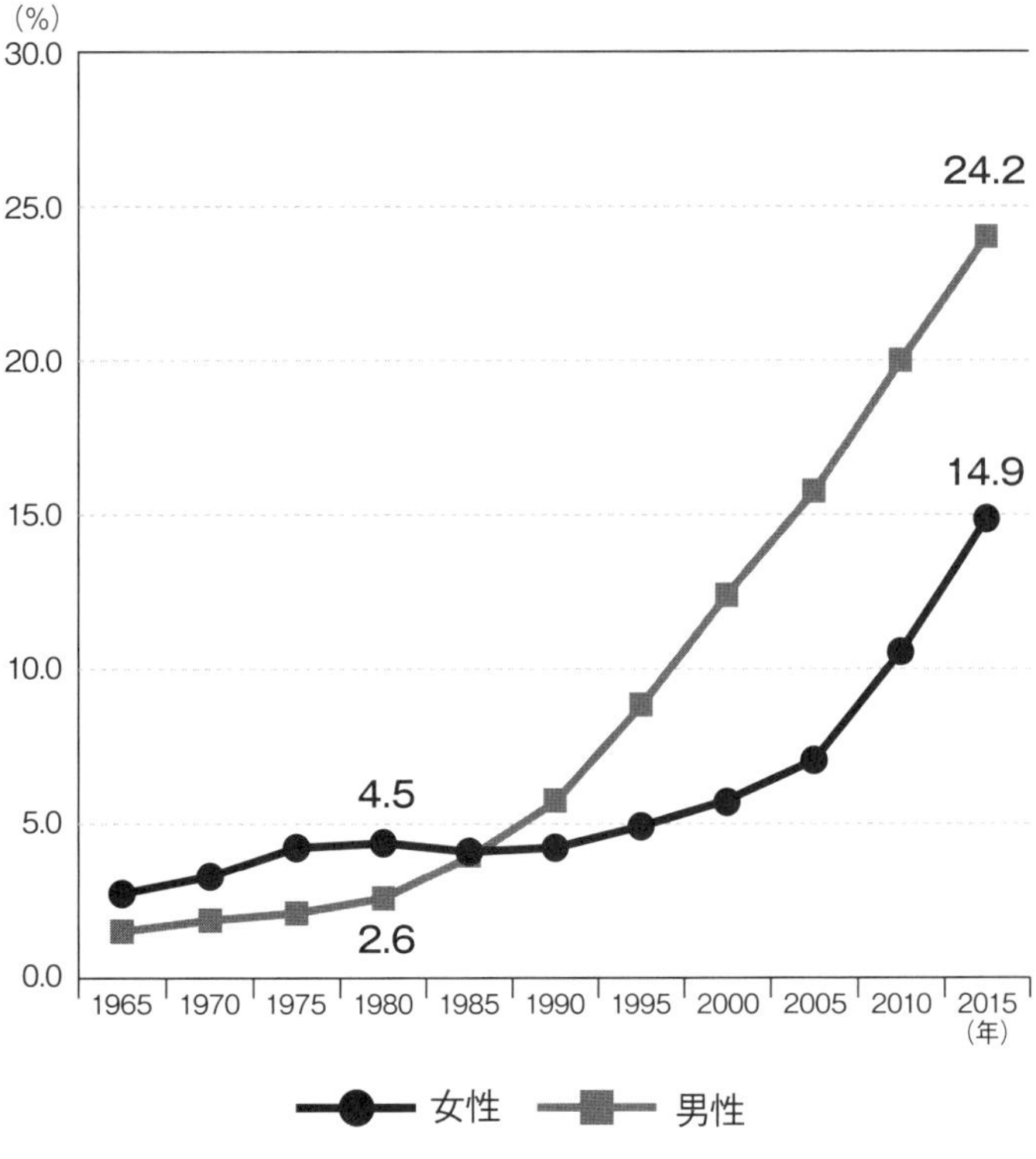

出典：国立社会保障・人口問題研究所「人口統計資料集」より編集部作成

てきます。男女ともに50歳時未婚の割合が増えていくのです。未婚化の理由に、１９８６年に施行された男女雇用機会均等法をあげる人が必ずいます。確かに、この頃から女性の高学歴化や社会進出が徐々に進み、女性の生き方が多様化していきます。こうしたことから、「未婚化は女性の話である」と考える人は少なくありませんが、このグラフをもう一度じっくり見てください。

１９９０年以降、確かに女性の未婚化が進んでいますが、それ以上に注視するべきは、男性の上昇カーブです。２０１５年の国勢調査では、男性の50歳時未婚割合は24・2％、女性は14・9％となっています。これは、言い方を変えれば、「日本の50歳男性の約４人に１人は一度も結婚経験がない」という状況です。これに対して女性は、約７人に１人です。この数字を見る限り、もはや「未婚化は女性の話である」も大いなる思い込みであることがわかります。

それでも、

「私の職場では、バリキャリの人は独身か、結婚していても子どもがいない女性が多いわよ」

そうおっしゃる方が必ずいます。ここで気をつけたいのが、「類は友を呼ぶ」という状況です。例えば、都心の一流企業に勤めていれば、周りはみんな有名大学を出た人ばかりという、統計的に見ると超少数派の集団であることが少なくありません。そんな人たちが集まる企業に就職したのだからと、結婚は考えずバリバリ仕事をしたいと考える人も多いでしょう。先輩社員や同僚に独身が多かったり、結婚をしていても子どもを持たなかったりする人が多いと、それが普通のことだと思ってしまい、「仕事を頑張りたい女性は、結婚はしたがらないはず……」という思考に陥りやすくなってしまうこともあるでしょう。そもそも一般に、大企業とされる企業に勤める人は全体の３割にすぎません。世の中の大半の人が中小企業に勤めているので、むしろ、「普通はこうだ」といえるのは中小企業ともいえます。

「みんなそうだ」「普通はこうだ」と思っていても、それは自分と同じ年齢、同じ地域、同じ学歴、同じ企業、同じ時代観を共有する人たちの中の「普通」にすぎず、日本、または世界全体で見れば、「特別」ということもあります。メンバー全員が独身者のお茶飲み仲間の間では、「結婚はまだ先のこと」「仕事をしながら子育てなんて考えられない」のかもしれませんが、現実は結婚をしていても仕事を続けている人が統計的には多数派で、共働きでも子育てをしている人の方が多いということになるのです※4。

※４　2020年の非農林業（主に会社員）世帯における共働き世帯比率は68％（総務省「労働力調査」）。今や専業主婦世帯は32％です。

どの生き方を選ぶかはあくまでも個人の自由なのですが、本書は少子化の根本的な要因となる未婚化の改善の道を探ることをテーマとしていますので、客観的なデータをもとに、未婚化改善の道筋を考えていくための情報を提供しています。

未婚化対策は少子高齢化対策の一丁目一番地

日本の少子化の主たる原因は、

「女性の晩婚化・晩産化が原因だ」

「女性が高学歴化し、社会進出したからだ」

「共働き夫婦が子どもを持たないからだ」

世間一般的に語られ信じられるこれらは、データで見る限り、それが少子化の主因とは言い難いことがわかりました。

では、少子化の本当の原因は何か？　それは、女性のライフスタイルが変わった（兼業主婦が産まないのではないか？　結婚したがらないのは高学歴化した女性だ）云々《うんぬん》ではなく、序章でもお伝えしましたが、そもそも初婚同士の結婚の数が激減したということです。マッ

【図 1-8】 調査別で見た未婚者の生涯の結婚意思

生涯の結婚意思		第9回調査 (1987年)	第10回調査 (1992年)	第11回調査 (1997年)	第12回調査 (2002年)	第13回調査 (2005年)	第14回調査 (2010年)	第15回調査 (2015年)
【男性】	いずれ結婚するつもり	91.8%	90.0	85.9	87.0	87.0	86.3	85.7
	一生結婚するつもりはない	4.5	4.9	6.3	5.4	7.1	9.4	12.0
	不詳	3.7	5.1	7.8	7.7	5.9	4.3	2.3
	総数（18 ～ 34 歳）	100.0	100.0	100.0	100.0	100.0	100.0	100.0
	（客体数）	(3,299)	(4,215)	(3,982)	(3,897)	(3,139)	(3,667)	(2,705)
【女性】	いずれ結婚するつもり	92.9%	90.2	89.1	88.3	90.0	89.4	89.3
	一生結婚するつもりはない	4.6	5.2	4.9	5.0	5.6	6.8	8.0
	不詳	2.5	4.6	6.0	6.7	4.3	3.8	2.7
	総数（18 ～ 34 歳）	100.0	100.0	100.0	100.0	100.0	100.0	100.0
	（客体数）	(2,605)	(3,647)	(3,612)	(3,494)	(3,064)	(3,406)	(2,570)

注：対象は 18 ～ 34 歳の未婚者。
出典：国立社会保障・人口問題研究所「第 15 回出生動向基本調査」より編集部作成

チングは双方の価値観が双方向に作用して成立するものです。つまり、女性だけの問題ではなく、男女の問題であり、さらには結婚に少なからず口出しをするその親世代の価値観の問題であったり、結婚を考えられるような労働環境を提供できているかという意味では、企業をはじめとする社会全体の価値観や仕組みの問題であったりします。詳しくは後の章で説明しますが、少子化対策の根本的かつ最も有効な手法は、ズバリ「未婚化問題を解決すること」。これこそがまさに対策の一丁目一番地なのです。

そうはいっても、「結婚をするかしないかは、個人の自由。少子化なんて知ったことじゃない」という方もいるかもしれません。しかし、ここに興味深いデータが存在します。

図1－8は、国立社会保障・人口問題研究所が5年に一度実施している出生動向基本調査のデータです。調査対象は18歳～34歳の未婚者で、設問は「自分の一生を通じて考えた場合、あなたの結婚に対する考えは、次のうちどちらですか?」（1 いずれ結婚するつもり 2 一生結婚するつもりはない）というものです。調査年別に見た未婚者の生涯の結婚意思をみると、いずれは結婚しようと考える未婚者の割合が、公表されている最も直近の2015年調査でも男性が85．7%、女性が89・3%とともに高い水準でした。これはどの調査年で見てもほ

ぼ変わらない結果となっていることが示されています※５。

つまり、１９９０年以降、女性の高学歴化、社会進出が進んでも、34歳までのほとんどの未婚者が「いずれ結婚するつもり」と、結婚に対して高い割合で前向きな気持ちを持っているという状況です。

一方、「一生結婚するつもりはない」と答えた未婚者は、男性が12.0%、女性が8.0%といまだに少数派です。ライフスタイルが多様化している印象を受けて、何かと「ダイバーシティしたから」と片付けられ未婚化問題が放置されがちな昨今ですが、結婚に対しては「したい」と考える人が圧倒的に多いという状況があることを理解しておきたいところです。

結婚適齢期に恋愛相手ナシ大多数の現実

そもそも結婚とは、男女が出会い、お互いを好きになって、ずっと一緒に時間を重ねていきたいと思ってこそ成り立つものです。しかし、

※５　この調査の信用度は非常に高いといえます。長期にわたり調査サンプルのとり方が不変であること、調査母数が大きいこと、設問と選択肢の内容が不変であることから、「回答の変化」を見ることに非常に適しているのです。する・しないの２択しかないから、「わからない」人は「いずれ結婚」の選択肢を選ぶのではないのか、といった議論をする人がいますが、それならば「わからないなら、とりあえずしないを選んでもかまわないのに、その割合が目立って増えていない、選び方が多様化していない」こともこの結果は示しています。

【図 1-9】 日本における 18 ～ 34 歳の若い男女の「交際相手がいない」割合の推移

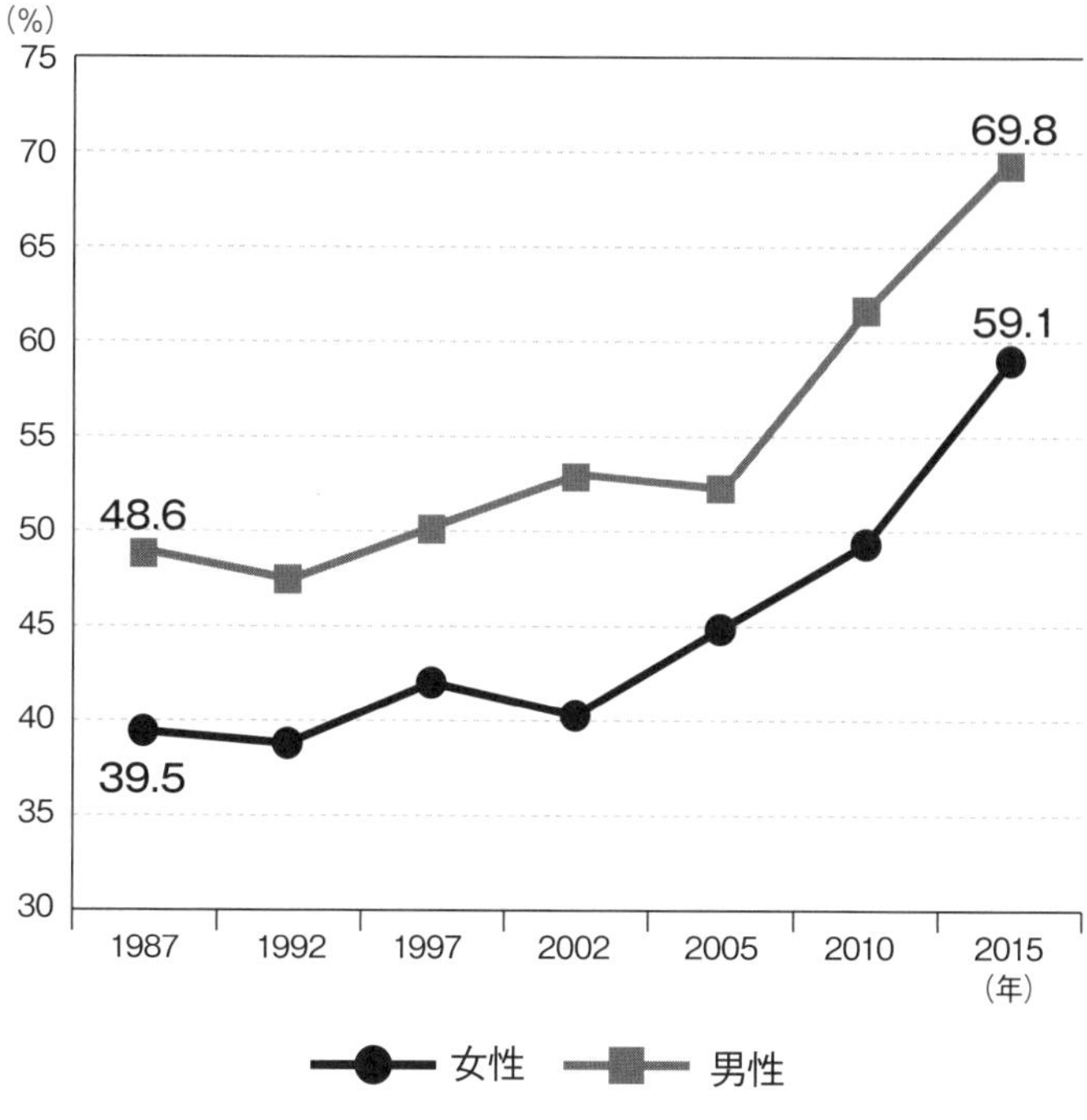

出典：国立社会保障・人口問題研究所「第 15 回出生動向基本調査」より編集部作成

ほとんどがお見合いや上司の紹介などで結婚していた上の世代ほど思いつきにくい、驚きの実態があります。実は、結婚をしたいと思っている男女が圧倒的多数派にもかかわらず、その前段階の恋愛にさえ発展していない状態でいる男女が未婚者には多いという調査結果があるのです。

図１‐９をご覧ください。これは18歳から34歳の結婚を一度もしたことがない男女のうち、今現在は「交際相手がいない」人の割合を示したものです。このデータによると、２０００年頃からその割合が増加し、２００５年以降は急激に上昇し続けているのがわかります。２０１５年に行われた調査結果では、男性の69.8％、女性の59.1％が非交際という数字が出ています。実に未婚男性の7割、未婚女性の6割が、そもそも「交際相手がいない」、つまり結婚の土俵にもあがっていないという状況にあるのです。

18歳～34歳という、いわゆる結婚適齢期ともいえる若い男女の半数以上が、恋愛をしていないという現実があります。繰り返しになりますが、もちろん、どんな生き方をしようとそれは個人の自由です。しかし、結婚を希望しつつも交際相手すらいない若い男女が多数派の状態が続けば、日本の未婚化、すなわち少子化に歯止めがかからなくなることは確実です。

未婚化が少子化の原因というと「別に結婚をしなくたって、子どもはできる。今は多様化の時代なのだから。例えば、事実婚の導入で解決をしてはどうだろう」と未婚化を婚姻制度の問題に持ち込む方も少なからずいますが、海外の事実婚と日本の事実婚とではその前提となる社会の事情が大きく異なります。確かに、欧米をはじめとする先進諸国では、結婚をしていないカップルが子どもを持つことは、さほどめずらしいことではありません。それは宗教や民族といった文化的な違いなどにより、そもそもその国で伝統的に認められてきた（多数派だった宗教の儀式にもとづくなどの）法律上の結婚があてはめられないケースが少なくないからです。しかし、日本における法律婚には、そういった宗教的・民族的な壁はほとんどなく、時折耳にする「海外のような事実婚ができないから、法律婚を選ばない2人の結婚が増えるんだ」とは状況が違います※6。確かに日本は婚外子比率がこの半世紀以上2％程度にすぎません。つまり、日本では「出産＝結婚」という図式で成り立っているのですが、婚姻制度に事実婚を加えたからといって、それが交際相手の発見につながるでしょうか。

「そうはいっても若い人たちが結婚して、子どもを持つしかないじゃない

※6　例えばフランスでは1950年には90パーセント以上の人が子どもにカトリックの洗礼を授けていましたが、2004年には60パーセント以下に減少しています（島田裕巳『宗教消滅』／2016年　SB新書）。宗教や民族の違いが壁となり伝統的なカトリックの結婚ができない・したくない2人が事実婚を選択するケースも多いのです。

【図 1-10】　日本における18 ～ 34歳の若い男女の「独身にとどまっている理由」（3つまで回答・%）

	男性		女性	
18歳から24歳	まだ若すぎる	49.6	仕事（学業）に打ち込みたい	45.9
	仕事（学業）に打ち込みたい	37.3	まだ若すぎる	41.0
	まだ必要性を感じない	33.0	まだ必要性を感じない	37.3
			適当な相手にめぐり会わない	37.3

	男性		女性	
25歳から34歳	適当な相手にめぐり会わない	45.3	適当な相手にめぐり会わない	51.2
	まだ必要性を感じない	29.5	自由や気楽さを失いたくない	31.2
	結婚資金が足りない	29.1	まだ必要性を感じない	23.9

出典：国立社会保障・人口問題研究所「第15回出生動向基本調査」より編集部作成

か。なのに、今の若い人たちは自分のことしか考えていないから、けしからん！」と、若い世代を批判したくなる方もいるかもしれません。確かに今の時代、さまざまな人生の選択肢があります。しかし、そういった理由で、みんなが恋愛を拒んでいるのかというと、そうとも言い切れません。なぜなら、前のデータにあったように、18歳～34歳の未婚の男女のほとんどが、「いずれ結婚するつもり」と考えているからです。

では、なぜこれだけ多くの男女が独身のままなのでしょうか？　今度は未婚者の声に耳を傾けてみたいと思います。

図1－10は、18歳～34歳の未婚者を対象に、なぜ独身にとどまっているのかの理由を聞いたものです。18歳～24歳の若い男女の回答は、その多くが「まだ若すぎる」（男性49・6％、女性41・0％）、「仕事（学業）に打ち込みたい」（男性37・3％、女性45・9％）といったものでした。これらの回答には、「今は仕事や学業を優先したいから、結婚をするのはまだ早い」という考えがあるようです。これは男女ともに高学歴化が進んだことが大きな要因だと考えられます。

【図1-11】　1970年～2020年　四年制大学進学率

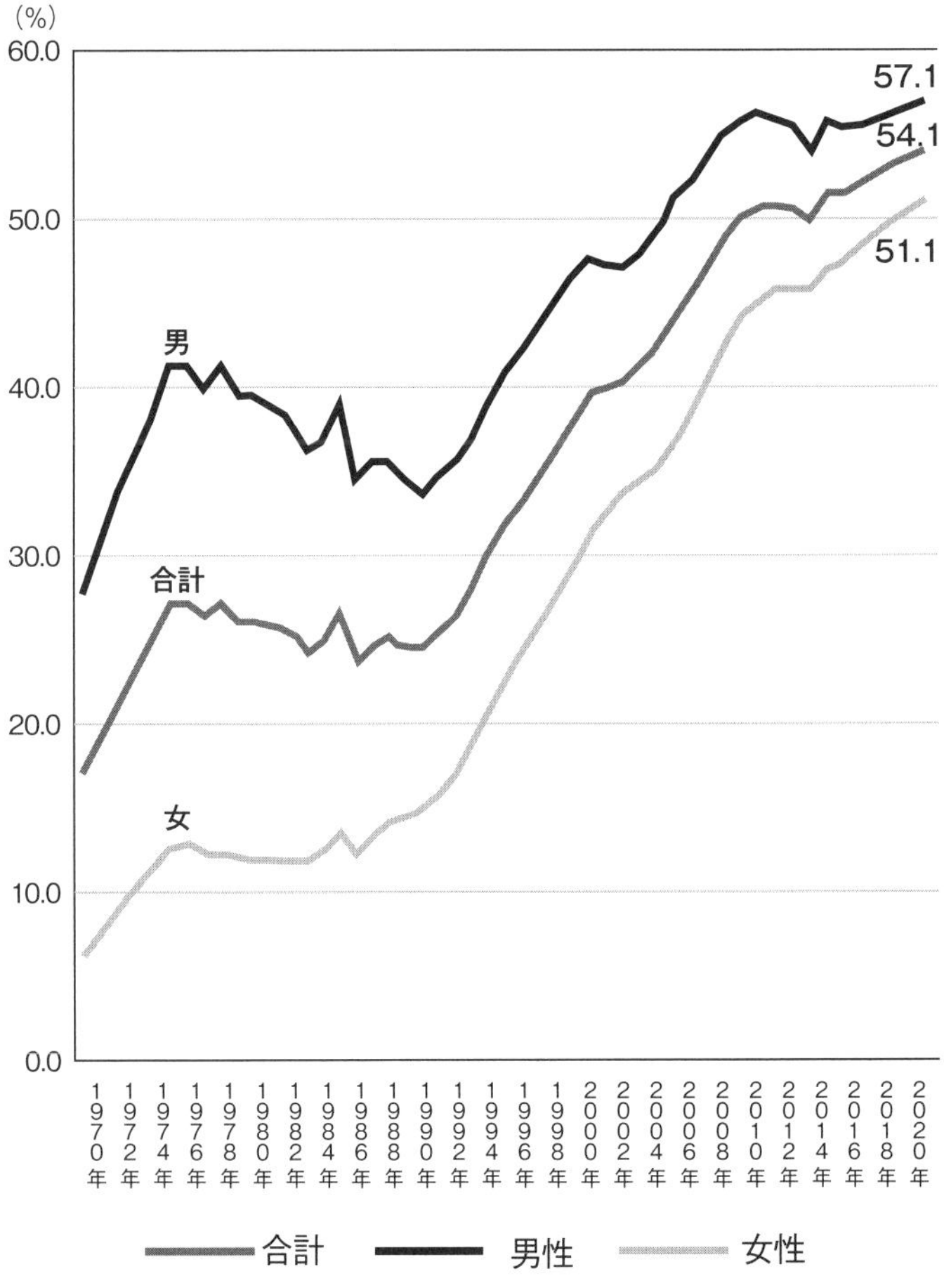

出典：文部科学省「学校基本調査」より編集部作成

今の時代、男女とも5割以上（2020年　男性57・1%、女性51・1%）が四年制の大学に進学しています（図1－11）。また、理系の学生の多くは、大学院に進むといわれています。つまり、図1－10の回答対象の18歳～24歳の年齢層の多くが、まだ学生だということです。彼らにとっては、学業が本業ですから、結婚までまだ考えがおよばないというのはある程度理解できます。

また、高卒生や短大卒生が主流だった親世代からすると、「学生＝まだ結婚年齢に達していない年齢」という認識になっているため、親の方から「早く結婚をしなさい！」と急《せ》かすこともあまりありません。むしろ、自分より高学歴化した子どもに「せっかく大学まで行ったのだから、ちゃんとした会社に就職してほしい」「自分のやりたい仕事に就いてほしい」と願って、「30歳くらいまでに結婚できればいいのでは」と思っている親御さんがほとんどかもしれません。

しかし、これが25歳～34歳の独身男女の回答になると、独身にとどまっている理由が全く違うものになります。男女ともに5割（男性は45・3%、女性は51・2%）が「適当な相手にめぐり会わない」と回答しているのです。しかも、この割合は「まだ必要性を感じない」「自由や気楽さを失いたくない」「結婚資金が足りない」といった他の理由よりも飛び抜けて多いのです。

これはなぜでしょう？

学生時代は、キャンパスにも異性が多く、クラスやサークルなどで男女が親しくなるチャンスがたくさんあります。バイトや合コンなどでの出会いも多いことでしょう。

ところが、社会に出ると、職場環境によってはそれこそ少子高齢化の影響で若い人が全くおらず、親世代の年齢と変わらない人ばかりということもあります。また、業種によっては、男性が全くいない、女性が全くいないに等しい職場もあります。仮に若い世代の人がいたとしても、すでに結婚をしていたり、「若いうちは仕事に打ち込め」といった雇用環境の下で仕事が忙しすぎて、恋愛をする余裕がなかったりします。

高卒就職が主流だった時代（今の50歳前後の男女では四年制大学進学率が男性３割超、女性２割未満程度）であれば、入社後５年、仕事にだけ打ち込んで頑張っても23歳ですが、大卒生が主流の20代男女では28歳です。20代の前半までは、異性との出会いも多く、まだ若いからと余裕で構えていたものの、就職した途端に環境がガラリと変わってしまい、出会いが全くなくなってしまうのは、めずらしいことではありません。そして、気づいたら結婚適齢期をすぎ、いつまでも未婚のまま……というのが、現代における日本の未婚者の多くがおかれている社会環境なのです。

【図1-12】 結婚年次別に見た、恋愛結婚・見合い結婚構成の推移

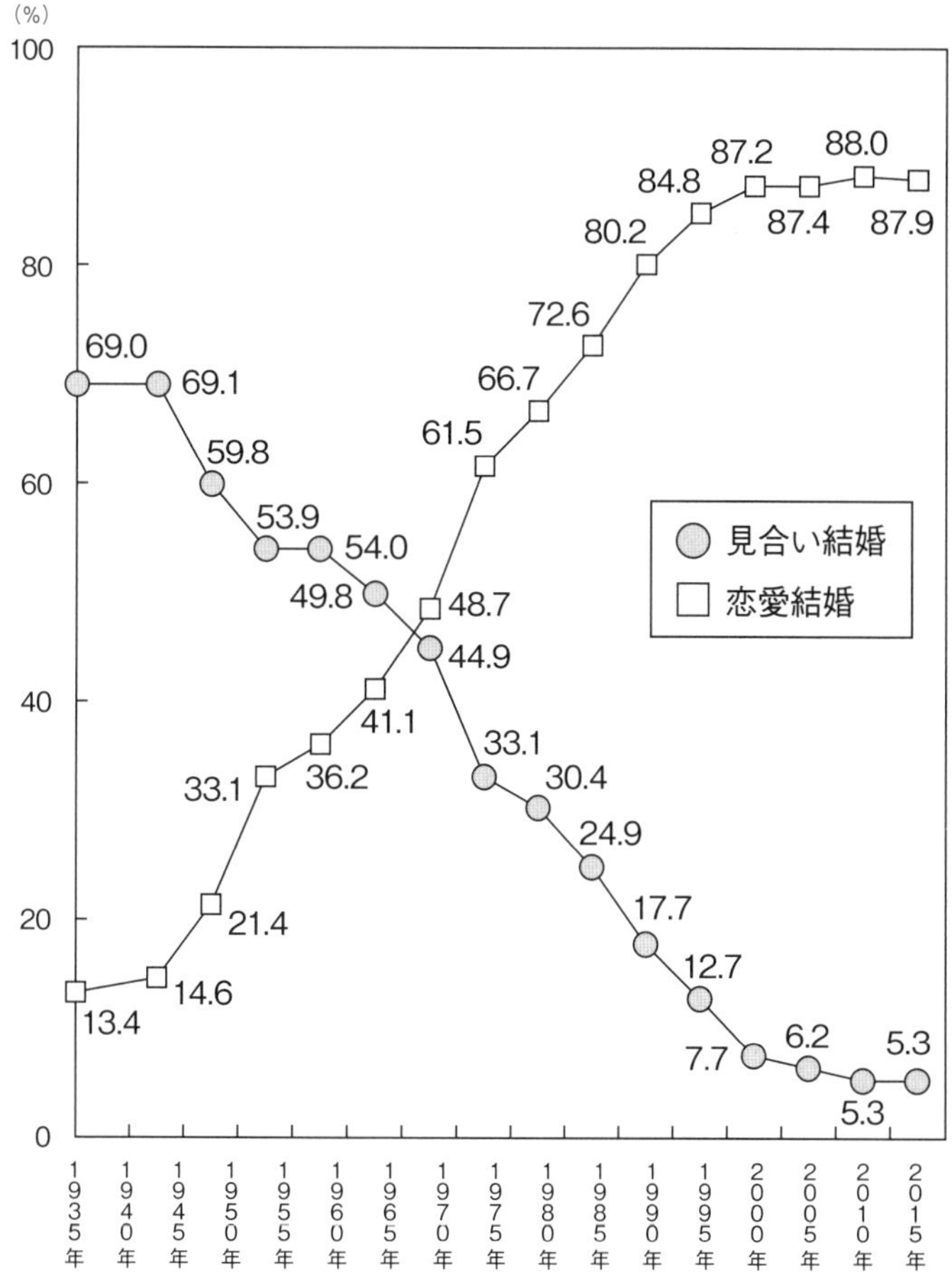

出典：国立社会保障・人口問題研究所「人口統計資料集」より編集部作成

「世話焼き」不在社会

「私たちの時代は、職場での出会いが結婚につながっていたわよ」

結婚適齢期の人たちの親世代に多い経験談です。しかし、親世代が若かったころと異なり、今は「職場での出会い」はかなり難しい状況になっているのです。

ここで簡単に日本における「結婚のきっかけ」の変遷を確認します。図１－12は、結婚年次別に見た「恋愛結婚・お見合い結婚」の割合の推移を表したものです。調査が始まった１９３５年では、お見合い結婚の割合は69．０％でした。終戦の年の１９４５年には59．８％に減少するものの、戦前は結婚の約７割がお見合いによるものだったことがわかります。その後、お見合い結婚数が減少していくのと同時に、恋愛による結婚が上昇し、１９６５年（当時の25歳は２０２１年現在81歳）を境にその比率が逆転します。さらにその後もお見合い結婚は減少し続け、２０１５年にはついに５．３％にまで減ってしまいます。これは、民間の結婚相談所の利用を含めた数字です。

一方、恋愛結婚は１９８５年（当時の25歳は２０２１年現在61歳、28歳で出産したとして子どもは33歳）に80％を超え、２０１５年には87．９％になっています。現在は実に約９割が、恋愛から発展して結婚に至っています。

お見合い結婚とは、結婚適齢期の男女が第三者の介添えによって設定された出会いによる結婚をいいます。鎌倉時代から始まったといわれるお見合いは、武家や公家などの高い身分の人が、家と家同士のつながりを持つために行っていましたが、昭和時代のお見合いは少し話が違ってきます。もちろん、なかには家を継ぐという目的もありましたが、そのほとんどが「ちょうど年頃の娘（息子）さんがいるから」という、親戚や知人といった周りからの〝おせっかい〟とも呼べる世話焼きによるものでした。この時代は、自身の本意であるかどうかは別として、そうした周りの〝おせっかい〟によって、ほとんどの男女が適齢期に「適当な相手と巡り会えて」結婚することができたのです。

変化が訪れるのは、1965年頃です。この頃の日本は、高度成長期まっただ中にあり、人々の暮らしは豊かになり、自分の人生のパートナーは自分で決めるという「自由意志」が尊重されるようになります。何がなんでも家を継がなければ、という考えが薄れてくるのもこの頃で、「家」よりも「個人」へと目が向き自由恋愛が拡大していきます。ちょうど、核家族化が急激に進行したのもこのころです。

しかし、恋愛結婚が主流の欧米などに比べて、日本人は恋愛に対しては奥手といわれています。親戚や知人といった周りの〝おせっかい〟の存在がなくなり、自分で結婚相手を見つけられる時代になったものの、どう動いていいのかがわからない、そんな彼らを救ってくれたのが、「職場」でした。

職場結婚は統計上は恋愛結婚に含まれていますが、かつての職場結婚といえば、自由恋愛の結果というよりも上司や先輩からの世話焼きによる紹介という形で、半ばお見合い的なマッチングシステムとして機能した結果の結婚です。職場結婚が多かった今の50代、60代は、そもそも人口も多く、職場にはたくさんの若い男女がいました。四年制大学へ進学する人はまだ少数派で、男女ともに高卒生や短大卒生が多かった時代です。今よりも男女ともに早く社会に出ていました。また、その時代は比較的好景気であったため企業の多くは余裕があり、社員旅行や社員運動会、サークルなどが今以上に活発に行われ、職場の男女が出会う機会も多かったのです。

ところが時代は職場での出会いに徐々に逆風となっていきます。少子高齢化が進行し、職場の若い世代の人口が相対的に減ってしまったことや、バブル崩壊以降、企業の勢いがなくなってしまったことなども職場での出会いが減少した理由の一つですが、一番大きな変化は「ハラスメント問題」への意識が企業において高まったことです。

かつては、職場に若い人がいれば、「君は彼氏がいるの？」「まだ結婚しないの？」と異性同性を問わず気軽に聞くことができました。その流れで未婚者がいれば、上司や同僚が他の部署の異性を紹介したりしていたものです。

しかし、今は部下のプライバシーに関することを聞くことがはばかれます。1990年代以降、企業が内部統制の強化を進めた結果として、何か聞けば、「セクハラだ！」「パワハラだ！」と声高に叫ばれ、たとえそれが部下を思っての行動だとしても、おせっかいを焼きたくても焼けなくなりました。こういうことをいちいち言われるのが嫌な人にとっては、今の時代は非常に生きやすくなったといえます。しかし、なかには「自分は奥手なので自分から恋人を見つけるのは難しいと思う。誰かお世話をしてくれないかなぁ～」と思っている人もいるのではないでしょうか。

このような「お見合いシステム」によって主に結婚していた日本人を「未婚化前も今も草食男女の集まり」と表現する有識者もいるくらいです。そのような奥手の人々を救ってくれる、かつて職場で機能していたシステムがなくなってしまったことが、未婚化を加速している側面は否めないと思います。

変容する出会いの場

一方、職場恋愛とは別に、ここ30年ほど出会いの場として一定の割合を保っているのが、合コンです。合コンとは、「合同」と「コンパ」が合体したもので、男女の2つのグループが一緒に飲み会を開催して親しくなるというもので、「男女の出会いが目的」です。合コンは、基本的に男女の数が揃っていなければいけません。この数を合わせるには、積極的に動いてくれる幹事役がいることが必須です。またそのような幹事役が誘ったり、誘われたりするには交友関係が広くなければいけません。さらに、人数を揃えたり、場所を決めたりと自ら動かなければいけないことが多く、それを煩わしく感じる人もいます。

こうした煩わしさを外注できるのが、婚活パーティーや街コン、相席屋などの出会いの場です。婚活パーティーは、結婚を視野にパートナーを探している男女が出会えるパーティーです。婚活パーティーのメリットは、一度にたくさんの異性と出会えることです。合コンであれば、男女3対3や4対4など少人数が主流ですが、中規模の婚活パーティーなら30～40人で開催されます。日常生活ではなかなかめぐり会えない人とも出会えるチャンスもあります。しかし、時間に制限があるので、いい人にめぐり会えずに終わってしまうこともあります。

街コンも、相席屋も基本的に目的は同じで、男女が出会うために設定されたものです。街コンは、実施される飲食街や商店街で参加する店舗にいくと、出会いという同じ目的の客同士で飲食しながら会話をすることができます。パーティー形式のものもあれば、男女が一緒に何かをするといったイベント形式のものもあります。相席屋は飲食店が企画・運営をする〝店内マッチング〟です。居酒屋などで初対面の男女のグループが一緒に飲むというスタイルで、合コンに近いものがあります。

いずれもイベント運営会社などの第三者が企画・運営をしてくれるので、自分でお膳立てをしなくていいという手軽さがあります。ただし、そのぶん、お金もかかってきます。また、どのスタイルでもいえることは、そこでよい人を見つけるには、自分から積極的に動かなければなりません。限られた時間内で、自分をアピールしなければならないので、コミュニケーション力が求められます。

また近年、新たなネット上のサービスが婚活ツールとして話題を呼んでいます。「マッチングアプリ」です。マッチングアプリとは、恋愛や結婚のきっかけとなる出会いの場を提供することを目的としたウェブアプリケーションで、20代を中心としたデジタルネイティブ世代の間で人気を集めています。ネット上での出会いのため、30代以上の世代では、いわゆる〝出会い系サイト〟をイメージする人も多いようです。しかし、マッチングアプリを使うには多くの場合、事前に身分証明書等の提示が求められており、かつて出会い系サイトで社会問題になった社会規範に反するような利用は抑えられる傾向にあります。

マッチングアプリの最大のメリットは、出会いの数の多さです。合コンや婚活パーティーといった従来の出会いの場は、〝対面の出会い〟に重点を置いていますから、出会える人の数は限られています。1回の合コンならせいぜい3～5人、たくさんの男女が集まる婚活パーティーでも、実際にそこそこ会話ができるのは10人くらいまでではないでしょうか。それに対してマッチングアプリでは、1日に何人もの人とメッセージのやりとりができ、マッチングが成立すれば、成立した数の人に会うことができます。人によっては50人くらいの人と実際に会って、しっかり自分の価値観と照らし合わせながら相手を決めるという人もいます。

「出会いが少ない」と言われ、また少子化で若い世代の男女が激減している世の中で、これだけの異性と会えるのは大きなメリットといえるのではないでしょうか。ただし、マッチングアプリも他の婚活と同様に「自分から行動する」という積極性が求められます。このマッチングアプリについては、第4章でさらに詳しく紹介します。

コロナ禍という非日常が気づかせること

このように、わが国の婚活のスタイルは時代とともに変化しています。しかし、これらの「出会いの場」を有効活用している人は、「恋人がほしい」「結婚したい」と思って積極的に行動している一部の人にすぎません。

図1－13は、マッチングアプリ「ペアーズ」を運営する株式会社エウレカと株式会社ニッセイ基礎研究所が2020年に共同調査した「日本の未婚化の要因に関する仮説検証調査」からの抜粋です。男女の出会いの場としては、「職場や学校などの生活圏で自然に知り合う」という割合が半数を超えていますが、それ以外の出会いの場として多いのが「友人・知人の紹介」、そして先に紹介した合コンや婚活パーティー、マッチングアプリなどです。一方で、なんと男性の約3割、女性の約2割が「何もしていない」のです。これでは恋人ができるはずもありません。

さらにこの状況に追い打ちをかけたのが、新型コロナウイルス（COVID-19）感染症の世界的な流行です。

厚生労働省が2021年6月4日に公表した人口動態統計によると、2020年度の婚姻数は、約52万組と戦後最少、19年度比で約7万件も減っています。出生数も約84万人と前年比約2万4000人の減少となり、合計特殊出生率がよほど上がらない限り、2021年に生まれる赤ちゃんの数は、さらに減少する可能性が非常に高いといえます。戦後最少の婚姻数については、いわゆる「令和婚」の反動などさまざまな要因をあげることもできますが、密となる結婚式を先延ばしする、直接の出会いの機会が減るなど、「コロナ禍」が人々に及ぼした影響が小さくはないと考えられています。

2020年の年明けから日本でも次第に流行しだした新型コロナウイルス感染症により、在宅勤務やテレワークが推奨され、飲食店の休業やイベントの中止・自粛など、私たちの生活環境、行動様式は大きく変化しました。

株式会社エウレカが新型コロナウイルス感染症流行後に調べた「新型コロナウイルスの恋愛・結婚の価値観への影響調査」（2020年5月）によると、「現在恋活・婚活をしていない」と答えた人は、未婚者全体の7割にのぼります。うち「以前は恋活・婚活をしていたが、新型コロナウイルスの影響で現在は活動を中止している」と答えている人が64％にも上っています。外出の自由度が低くなったことに加え、今まで「男女の出会いの場」としてあった街コンや婚活パーティーといった対面イベントの中止や、合コンの自粛が大きく影響してい

出会い系でないイベントや交流会、サークル活動、習い事	出会い系居酒屋やBar	婚活パーティー	マッチングアプリ	その他のSNSやオンラインサービス	結婚相談所	その他（具体的に）	特にない
18.3	8.4	15.0	34.2	8.7	6.7	0.6	27.0
16.5	7.9	12.0	33.7	9.1	6.4	0.6	28.7
19.3	9.5	9.5	36.5	10.7	7.1	0.3	29.7
15.2	8.7	13.0	39.8	9.3	5.0	0.9	24.5
14.5	5.1	13.8	23.2	6.9	7.2	0.7	32.2
22.1	9.4	21.2	35.3	7.8	7.4	0.4	23.4
24.1	13.0	14.8	39.5	8.6	5.6	0.0	22.2
26.0	10.4	28.6	42.2	9.1	9.7	0.6	20.8
15.2	3.8	20.5	22.0	5.3	6.8	0.8	28.0
15.9	6.2	12.6	17.0	8.0	5.7	1.0	10.9
14.1	6.1	10.2	17.2	9.5	5.7	1.3	11.6
15.4	4.9	6.5	26.0	8.1	1.6	0.0	18.7
15.9	7.2	10.9	19.2	12.0	4.2	1.9	9.5
12.4	5.5	10.8	13.0	7.8	8.0	1.1	11.4
17.4	6.4	14.4	16.9	6.8	5.8	0.7	10.3
18.9	13.5	9.0	27.9	12.6	2.3	1.8	6.3
18.1	6.8	19.2	23.2	5.7	8.4	0.4	7.1
16.0	2.7	12.5	6.1	5.1	4.9	0.4	15.1

より編集部作成（% / 複数回答）

【図1-13】　交際相手や結婚相手が見つかることを期待している場所や、利用・参加したことがあるもの

		職場や学校などの生活圏で自然に知り合う	友人・知人の紹介	家族・親族の紹介／お見合い	合コン	街コンなどの出会い系イベント
未婚者	TOTAL (n=1383)	51.1	44.7	9.2	27.5	19.4
	男性 ALL ((n=935)	49.1	41.4	8.4	24.9	17.9
	20 代男性 (n=337)	51.3	41.8	10.1	22.3	16.9
	30 代男性 (n=322)	49.1	43.2	5.9	28.6	23.9
	40 代男性 (n=276)	46.4	38.8	9.4	23.9	12.0
	女性 ALL (n=448)	55.4	51.6	10.7	33.0	22.5
	20 代女性 (n=162)	60.5	53.1	4.9	31.5	29.0
	30 代女性 (n=154)	51.9	54.5	14.3	31.8	26.6
	40 代女性 (n=132)	53.0	46.2	13.6	36.4	9.8
既婚者	TOTAL (n=2083)	69.6	60.1	8.7	46.0	15.1
	男性 ALL (n=919)	66.8	58.0	8.6	48.3	13.9
	20 代男性 (n=123)	56.9	48.0	9.8	33.3	21.1
	30 代男性 (n=359)	69.6	64.1	8.4	52.6	19.2
	40 代男性 (n=437)	67.3	55.8	8.5	49.0	7.6
	女性 ALL (n=1164)	71.8	61.7	8.8	44.2	16.1
	20 代女性 (n=222)	74.8	65.3	6.3	31.5	23.4
	30 代女性 (n=453)	75.3	65.6	6.6	48.3	21.2
	40 代女性 (n=489)	67.3	56.4	11.9	46.0	8.0

出典：「日本の未婚化の要因に関する仮説検証調査（2020）」（活動状況／経験）

ると思われます。いわゆる「3密」や「人との接触」が懸念されている今、思うように恋活・婚活ができなくなってしまっているのです。

では、人々の心の内はどうなのでしょうか？

同調査で、20～39歳の未婚男女に新型コロナウイルス感染症流行後の交際・結婚に関する意識を聞いてみたところ、「以前より交際相手が欲しい気持ちが強まっている」と答えた人が46％、「以前より結婚したい・家族が欲しい気持ちが強まっている」と答えた人が34％と、恋愛や結婚を求める気持ちが強まっていることがわかりました。その理由としては、一人でいることに対する孤独感や、将来に対する不安感が上位にあがっています。

一方で、「時期的・経済的に結婚に踏み出しにくい」と回答している人も4～5割いることがわかりました。どちらにしてもいわゆるコロナ禍が生み出す「先行きが見えない不安」からくる回答とみられます。

また、「新型コロナウイルスによって、恋愛観に変化があったか？」の質問に対して、新型コロナウイルス感染症の流行後わずか2～3か月の間で、「変化あり」と答えた人が約2割います。自由回答では「コロナ禍で、自分とは異なる考えや意見、行動をする人々を目にするようになり、同じ考えや感覚を持った人がいいなと思うようになった」といった声が多数寄せられています。

同様の調査は他にもあり、結婚相手紹介サービスの株式会社オーネットが２０２０年６月に公表した「コロナ禍における20代30代独身男女の結婚に関する意識調査」では、36・４％の男女がコロナ禍により「結婚意識が高まった」と回答しています。そして、その理由として61％が「一人でいることに対する孤独感や将来に対する不安感」、続いて21％が「誰かと一緒にいたい」と回答しています。

いずれにしても、新型コロナウイルス感染症の流行とその長期化が、多くの人にとって結婚や婚活に対する動機づけになったといえるのではないでしょうか。

コロナ禍で活性化する婚活市場

コロナ禍による意識の変化によって、実際に人々の行動に変化が起こっていることが企業の業績からも見て取れます。

結婚相談所「パートナーエージェント」では、２０２０年夏の１回目の緊急事態宣言解除によって、日別の資料請求件数、入会数などが過去最高に達する日が出るほどでした。結果として、この事業を展開するタメニー株式会社（東証マザーズ）の株価も急伸し、一時ストップ高となる一幕もありました。一方で、同じく結婚相談所関連事業を展開する株式会社ＩＢＪ（東証一部）では、市場がコロナ禍の影響を嫌気した結果、感染者が国内で増加し始めた２０２０年２月には株価が急落したものの、８月以降は急速に持ち直し、その後も右肩上がりの上昇を続けて２０２１年７月現在は、コロナ禍前の株価にほぼ追いついてきています。株価再上昇の背景には、お見合い件数の増加や婚活パーティー参加への申し込み増加などによる業績の回復があります。

また、恋愛マッチングサービス「Ｏｍｉａｉ」を展開する株式会社ネットマーケティング（東証一部）でも２０２０年８月の新規会員数の獲得が過去最高を記録しています。先に紹介した株式会社エウレカが運営する「ペアーズ」でも、コロナ禍以降会員の増加傾向は続いており、調査会社アップアニーの調べでは、２０１９年から２０２０年の１年間で約17％増加しています。

このように主だった結婚支援関連企業の業績は概ね好調で、それだけ多くの人がコロナ禍においてもこのようなサービスを利用していることが容易に想像できます。

結婚支援関連企業の多くが、お見合いや婚活パーティーなどの対面でのサービスを積極的に提供できなくなって以降、さらに力を入れ充実させているのがウェブを活用したサービスです。

ＺＯＯＭなどに代表されるウェブ会議システムを利活用し、イベントを主催する事業者が参加者を募って婚活パーティーをオンラインで実施する場合や、同じくＺＯＯＭを活用したオンラインお見合いサービスなどが登場し、ユーザーは全国に広がり、コロナ禍における新しい婚活としてマスメディアでも紹介されています。

一方、「ペアーズ」「Ｏｍｉａｉ」「ｔａｐｐｌｅ」など結婚支援マッチングアプリ提供各社では、コロナ禍を機としてオンラインによる動画プロフィールの提供、動画による対話やデートができるなど、新たな支援サービスの提供を開始しています。

「ビデオデートだと、直接会わなくていいし、相手の性格や話し方が自分に合うかどうか判断しやすいので、メリットが大きい」（34歳・女性）、「人が集まる場所は感染のリスクがある。マッチングアプリだと会う相手は１人に限られるのでよいと思う」（33歳・男性）、といったユーザーの声も聞かれ、特に30代までの人に受け入れられています。

このように見てくると、瞬く間に世界を襲ったコロナ禍が、当初は婚活の足かせになり「さらに未婚化が加速する」との懸念があった一方で、実際はネット親和性が高い結婚適齢期の多くの人々にとって、背中を押す事象となったといえるのです。そして、関連事業者はその状況に対してサービスの充実で応えようとしている状況です。

いずれにせよ、この章ではっきりしたのは、少子高齢化の根本原因として広くイメージされていることと、統計データが示す少子化の実態との間には多くの乖離があり、急速に進む少子化を食い止めるためには、とにもかくにも未婚化に歯止めをかける必要がある、ということです。そして、特に少子高齢化阻止に貢献する可能性が高い初婚同士の男女が、対面であれ、オンラインであれ、まずは出会うことがなければ、交際も結婚も子育ても何も始まらないということです。

以前は親戚や知人、職場の上司などの〝おせっかい〟や〝世話焼き〟によって、多くの男女が出会い、結婚することができました。しかし、今は自分から行動を起こさなければ結婚できない時代になっているのです。

「別に結婚なんてする気がない」という人もいるでしょう。それは個人の自由ですのでかまいませんが、もし少しでも結婚したいという気持ちがある場合は、何かしらの行動を起こして現状から一歩を踏み出してみるしかないのです。そのことを結婚適齢期の本人も周囲もよく認識すべきです。そして、コロナ禍という未曽有の状況にあっても、積極的に婚活を支援する環境は日々進化し、すぐそばに用意されているのです。

続く第2章では、株式会社エウレカと株式会社ニッセイ基礎研究所が2020年に共同調査を実施した「日本の未婚化の要因に関する仮説検証調査」の各データを紹介しながら日本の未婚化の要因をさらに深く探ります。

第2章

日本の未婚化はなぜ起きているのか？

～日本の未婚化の要因に関する仮説検証調査（2020）」が示す事実～

第1章では、日本の未婚化を取り巻くさまざまな現実について解説してきました。では、「（いずれ）結婚したい」「結婚相手と出会いたい」と考えている結婚希望のある未婚男女は、結婚についてどのように考え、行動しているのでしょうか。結婚当事者である彼らの意識や実態を正確に把握すること抜きには、未婚化対策を進めることはできません。

そこで、第2章では、シンクタンクの株式会社ニッセイ基礎研究所（東京・千代田区）とマッチングアプリ「ペアーズ」を運営する株式会社エウレカ（同・港区）が共同で実施した、一般の未婚・既婚男女、ペアーズ現ユーザー、ペアーズカップルを対象とする出会いや結婚に関するアンケート調査レポート、「日本の未婚化の要因に関する仮説検証調査（2020）」をもとに、未婚化当事者の実態を紐解いていきます。

その前に、なぜマッチングアプリを運営するエウレカがこのような調査に積極的に取り組んでいるのでしょうか。その理由としては、マッチングアプリのユーザーが若い世代で急拡大しているという社会的背景や、未婚化という社会問題にかかわるステークホルダーとしての同社の企業責任への取り組みがあります。

ペアーズでは、同サービスを使って2021年7月時点で、累計約50万人の方々が交際相手を見つけています。最新の調査によると、出会って一年以内に結婚したカップルのうち、実に約7％が「ペアーズ婚」※1となっているのです。こういった現状をふまえ、エウレカ・代表取締役CEO石橋準也氏は、この調査を行った理由について次のように語ります。

「内閣府の『第4次少子化社会対策大綱』(2020年5月29日閣議決定)によると、少子化の主な原因は、未婚化・晩婚化とされています。未婚者の約75％は『結婚意志』があるにもかかわらず、結婚しておらず、30歳前後の男女ではその主要な原因が『適当な相手に巡り会わない』というものです。未婚化・晩婚化対策として〝出会いの場〟の提供が非常に重要、しかもそれが20代、30代にとって利用しやすく、理想の相手に巡り合いやすいものであることが必要です。

弊社が運営する「ペアーズ」は、結婚に至る出会いの場を提供するサービスとして、国内最大級の規模を誇り※2、その社会的な影響力も大きくなりました。婚活市場にかかわる企業として、国家レベルで取り組むべき

※1　出典：「未婚・既婚に関するアンケート調査（仮称）」株式会社日本総合研究所調べ。調査対象者 20 ～ 49歳既婚男女 238名。実査期間 2021年6月 15 日～ 18 日（2021年12月公開予定）

※2　出典：アップアニー、MMD 研究所 x スマートアンサー「2020 年マッチングサービス・アプリの利用実態調査」

少子化という課題に貢献することは、社会的責任と考え取り組んでいます。そのため、当社ではこれまでも未婚化の現状や原因を正確かつ具体的に把握し、対策を模索するための研究活動を継続的に行ってきました。その最新版が、人口問題の専門家であるニッセイ基礎研究所の天野馨南子氏との共同研究『日本の未婚化の要因に関する仮説検証調査（2020）』です。これらの調査研究が、我々のビジネスという枠を超えて、日本の未来に大きくかかわる社会課題解決に役立つことを願っています」

この調査においては、性別、年代別、未婚・既婚、そしてマッチングアプリ（ペアーズ）利用者と非利用者との違いなど、さまざまな観点から、当事者の結婚に対する考え、行動、実態を分析し、そこから浮かび上がる「未婚化の原因」と、「未婚化の歯止めに有効な手段」についての考察がされています。

「日本の未婚化の要因に関する仮説検証調査（2020）」

調査目的と調査における仮説

現代の日本における最重要課題の一つである少子高齢化社会の大きな要因として、「恋愛離れ」「未婚化」があげられます。政府や民間企業は、長年この問題の解決に向けて程度の多寡はあれ、結婚支援に取り組んできました。しかし、急激な社会環境の変化により当事者の意識がこれまでとは大きく変わり、従来の結婚支援への考え方にもとづく支援では、若い世代の独身者が交際・結婚にまで至ることが難しくなっています。

恋愛・結婚に関するさまざまな状況について最新の状況を調査・検証して社会に広く発信することで、日本における未婚化という重要な社会課題の解決に役立て、より多様な議論のきっかけに貢献することを目的にこの調査が行われました。

調査の設計にあたっては、公的統計の結果および過去にエウレカが実施した調査結果等にもとづいて、日本の未婚化の要因について2つの仮説が設定されました。

【調査概要】

- 調査主体：株式会社ニッセイ基礎研究所（東京・千代田区）および株式会社エウレカ（同・港区）
- 調査手法：オンラインアンケート調査（調査委託：マクロミル）
- 調査エリア：日本全国

・調査対象者：20～49歳の男女、未婚者ならびに既婚者

・マクロミルモニター、ペアーズ現ユーザー、ペアーズカップル（ペアーズで出会い、退会し、結婚に至ったユーザー）。ペアーズは自社パネルを使用。

・マクロミルモニターについては国勢調査（２０１５）の人口構成比にもとづき、性・年齢および未婚者・有配偶者の割合を回収割付、市場調査・メディア従事者を回答者から除外。

・サンプル構成：図表参照

・調査実施時期：マクロミルモニター／２０２０年8月5日～6日　ペアーズ現ユーザー・カップル／２０２０年7月22日～27日

・本報告書の見方：特に言及がない場合は、全回答者の結果のみ述べています（この場合、マクロミルモニターとペアーズ現ユーザー・カップルの間に特徴的な回答の差異はありません）。一方、マクロミルモニターと、ペアーズ現ユーザー・カップルで特徴的な差異がみられた結果については【マッチングアプリ（ペアーズ）利用者の特徴】として解説しています。

		20代	30代	40代	合計	
マクロミル モニター	男性（未婚）	255	200	209	664	1,019
	女性（未婚）	129	113	113	355	
マクロミル モニター	男性（既婚）	106	323	424	853	1,916
	女性（既婚）	183	400	480	1063	
ペアーズ 現ユーザー	男性（未婚）	89	126	69	284	380
	女性（未婚）	35	42	19	96	
ペアーズ カップル	男性（既婚）	17	38	13	68	174
	女性（既婚）	39	56	11	106	

調査サンプル構成

今回の調査で検証した未婚化の要因の2つの仮説

（1）現在の未婚の男女は、交際相手・結婚相手を見つけるための活動が不足している、または活動に向けた熱意が不足していることによって、出会いの機会を損失している。

（2）（いずれ結婚するという意思がある）未婚の異性同士が互いに求める条件の認識（年齢等）にズレが生じているために、マッチングが難しくなっている。

調査結果の要点と考察

仮説調査の結果については、「活動の積極性の差」、「相手の考えへの『思い込み』」、「結婚希望年齢と実態の乖離」の3つの要点に整理しました。

【1】活動の積極性の差

未婚者の結婚への本気度割合（結婚を考えて活動している回答者の割合）は、男女間・年代でミスマッチが発生しています。また、既婚者は自らが結婚相手を求めて活動していた頃の活動量が多く、短期集中型の傾向がみられます。

まず、結婚への本気度割合が、男女で年齢上昇とともに逆転していることが分かります（図2－1）。20代では女性の結婚本気度が高いのに対し男性は低く、「20代のうちに結婚したい女性」と、「20代で結婚はまだ早いと思っている男性」の構図が示されているのに対し、40代では本気度が男女で逆転し、「結婚に拘《こだわ》らない女性」に対して、「今からでもできれば結婚したい男性」という極めて対照的な構図がみられます。年齢上昇とともに結婚を強く希望しない女性が未婚者となっている傾向に対し、男性は本気になる年齢が遅れて未婚化している傾向が示されています。

この結婚への本気度合いの結果をもとに、未婚者の中で、結婚を希望して活動しているグループ（結婚意向あり）と、既婚者データとの差（行動や意識の違い）を比較し、結婚希望をより叶《かな》えやすくする方法について分析がされています。

未婚者の結婚相手探しの活動量は男女年代問わず、既婚者が結婚相手を探していた同年代当時と比べると少ないといえます（図2－2）。例えば、既婚者は未婚者に比べ月2～3回以上のペースで活動していた割合が多いのに対し、未婚者は既婚者に比べ月1回未満の割合が目立ちます。既婚者は、結婚活動当時の積極度合いの回答において「自分から積極的に行動している」が未婚者に比べ約9ポイント高く、積極性や行動力で大きな差が出ています（図2－6）。

活動の種類や経験については、未婚者のほうがいろいろな活動を試している状況が窺えます（図2－3／4）。

また、20～30代の既婚男女はその6割以上が半年未満で相手を見つけており、特に20代の既婚男女の7割は活動を始めて半年未満で伴侶となる相手を見つけています（図2－7）。出会いの確率を可能な限り上げていく活動方法で取り組むという、既婚者の「短期決戦型」の姿勢が窺えます。一方で、未婚の男女はその4割が半年以上の長期戦を強いられている様子が窺えます（図2－8）。

また、活動への満足度に関する問いにおいては、既婚男女は相手が見つかっているために満足度が必然的に高い傾向ですが、活動自体が「楽しい」ことが満足度の高さにあらわれていることがその特徴の一つです。婚活を楽しみながら前向きな気持ちで取り組もうとする姿勢によって、早期の結婚相手獲得が促進された可能性があります（図2－5）。

【図2-1】 結婚への本気度 年代による男女間の変化

必ず結婚したい・結婚を前提に相手を探したい（濃色）、機会があればいつか結婚したい（薄色）の合計値

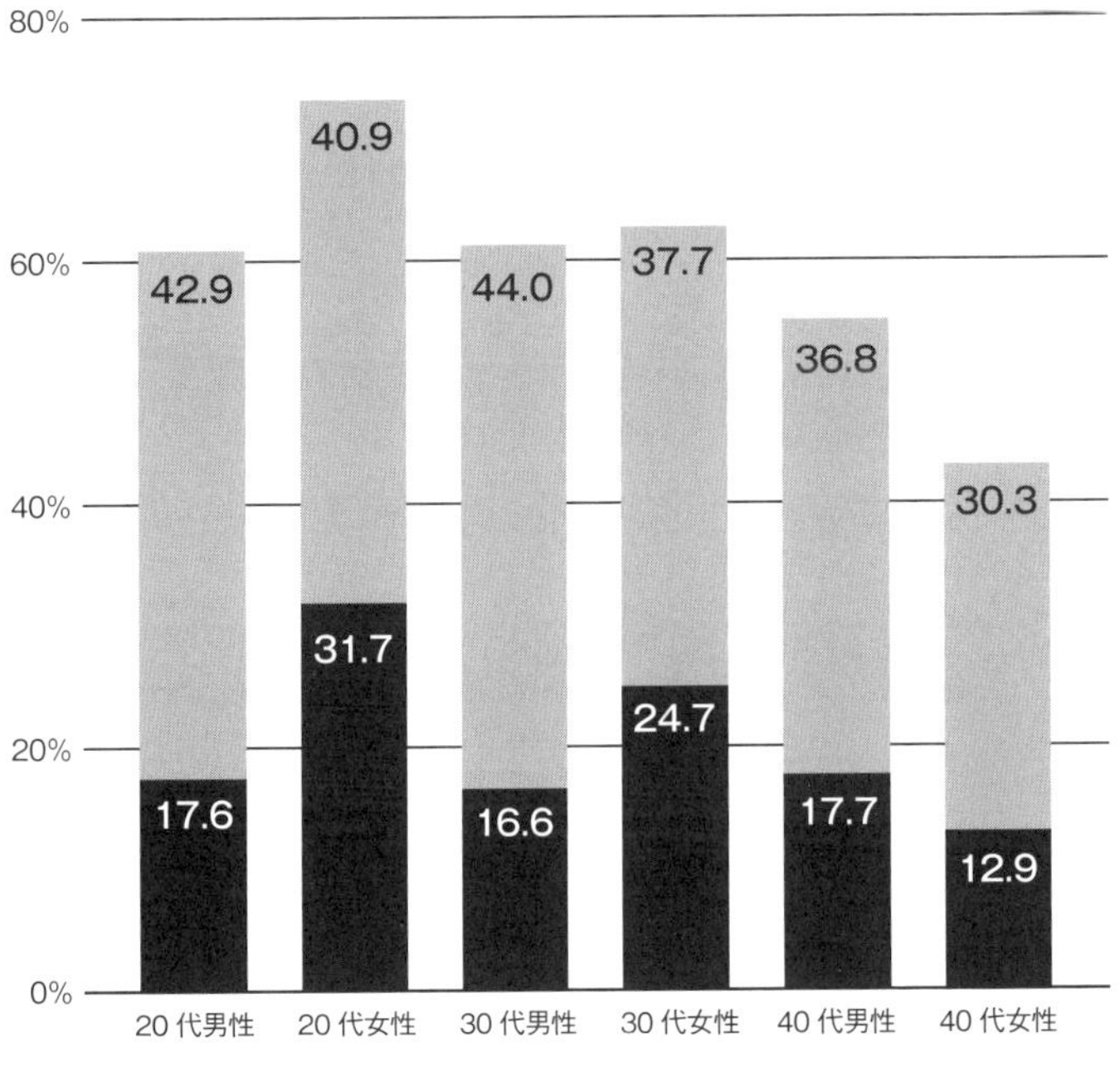

Q【結婚意向】まずは、恋愛や結婚に関するあなたの率直なお気持ちをお聞かせください。

・回答者ベース：20 歳～ 49 歳

20 代男性（n=340）、20 代女性（n=164）、30 代男性（n=325）、30 代女性（n=154）、40 代男性（n=277）、40 代女性（n=132）

【図2-2】 活動頻度の違い 未婚者／既婚者(20～30代)

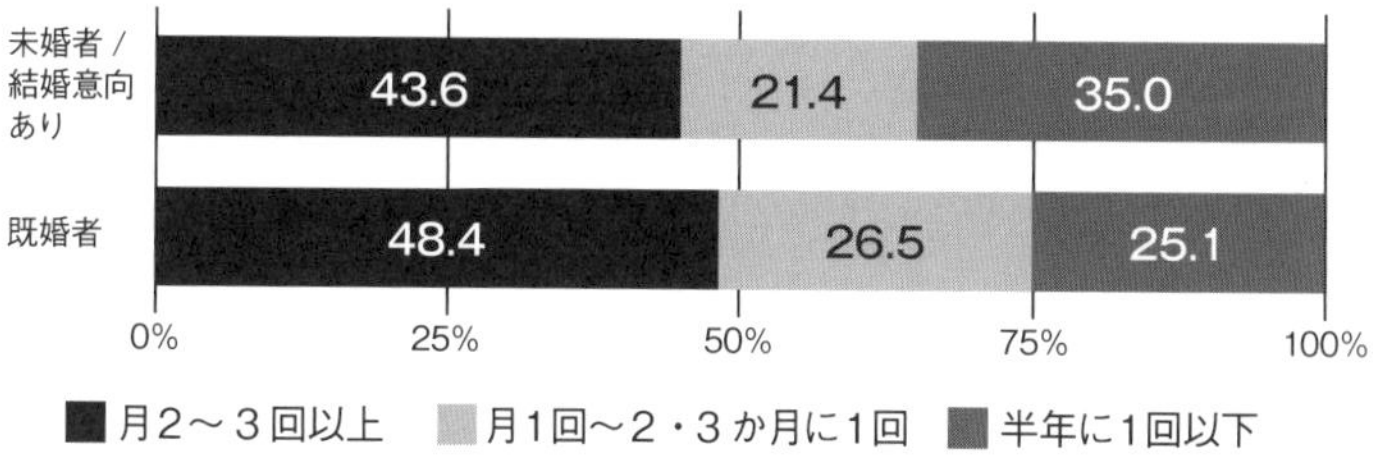

Q【活動頻度】どれくらいの頻度で利用／参加していますか。時期や状況によって頻度がばらつく場合は、最も積極的に利用／参加している時の頻度を教えてください。

・回答者ベース：20歳～39歳（何らかの活動をしており、かつ「職場での自然な恋愛」以外が注力活動。ペアーズユーザーは含まず）未婚者／結婚意向あり（n=140）、既婚者（n=525）

【図2-3】 未婚／既婚の活動の種類の差(20～30代)

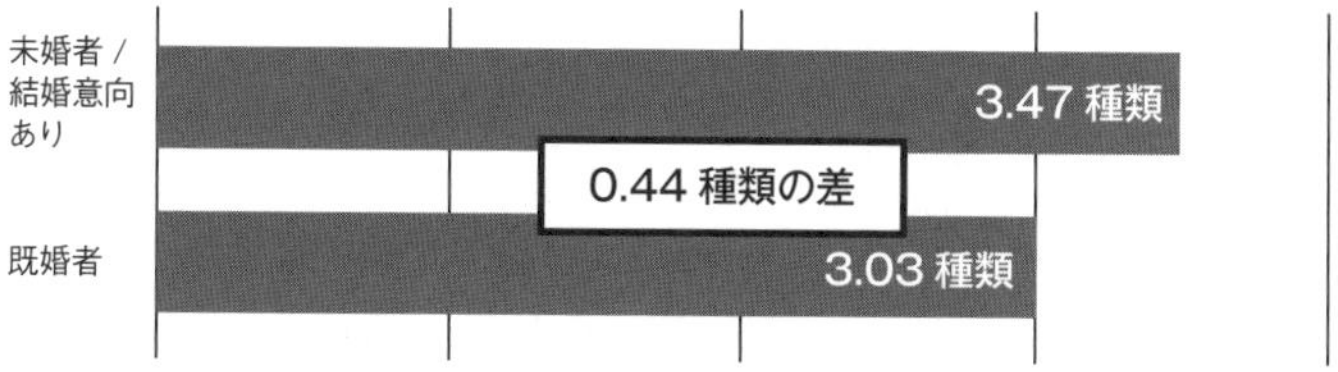

主な活動の種類

◎職場や学校など生活圏で自然に知り合う　◎友人　◎知人の紹介　◎家族・親族の紹介／お見合い　◎合コン　◎街コンなどの出会い系イベント　◎出会い系でないイベントや交流会、サークル活動、習い事　◎出会い系居酒屋やBar　◎婚活パーティー　◎マッチングアプリ　◎その他のSNSやオンラインサービス　◎結婚相談所　◎その他（具体的に）

Q【活動状況／経験】交際相手や結婚相手が見つかることを期待している場所や、利用／参加したことがあるものとして、あてはまるものをすべてお選びください。

・回答者ベース:20歳～39歳 未婚者／結婚意向あり(n=612)、既婚者(n=1157)

【図2-4】 活動経験の違い 未婚者/既婚者(20～30代)

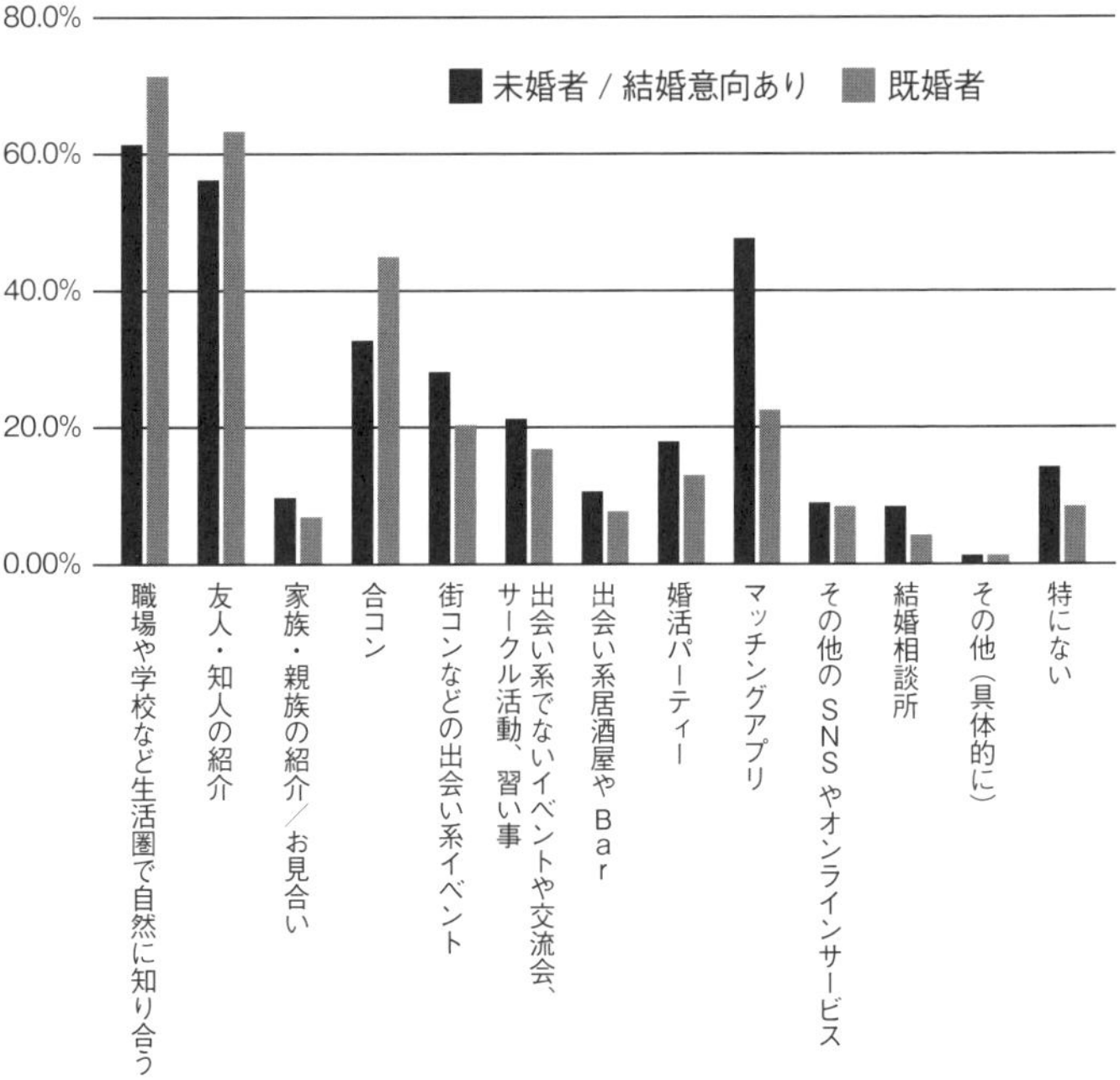

Q【活動状況/経験】交際相手や結婚相手が見つかることを期待している場所や、利用/参加したことがあるものとして、あてはまるものをすべてお選びください。
※相手を探すことが主目的でないものでも、「見つかったらいいな」と少しでも期待しているものがあればすべてお選びください。
・回答者ベース：20歳～39歳　未婚者/結婚意向あり(n=612)、既婚者(n=1157)

既婚者の活動頻度は未婚者より多い。活動の種類は既婚者と未婚者でやや異なる

【図2-5】 参加している活動に対する満足度の違い
未婚者 / 既婚者（20 ～ 30 代）

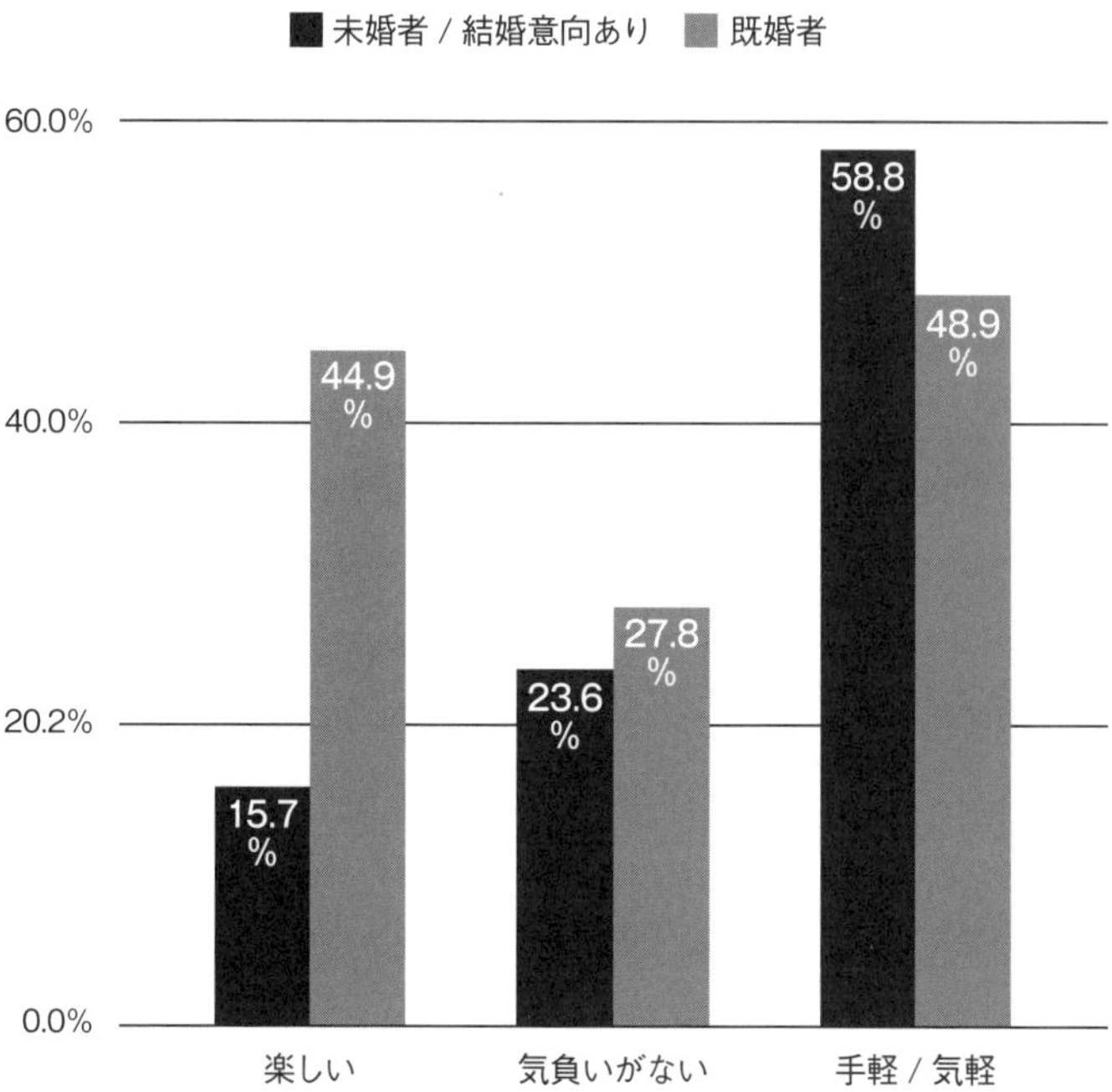

Q【活動への満足点】「現在最も期待を寄せているもの、あるいは注力しているもの」の利用 / 参加について、満足している点を教えてください。
・回答者ベース：20 ～ 39 歳 未婚者未婚者 / 結婚意向あり（n=394）、既婚者（n=661）

既婚者は、楽しみながら活動をしていた傾向

【図2-6】 交際相手を探すことへの積極度合いの違い 未婚者と既婚者（20 ~ 30 代）

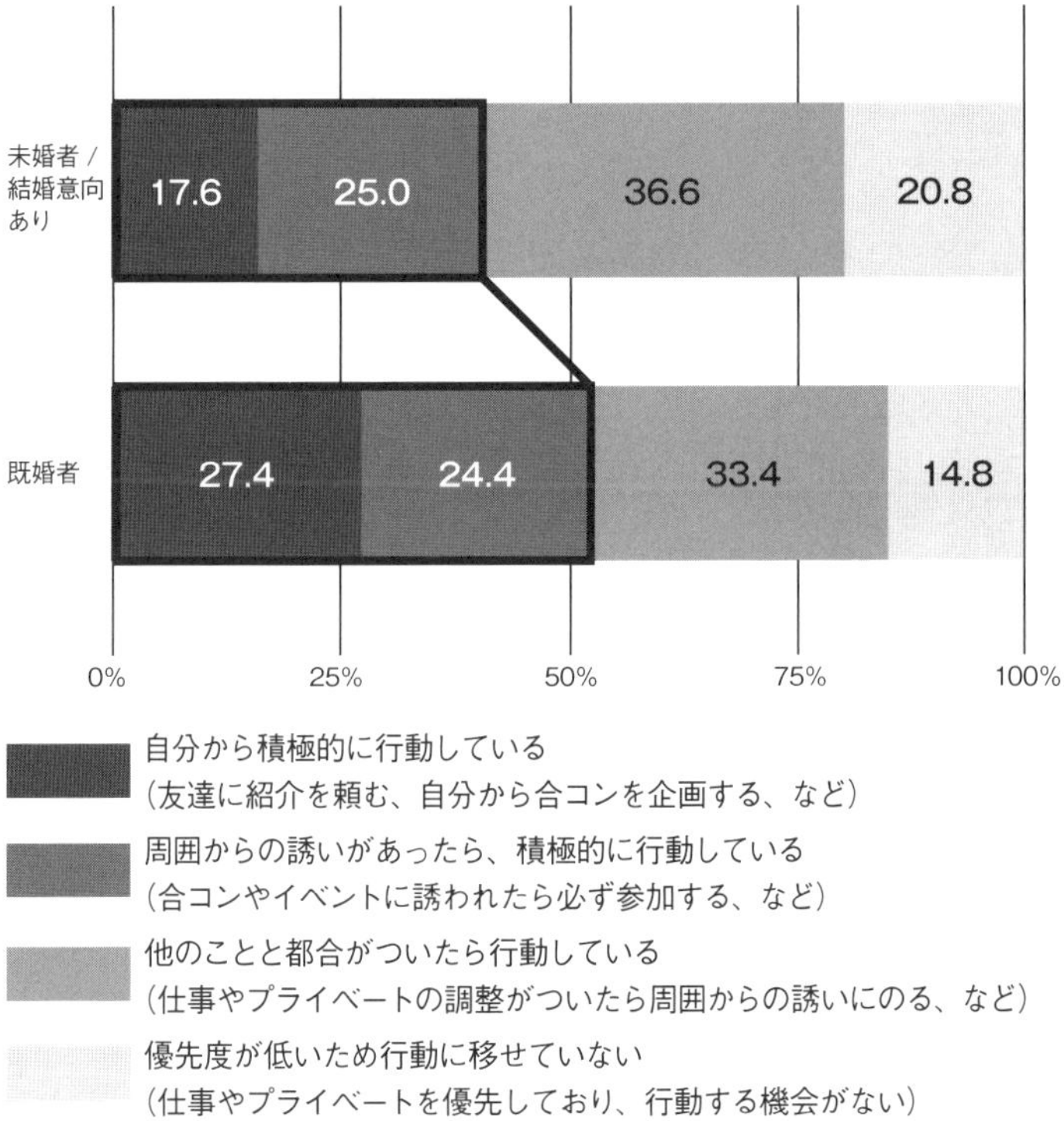

Q【積極度合い】交際相手を探すことへのご自身の状況やお気持ちとして、最も近いものをお選びください。
・回答者ベース:20 歳～ 39 歳 未婚者 / 結婚意向あり（n=432）、既婚者（n=1147）

既婚者は「自分から積極的に行動している」が未婚者に比べ高く、積極性や行動力で大きな差

【図2-7】 相手を見つけるまでの活動期間
既婚者（20 ～ 30 代）

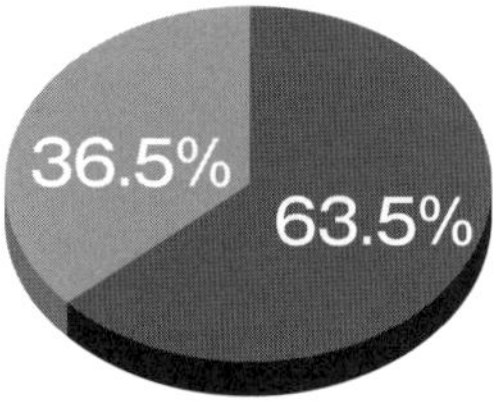

	半年未満				半年以上			
既婚者 TOTAL（男女 20-30 代）	63.5%				36.5%			
	2 週間未満	1 か月未満	3 か月未満	半年未満	1 年未満	3 年未満	5 年未満	5 年以上
既婚者 TOTAL（男女 20-30 代）	**20.4%**	**14.3%**	**16.1%**	**12.7%**	**12.7%**	**14.9%**	**2.3%**	**6.6%**
男性（20-30 代）	19.7%	13.9%	16.4%	13.5%	16.1%	13.5%	2.9%	4.0%
女性（20-30 代）	20.8%	14.7%	15.9%	12.1%	10.3%	15.9%	1.8%	8.5%

Q【活動期間】/【注力している活動／なれそめ】では、「現在最も期待を寄せているもの、あるいは注力しているもの」の利用／参加は、結婚相手と出会うまで、どれぐらいの期間続けていましたか。
・回答者ベース：20 歳～ 39 歳　既婚者男女 TOTAL（n=663）、既婚者男性（n=274）、既婚者女性（n=389）

出会いの確率を可能な限り上げていく、既婚者の短期決戦型の姿勢が窺える

【図2-8】 活動を続けている期間 未婚者 / 結婚意向あり（20 ~ 30 代）

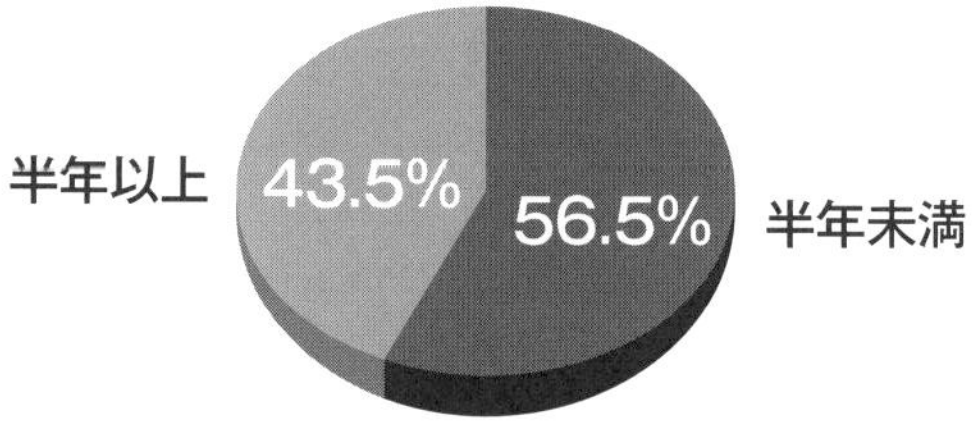

	半年未満				半年以上			
未婚者 TOTAL（男女 20-30 代）	56.5%				43.5%			
	2週間未満	1か月未満	3か月未満	半年未満	1年未満	3年未満	5年未満	5年以上
未婚者 TOTAL（男女 20-30 代）	14.4%	9.4%	15.7%	17.1%	17.1%	14.4%	4.7%	7.4%
男性（20-30 代）	16.1%	9.5%	15.6%	16.6%	17.6%	13.6%	4.0%	7.0%
女性（20-30 代）	11.0%	9.0%	16.0%	18.0%	16.0%	16.0%	6.0%	8.0%

Q【活動期間】/【注力している活動／なれそめ】では、「現在最も期待を寄せているもの、あるいは注力しているもの」の利用／参加は、どれぐらい続けていますか。

・回答者ベース：20 歳～ 39 歳　未婚者 / 結婚意向あり TOTAL（n=299）、未婚者 / 結婚意向あり男性（n=199）、未婚者 / 結婚意向あり女性（n=100）

【2】相手の考えへの「思い込み」

男女共に未婚者ほど自分のニーズに敏感に、相手の条件をあれこれ絞り込みがちです。一方、相手のニーズへの理解については、男女間で思い込みなどによるズレや歪みが生じています。

まず、図2－9では、未婚の男女は相手となる異性へのNG項目が多い傾向が示されています。既婚者も未婚者も相手の条件・決め手として「性格・価値観が自分と合っている」ことを最も重視することは共通していますが、未婚者はそれ以外の条件、例えば「容姿」や「年収」、「仕事への態度」など、相手の条件として重視する項目の数が既婚者よりも多いといえます。未婚者は自分がイヤだと思う条件に当てはまる相手を会う前に排除してしまおうとする「減点法」の考え方や、相手の条件に自らの人生を大きく依存させようとする傾向がより強いことがわかります。

「性格・価値観が自分と合っている」ことを重視する理由として、未婚者は「お互いのストレスの軽減をするため」を最も多くあげる「NGを排除する考え方」にこだわる傾向が見える一方で、既婚者は「相手と一緒に楽しめる」ことを最も多く選択しています。

「性格・価値観が自分と合っている」以外の決め手となる要因について、男性の場合は未婚・既婚間でズレがあります。既婚男性の場合、相手の女性にとって自分が選ばれた結婚の決め手となったこととして認識しているのは、「性格・価値観が自分と合っている」、「温厚・温和で穏やか」、「落ち着いている」、「誠実である／不倫などの不実な行為をしない」などが上位です。そして、実際に既婚女性が結婚相手となった男性を選ぶ決め手となったこととして回答した上位も、「性格・価値観が自分と合っている」、「温厚・温和で穏やか、落ち着いている」、「誠実である／不倫などの不実な行為をしない」で両者の回答が一致しており、既婚男性は女性のニーズを理解していることが分かります。

未婚男性は、「安定した仕事・収入」、「誠実さ」を自分に求められていると考えており、これは未婚女性が実際に彼らに求めていることと合致していますが、その他に「年収が高い」「容姿がよい」ことを女性から求められているとも思っており、この点について、未婚男性の認識と未婚女性の結婚相手へのニーズとの間にズレがあります。未婚女性は「温厚・穏やかな性格」、「愛情の深さ・思いやり」など、気持ちの面での相性や包容力を相手の男性に求めていますが、未婚男性は第一義的に「収入と容姿」（いわゆる3高要素）で選ばれるとの思い込みが強く、その思い込みで自らの評価を下げてしまっている可能性が示唆されます（図2

−10）。

女性については未婚・既婚で回答の大きなズレはなく、「性格・価値観が合っている」こと以外では、「愛情の深さ・思いやり」、「温厚・穏やかな性格」、「誠実さ」が男性から選ばれる決め手になると思っており、これは実際に男性側の求める条件回答とも合っています。しかし、女性は未婚・既婚いずれも「家事や育児をしてくれる・できる」ことが男性から求められていると思う割合が高く（5割）、この点のみは、男性側の女性を選ぶ条件の認識との大きなズレが生じています。女性は家事・育児負担について、男性に求められているというよりも、家事・育児ができないと男性に結婚相手として選ばれないだろうという意識、すなわち自ら自分が選ばれる可能性にキャップをしてしまう〝ガラス天井〟の存在があることが示唆されたといえるでしょう（図2−11／12）。

【図2-9】 結婚の条件／決め手の違い 未婚者 / 既婚者（20 ~ 30 代）

	未婚者		既婚者	
	20 代	30 代	20 代	30 代
家事や育児をしてくれる・できる	17.3	19.7	20.1	15.6
節約志向がある・金銭感覚が身についている	20.0	19.7	12.7	13.0
友人や職場の人からの人望がある	5.5	4.4	7.4	6.1
相手の親族（両親、兄弟、親戚など）との関係が良好である	8.8	9.1	10.7	10.8
相手の親族（両親、兄弟、親戚など）に依存していない・自立している	7.3	7.7	7.1	6.1
心身ともに健康	21.8	32.1	12.4	16.5
清潔感がある・衛生面に配慮している	23.8	22.8	10.4	11.3
状況に応じて他者への気遣いや思いやりができる	19.1	23.5	14.8	18.0
仕事にやりがいを持って頑張っている	7.7	4.6	11.5	10.8
安定した仕事に就いている・安定した収入がある	16.3	18.6	21.3	19.8
年収が高い	4.5	6.0	2.7	4.8
プライベートが充実している（趣味がある、日課がある）	11.0	4.0	4.4	4.8
自分の話をちゃんと聞いてくれる	21.4	15.0	21.6	24.7
話し上手である・会話が面白い	14.7	12.4	22.2	15.6
学歴や経歴がよい、平均より高い	2.4	2.9	3.3	4.5
容姿がよい（顔立ち、身長、スタイルなど）	21.0	26.5	19.2	19.0
問題が起きた時に頼りがいがある・率先して解決してくれる	9.6	8.2	14.8	10.5
地に足がついている、数年先のことを考えている	7.5	8.0	8.6	9.3
誠実である／不倫などの不実な行為をしない	34.4	31.2	30.5	34.0
愛情深く、思いやりがある	33.0	35.8	39.1	31.0
温厚・温和で穏やか、落ち着いている	29.5	32.7	32.0	32.4
誰とも対等に接する／威張らない／自己中心的でない	26.1	22.8	9.8	14.0
自分や家族のことを何よりも優先してくれる	8.4	8.8	23.7	15.9
性格・価値観が自分と合っている	48.3	47.6	39.1	38.8
その他（具体的に）	2.6	3.8	2.7	3.1

Q【結婚の条件／決め手（自分）】あなたが結婚するなら、どんな人がよいですか。あなたが結婚する相手に求めるものを最大５つ、教えてください。

・回答者ベース:20 歳～ 39 歳　未婚者 20 代(n=491)、既婚者 20 代(n=338)、未婚者 30 代（n=452)、既婚者 30 代（n=799)

数値の濃い部分は、未婚者の選択割合が既婚者を上回る選択肢

未婚の男女は相手となる異性に求めるもの(NG 項目)が多い。

【図2-10】 相手に求められていると思っていることと、実際に相手に求めることの違い
未婚男性 / 未婚女性（20 ~ 30 代）

男性が「相手に求められている」と思っていることベスト5	
安　定	安定した仕事に就いている・安定した収入がある　34.9%
価値観	性格・価値観が自分と合っている　33.6%
年　収	年収が高い　31.3%
誠　実	誠実である／不倫などの不実な行為をしない　30.5%
容　姿	容姿がよい（顔立ち、身長、スタイルなど）　27.6%

女性が「相手に求めること」ベスト5	
価値観	性格・価値観が自分と合っている　51.1%
誠　実	誠実である／不倫などの不実な行為をしない　41.0%
安　定	安定した仕事に就いている・安定した収入がある　35.2%
温　厚	温厚・温和で穏やか、落ち着いている　33.9%
愛　情	愛情深く、思いやりがある　33.9%

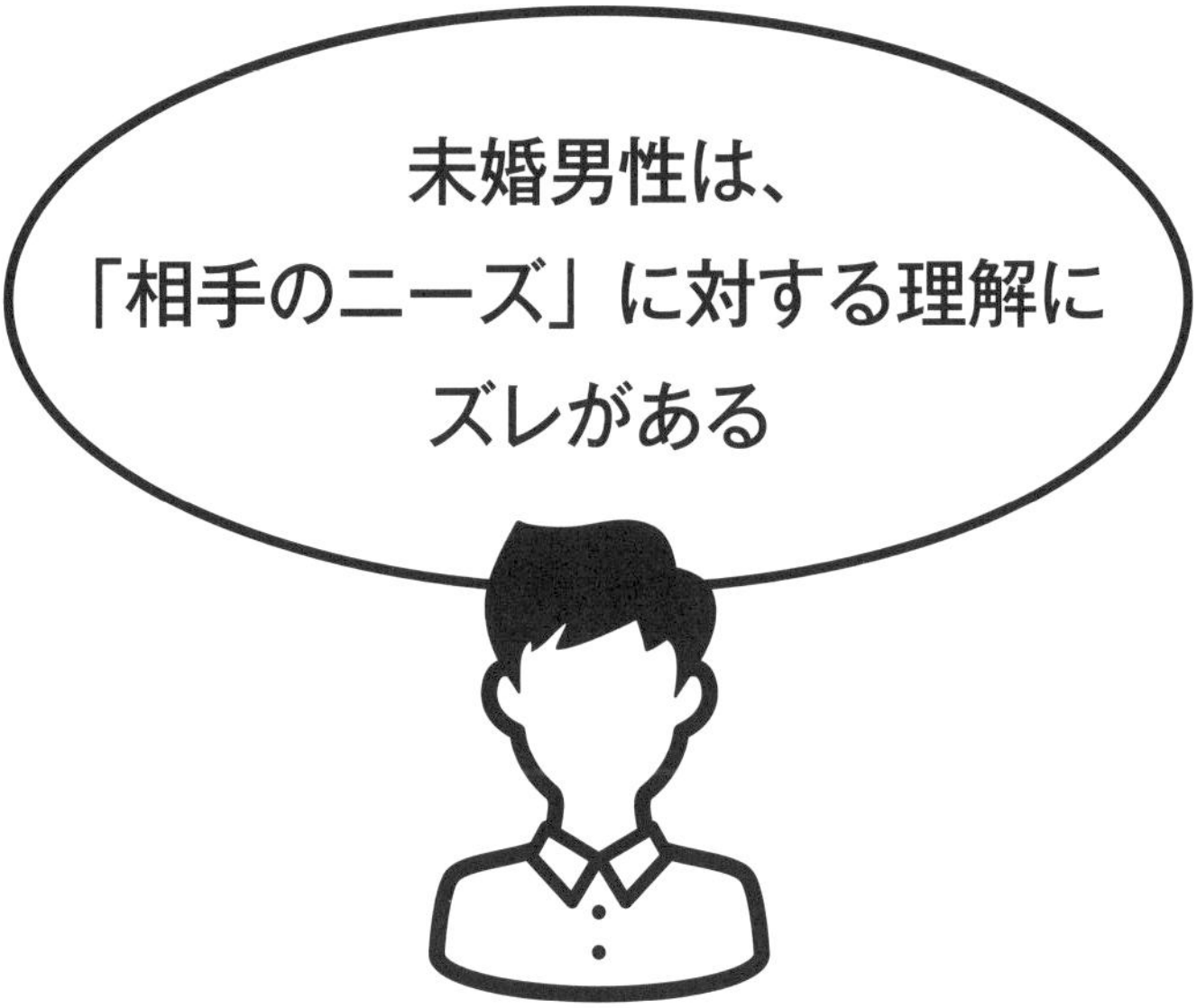

「相手に求められている」と思っていることと実際に「相手に求めていること」が男女間で思い込みなどによるズレやゆがみ。
未婚男性は、安定した仕事・収入、誠実さが求められているという認識は合っていたが、その他に「年収が高い」「容姿がよい」ことを求められていると思っており、彼らの認識は未婚女性の結婚相手へのニーズとはズレがある。

Q【結婚の条件／決め手（相手)】一方で、あなたの結婚相手となる異性は、どんな人と結婚したいと思っていると、あなたは思いますか。
あなたの勝手な想像で構いませんので、相手の異性が結婚する相手に求めると思うものを最大５つ、選んでみてください。
・回答者ベース：20 歳～ 39 歳　　未婚男性が女性に求められていると思うこと（n=633）

Q【結婚の条件／決め手（自分)】あなたが結婚するなら、どんな人がよいですか。
あなたが結婚する相手に求めるものを最大５つ、教えてください。
・回答者ベース：20 歳～ 39 歳　　未婚女性が男性に求められていること（n=307）

【図2-11】 相手に求められていると思っていることと、実際に相手が求めていることの違い未婚男性／未婚女性（20～30代）

女性が「相手に求められている」と思っていることベスト5	
価値観	性格・価値観が自分と合っている　49.8%
家　事	家事や育児をしてくれる・できる　49.8%
愛　情	愛情深く、思いやりがある　42.2%
温　厚	温厚・温和で穏やか、落ち着いている　36.6%
誠　実	誠実である／不倫などの不実な行為をしない　30.4%

男性が「相手に求めること」ベスト5	
価値観	性格・価値観が自分と合っている　46.6%
愛　情	愛情深く、思いやりがある　34.6%
温　厚	温厚・温和で穏やか、落ち着いている　29.7%
誠　実	誠実である／不倫などの不実な行為をしない　28.9%
容　姿	容姿がよい（顔立ち、身長、スタイルなど）　27.4%

女性は、「未婚」と「既婚」共に“自分で作るガラス天井”の存在が顕著

女性については未婚・既婚で大きなズレはなく、「性格・価値観が合っている」こと以外では、愛情の深さ・思いやり、温厚・穏やかな性格、誠実さが男性にとっての決め手になると思っており、実際に男性側のニーズとも合っていたが、女性は未婚・既婚いずれも「家事や育児をしてくれる・できる」ことが求められていると思う傾向が強く、この点のみ男性側の認識とズレが生じていた。女性は“自分で作るガラス天井”の存在が顕著。

Q【結婚の条件／決め手（相手)】一方で、あなたの結婚相手となる異性は、どんな人と結婚したいと思っていると、あなたは思いますか。
あなたの勝手な想像で構いませんので、相手の異性が結婚する相手に求めると思うものを最大５つ、選んでみてください。
・回答者ベース：20 歳～ 39 歳　　未婚女性が男性に求められていると思うこと（n=303)

Q【結婚の条件／決め手（自分)】あなたが結婚するなら、どんな人がよいですか。
あなたが結婚する相手に求めるものを最大５つ、教えてください。
・回答者ベース：20 歳～ 39 歳　　未婚男性が女性に求められていること（n=636)

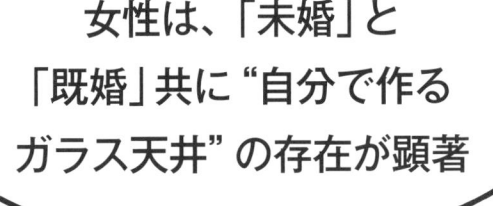

【図2-12】 相手にとって決め手になったと思うことと、相手が決め手だったことの違い　既婚女性 / 既婚男性（20 ～ 30 代）

女性が「相手にとって決め手になった」と思うことベスト5	
価値観	性格・価値観が自分と合っている　48.3%
愛　情	愛情深く、思いやりがある　31.8%
家　事	家事や育児をしてくれる・できる　26.4%
話　聞	自分の話をちゃんと聞いてくれる　21.7%
温　厚	温厚・温和で穏やか、落ち着いている　20.8%

Q【結婚の条件／決め手（相手)】一方で、あなたの結婚相手となる異性は、どんな人と結婚したいと思っていると、あなたは思いますか。

あなたの勝手な想像で構いませんので、相手の異性が結婚する相手に求めると思うものを最大5つ、選んでみてください。
・回答者ベース：20 歳～ 39 歳　　既婚女性が男性にとって決め手になったと思うこと（n=660）

既婚 

男性が「相手の決め手だったこと」ベスト５	
価値観	性格・価値観が自分と合っている　38.3%
愛　情	愛情深く、思いやりがある　31.1%
誠　実	誠実である／不倫などの不実な行為をしない　25.0%
温　厚	温厚・温和で穏やか、落ち着いている　23.1%
容　姿	容姿がよい（顔立ち、身長、スタイルなど）　23.1%

Q【結婚の条件／決め手（自分）】あなたが結婚するなら、どんな人がよいですか。
あなたが結婚する相手に求めるものを最大５つ、教えてください。
・回答者ベース:20歳～39歳　　既婚男性が女性の決め手だったこと(n=472)

【3】結婚希望年齢と実態の乖離

未婚者の自らの結婚希望年齢は、既婚者が活動時に考えていた希望年齢よりも男女とも4歳ほど高く、実年齢が高い未婚者ほど自らの結婚希望年齢も高い結果となっています（図2－13）。既婚者の多くが25～29歳をピークに結婚を済ませている（国の婚姻統計のピーク年齢あたりで結婚している）のに対し、未婚者は結婚希望年齢の設定がどの年代でも既婚者よりも高く、結婚が発生する実態に反して悠長に構えている傾向です。

また、未婚男性は、自分の年齢が高くなるにつれて自分よりも年上の相手を拒否し、年下選好の傾向が強まります（図2－14）。

結婚の希望年齢と統計的に実際に発生する可能性が高い結婚年齢の差の大きさが、男女共に結婚に至りにくくさせている要因の一つです。年齢的に適切なタイミングでの結婚について、意識づけることを促す必要性が示唆されたといえます。

以上の調査結果からわかることをおさらいします。まず、「いつかは運命の相手が現れるだろう」と受動的に機会の訪れを待っているだけでは、結婚の可能性は極めて低く、自ら選択肢を狭めてしまうということです。次に、既婚者に学ぶ「結婚につながりやすい行動パターン」とは、短期集中で自ら積極的に動くことだということが、調査結果からはっきり示されました。未婚者・既婚者間にある「結婚への活動の積極度の差」を埋めるような啓発活動によって意識改革を促す必要があり、それをサポートする社会的な風土や仕組み作りが必要といえるでしょう。

あわせて、発生確率的にみて年齢的に適切なタイミングにおける結婚活動をすることの意識づけや、男女それぞれが結婚相手に「求めること」と相手から「求められていること」のズレを認識し、それを正す啓発も大切です。男性は、年収などの「3高要素信仰」、女性は、家事・育児の役割に囚《とら》われた自らを縛る「ガラス天井」的な思い込みから解放され、それよりも男性が求めている癒《いや》しの要素に目を向けることで、相手が求めていることとの溝が埋まり、結婚のチャンスが広がるはずです。

【図2-13】 結婚希望年齢の違い 未婚者 / 既婚者（20 ~ 30 代）

【20 代】

	未婚者	既婚者	（参考）既婚者の実際の結婚年齢
男性	32.4 歳	28.3 歳	25.5 歳
	4.1 歳の差		
女性	30.0 歳	26.5 歳	24.8 歳
	3.5 歳の差		

【30 代】

	未婚者	既婚者	（参考）既婚者の実際の結婚年齢
男性	34.9 歳	30.5 歳	29.2 歳
	4.4 歳の差		
女性	32.3 歳	28.4 歳	28.8 歳
	3.9 歳の差		

Q【結婚年齢（自分)】ご自身は、何歳くらいまでに結婚したい（結婚したかった）と思っていますか。
・回答者ベース：20 歳～ 39 歳　未婚 20 代男性（n=276）、未婚 30 代男性（n=237）、既婚 20 代男性（n=120）、既婚 30 代男性（n=350）、未婚 20 代女性（n=145）、未婚 30 代女性（n=118）、既婚 20 代女性（n=212）、既婚 30 代女性（n=445）

Q【結婚年齢（自分)】ご自身は当時、何歳までに結婚したいと思っていましたか。また、実際に結婚した時、あなたは何歳でしたか。
・回答者ベース：20 歳～ 39 歳　既婚 20 代男性（n=121）、既婚 30 代男性（n=350）、既婚 20 代女性（n=212）、既婚 30 代女性（n=447）

未婚者の自らの結婚希望年齢は既婚者よりも男女とも４歳ほど高く、実年齢とともに上昇

【図2-14】 求める相手の年齢のギャップ

未婚女性に比べて未婚男性は、自己年齢が高くなるにつれて自分よりも年上拒否、年下選好の傾向が高まる

結婚希望年齢の違い　未婚男性 / 未婚女性（20 ～ 30 代）

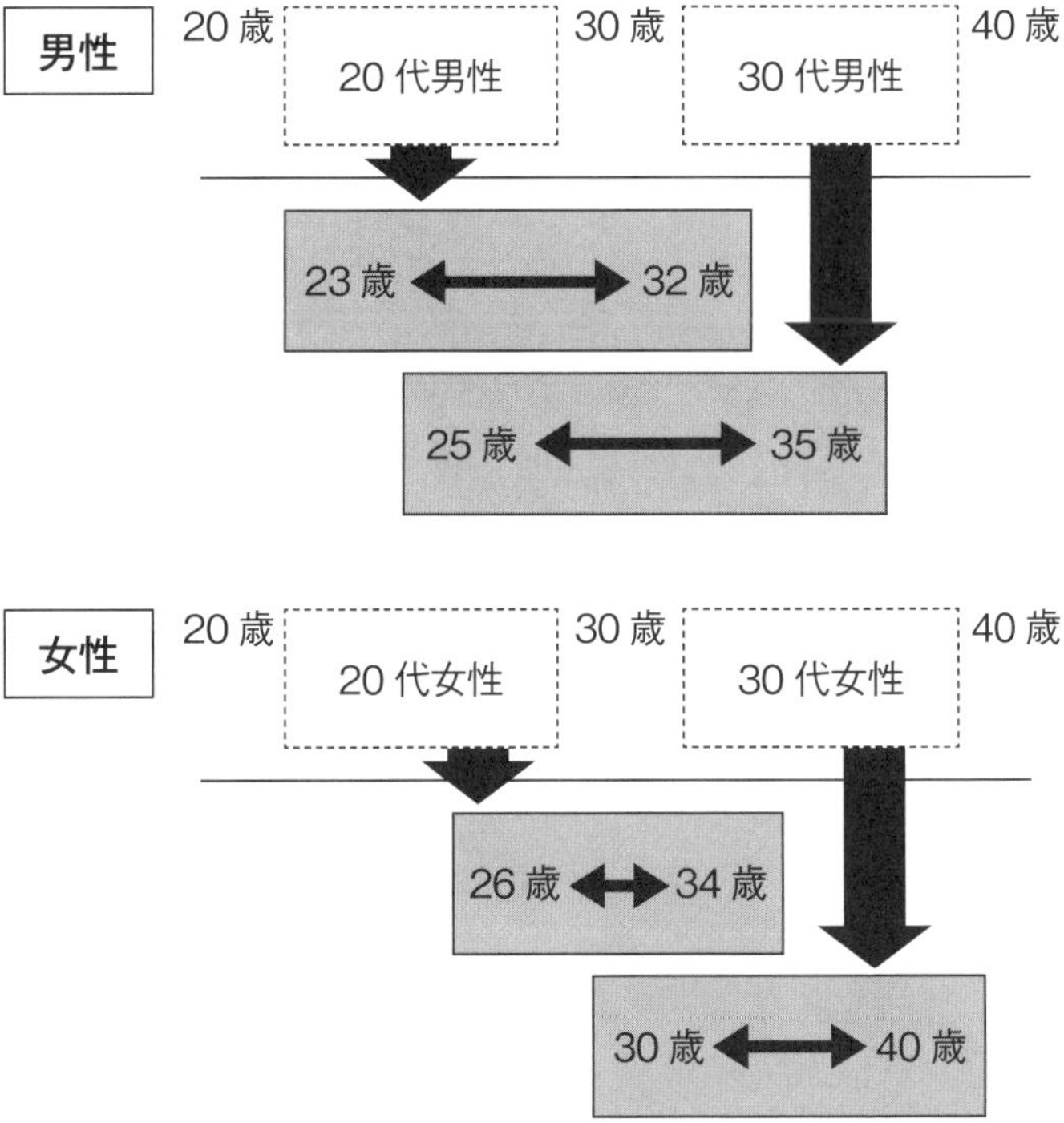

Q【結婚年齢（相手）】その時、結婚する相手の年齢は何歳ぐらいがよいですか。
回答者ベース:20 ～ 39 歳　未婚 20 代男性(n=276)、未婚 30 代男性(n=237)
未婚 20 代女性（n=145)、未婚 30 代女性（n=118)

マッチングアプリ（ペアーズ）利用者の特徴

今回の調査では婚活の新しいツールとして、マッチングアプリ（ペアーズ）にも注目し、一般（マクロミルモニターのみ）とペアーズ利用者との比較も行いました。これにより見えてきたこととして、ペアーズ利用者は活動開始から半年未満に相手を見つける短期集中型の男女の出会いの成功率が、非利用者よりも高いということです（図2－15／16）。「半年未満」に相手を見つけた人の割合は、20～30代で見ると、一般の既婚者が約60％であるのに対し、ペアーズカップルでは約75％と10ポイント以上高くなっています。

また、未婚者、既婚者、共にペアーズ利用者の方が、積極度合いが高く、行動に移せていない人の割合が少ない傾向にありました（図2－17／18）。マッチングアプリは、恋活・婚活における積極性を他の手段よりも必要とすること（または積極性の高い利用者が多い傾向）を示唆する結果となりました。

また、結婚することの利点（メリットと感じること）をどう考えているかを見てみると、既婚者においては、ペアーズカップルの方が男女共に既婚者全体に比べて「精神的な安らぎの場が得られる」「好きな人と一緒に暮らせる」と回答した割合が多く、パートナーとの精神的に良好な関係を重視する傾向が示唆されました（図2－19）。

結婚や子どもへの考え方など、リアルな出会いではお互いに最初からは単刀直入に聞きづらい内容についても、マッチングアプリでは、登録された個々のプロフィール等で事前に双方が確認できることが一般の既婚者に比べてパートナーとの精神的な関係を重視する成婚者が多い背景にあると思われます。マッチングアプリでは事前にプロフィールをしっかり確認していれば、精神面以外の条件に関するミスマッチや見逃しをより少なくした上で出会うことができます。マッチングアプリを利用して結婚に向けた活動をするメリットとして、これまでデータで示唆されてこなかったメリットがあるのかもしれません。

なお、マッチングアプリの特徴である男性のみ利用料が発生するというシステムについては、コストが発生しない女性利用者の活動の男女格差を誘引する側面があるため、その在り方として要検討課題だといえます。

【図2-15】 活動期間　一般の既婚者（20～30代）

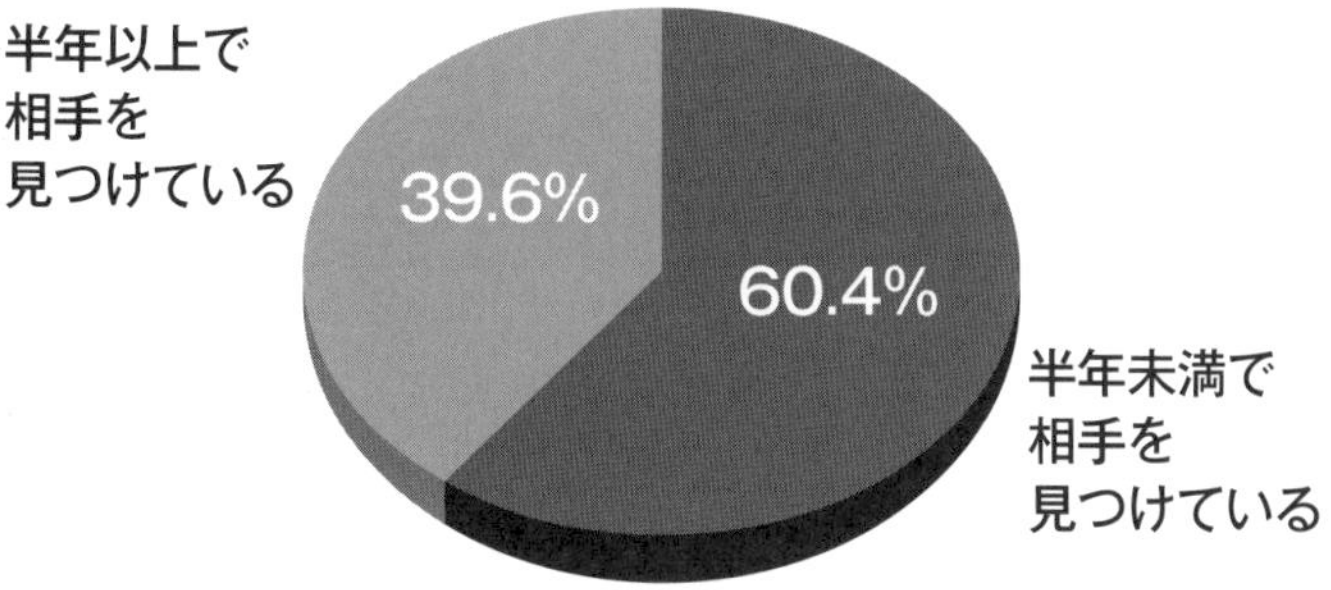

【図2-16】 活動期間
ペアーズカップル（20～30代）

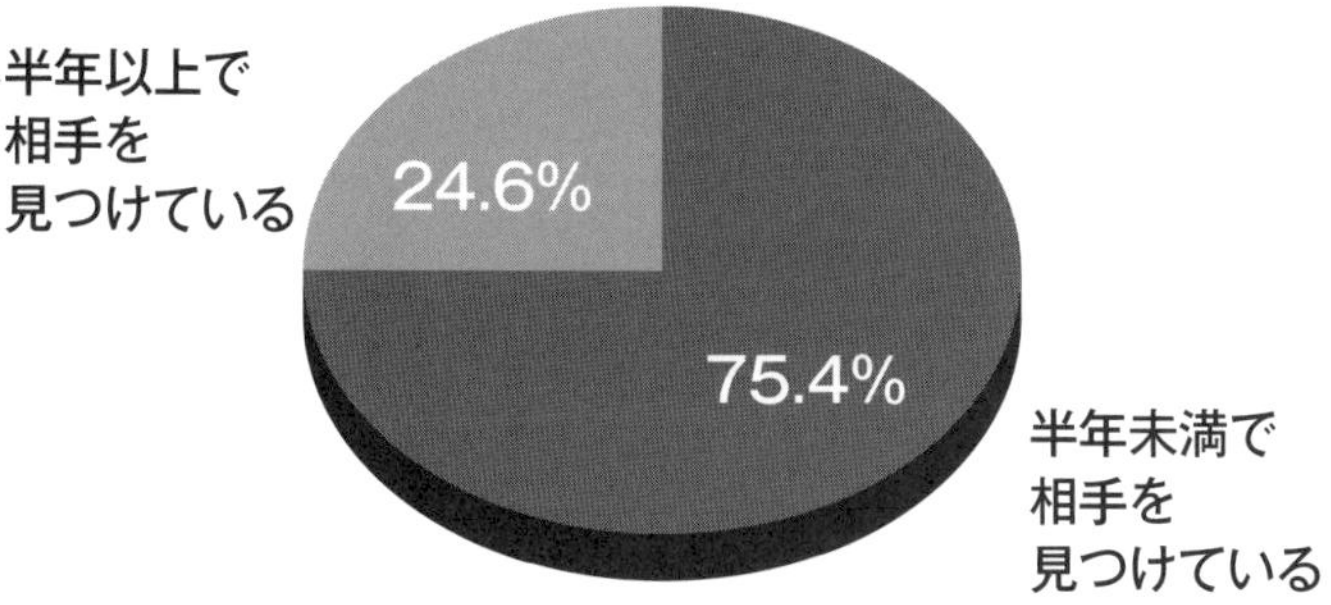

半年未満で相手を見つけている割合が、ペアーズカップルのほうがより高い

【図2-17】　積極度合いの違い　未婚者 / 既婚者（20 ～ 30 代）

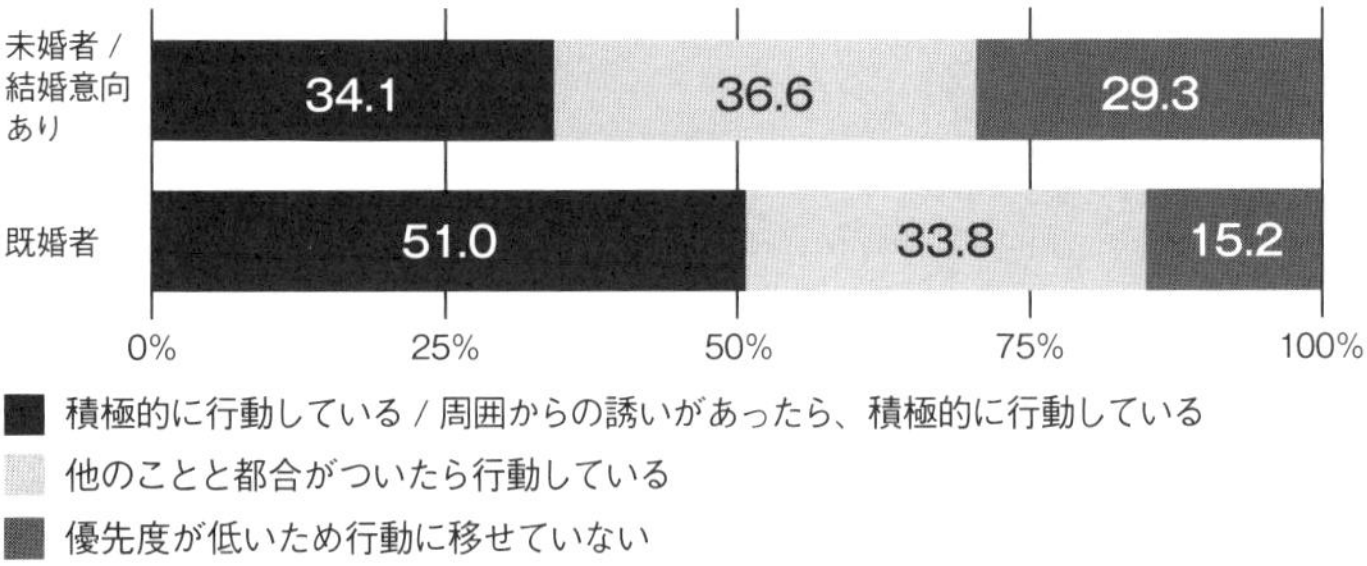

Q【積極度合い】交際相手を探すことへのご自身の状況やお気持ちとして、最も近いものをお選びください。
・回答者ベース：20 歳～ 39 歳　ペアーズ現ユーザー・カップルを含まず 未婚者 / 結婚意向あり（n=246）、既婚者（n=1012）

【図2-18】　積極度合いの違い 未婚者 / 既婚 ペアーズ利用者（20 ～ 30 代）

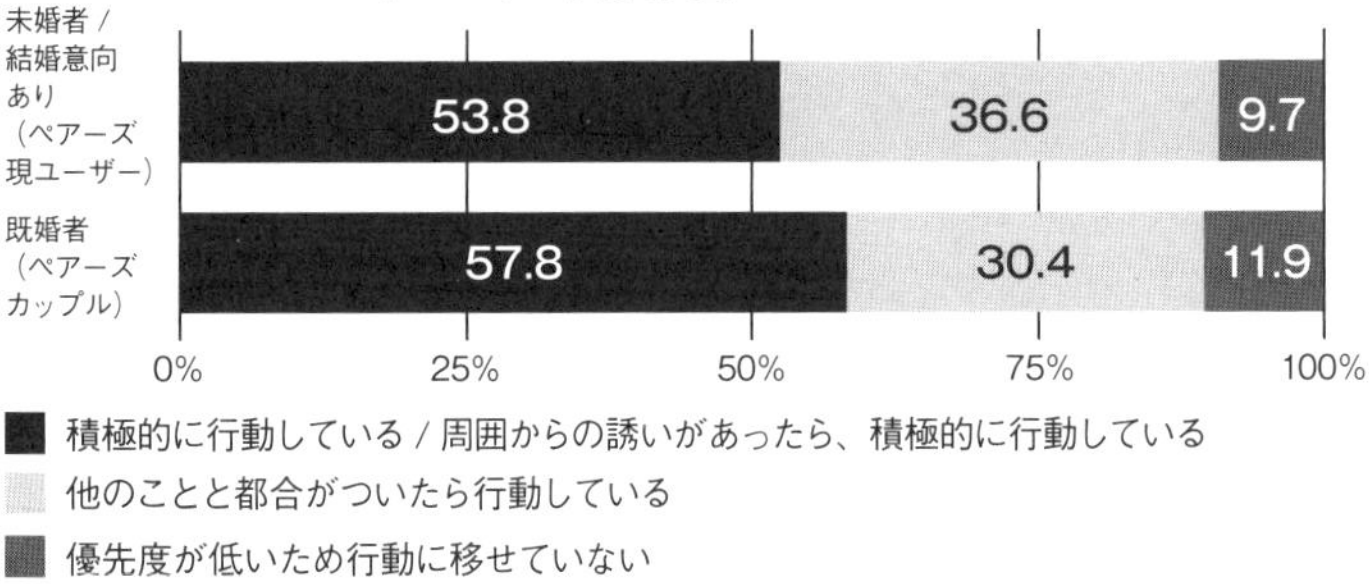

Q【積極度合い】交際相手を探すことへのご自身の状況やお気持ちとして、最も近いものをお選びください。
・回答者ベース：20 歳～ 39 歳 ペアーズ現ユーザー / 結婚意向あり（n=186）、ペアーズカップル（n=135）

ペアーズ利用者は既婚・未婚ともに積極的に行動している割合が高く、行動に移せていない人の割合が少ない

【図2-19】 結婚の利点と感じることの違い 既婚者/ペアーズカップル(20～30代)

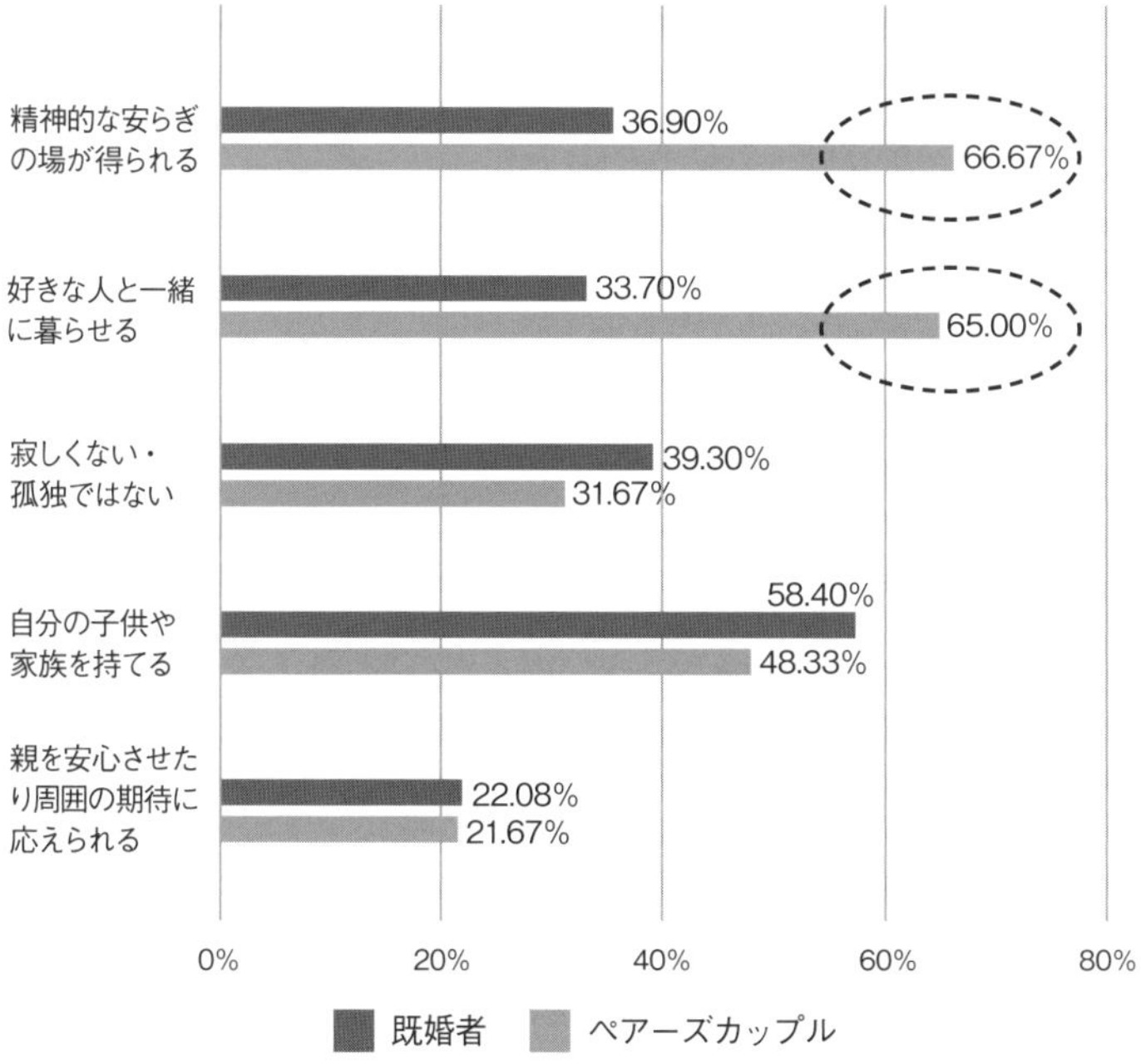

Q【結婚に求めること】「結婚すること」は、あなたにとってどのような利点があると思いますか。以下のうち、あなたにとっての結婚の利点と感じるものとして、あてはまるものを最大3つ、教えてください。

・回答者ベース：20歳～39歳
既婚者（ペアーズカップルを含まず n=1012）、ペアーズカップル（n=120）

ペアーズカップルのほうが一般の既婚者に比べ男女共に「精神的な安らぎの場が得られる」「好きな人と一緒に暮らせる」ことを、結婚の利点と考えている割合が多い

最後に、この章で示してきた調査結果からの示唆を6点にまとめておきます。調査結果から得られた数々の示唆が、加速度的に進行する日本の未婚化の流れに一定の歯止めをかけ、日本の深刻な少子化問題を解決する一助になるのではないかと思います。

調査結果からの示唆

1　結婚に至るには自分から積極的に動いて、活動量を増やす必要があることを啓発すべき

既婚者は未婚者よりも活動頻度が多く、自らから積極的に出会いを創り出しており、半年未満で相手を見つける割合が高く、短期集中型の傾向があった。条件にしばられず、積極性が大事であると推察される。

2　結婚のタイムリミットを啓発することで活動時期への認知のゆがみが是正される可能性がある

男女間で結婚に対して本気になる年齢が異なり、希望時期が早い女性と遅い男性との間で年齢的にミスマッチ（ゆがみ）が存在していた。

3　「女性は、『家事育児負担に関してやらねば選ばれない』と男性からの期待以上に重くと

らえる傾向がみられ、自分で自分の結婚条件を縛っている」という〝ガラス天井〟の存在が浮き彫りに。女性が思い込む「仕事に加えて、自らの母親世代が担っていたような家事・育児負担までは担えない（＝だから結婚はできない・向いていない、または、できるから選ばれた）」という過剰な意識を変える必要性

未婚・既婚にかかわらず、女性は「家事や育児をしてくれる・できる」ことを男性から求められていると思う傾向が強く、男性側との認識にズレがある。

4 自らの「年収」を気にしすぎている男性は、結婚が難しくなる傾向がみられる。「お金に関する条件はそこまで気にしなくてよい」ことを、男性に対してアピールしていくべき

未婚男性ほど「安定した仕事・収入」「誠実さ」の他に「年収が高い」「容姿がよい」ことを女性から求められていると思っており、女性側との認識にズレがある。

5 未婚者は、相手に対して条件の〝絞り込み〟をより多くしてしまうことによって、出会いの機会を減らしている

未婚者は価値観や性格以外の条件、例えば「容姿」や「年収」「性格」「仕事への態度」など、重視する項目の数が既婚者よりも多く、年齢が上がるほど男性は女性に対して年齢の上限を自分より年齢差のある年下に設定する傾向も加わる。相手に会う前から、条件で絞

り込みすぎない、つまり「会ってみなければ合うかどうか、そもそも相手から選ばれるかすらわからない」視点が必要。

6 マッチングアプリのシステムは、活動量の不足、対面では聞きづらい、知るまでに時間がかかる相手の情報の効率的な取得という課題を解決する有効なツールになる可能性を持つ

マッチングアプリ利用者は、積極性が高く、より短期集中型で成果を出している。また、結婚後は物理的条件よりも結婚による精神的満足度をより重視する傾向があった。

以上、シンクタンクの株式会社ニッセイ基礎研究所とマッチングアプリ「ペアーズ」を運営する株式会社エウレカが共同で実施した、「日本の未婚化の要因に関する仮説検証調査（2020）」について、その調査項目の中から主だったものを取り上げて解説し、日本に蔓延《まんえん》する「未婚化」の原因を探ってきました。次の第3章では、この調査を監修したニッセイ基礎研究所・人口動態シニアリサーチャーの天野馨南子氏の助言をもとに、国が発表しているさまざまなデータをもとに、さらに結婚の実態分析から判明した「結婚の真実の姿」から浮かび上がる未婚化の実態について深く掘り下げていきます。

第3章

統計データが示す「未婚化する日本」の実態

【考察1】 結婚にはタイムリミットがある

「日本の未婚化の要因に関する仮説検証調査（2020）」（以下「未婚化要因調査」）結果の考察【結婚希望年齢と実態の乖離】にあるとおり、未婚者が希望する結婚年齢と実際に結婚をしている人の年齢には大きな差異がありました。そこで2019年に提出された全婚姻届を集計した国の婚姻統計（人口動態調査）から、初婚男女の結婚年齢を分析した結果を確認していきます。

まずは、「実際に、何歳で結婚をしているのか」を確認していきましょう。初婚男女ともに結婚相手に再婚が含まれるパターンは3割程度にとどまるため、初婚男性と初婚女性の組み合わせで男女の初婚年齢をわかりやすくグラフ化してみました。

男性の初婚年齢のピークは27歳、35歳以降は「婚難」

図3－1は初婚男性の婚姻件数（相手は初婚女性）を年齢別にあらわしたものです。初婚同士の結婚における男性の結婚が最も多いのは27歳です。グラフからは27歳を頂点に結婚

【図3-1】　初婚同士カップル　夫の年齢別婚姻件数（2019年）

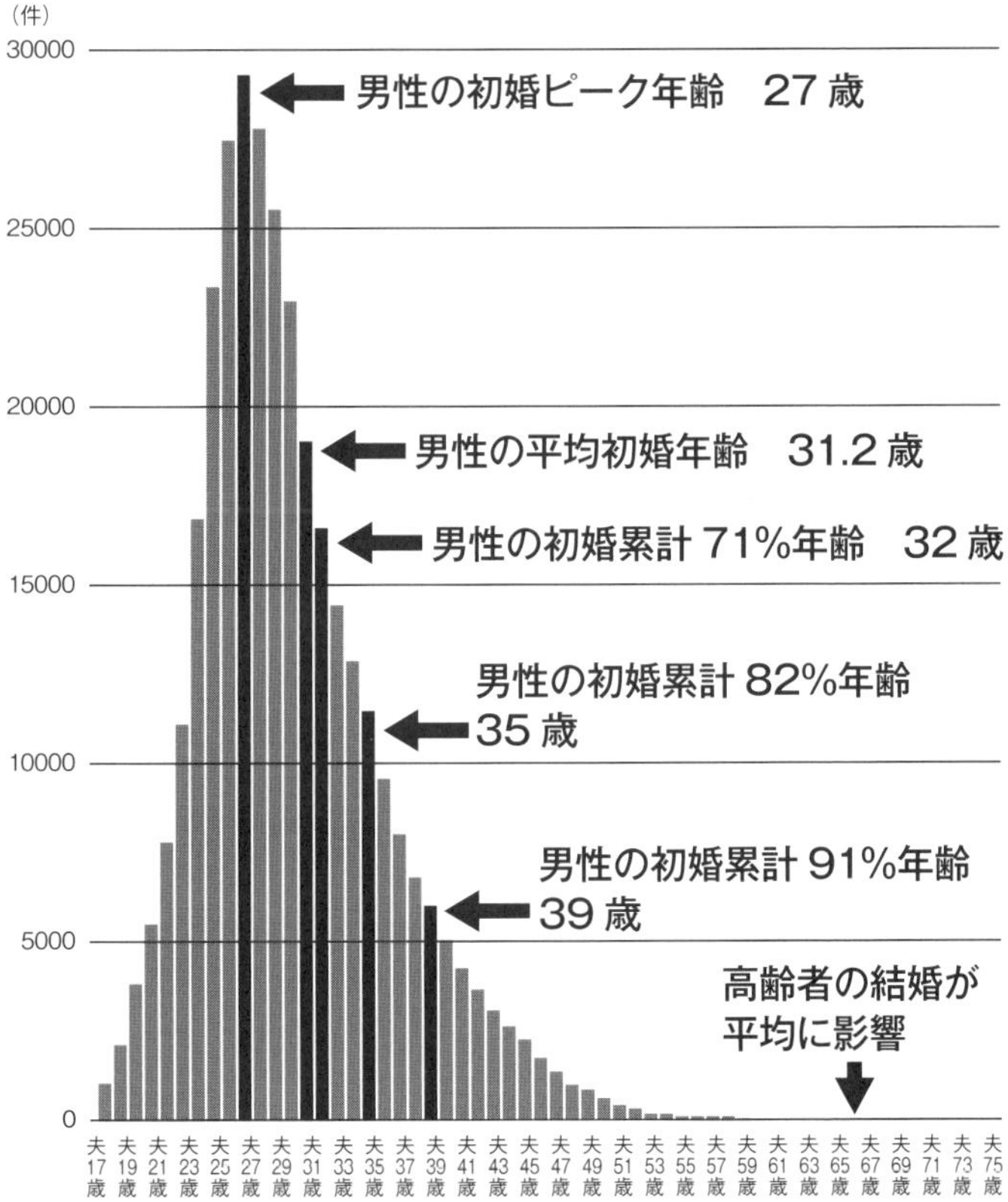

出典：天野馨南子「人生100年時代の変わりゆく結婚と家族　最新データ解説」より編集部作成

※1　夫婦の年齢差分析の使用データはすべて厚生労働省「人口動態調査」（すべての婚姻届を対象）

件数が大きく落ちていく様子がみて取れます。この27歳がピーク年齢という状況は２０１４年から２０１７年を除いて動いていません。それどころか初婚男性の結婚ピーク年齢は２００２年から２０１３年までは僅差で28歳だったものの、27歳がメインへと年齢が下がってすらいるのです。

初婚同士の結婚を果たした男性の年間の婚姻件数が5割を超える年齢を「結婚適齢期」と定義するならば、初婚男性の結婚適齢期は「28歳から29歳の間あたり」となります。初婚を目指す男性で29歳を超えたときに、結婚年齢のピークをすでに超えてしまっているという自覚を持っている人は少数派だと思いますが、現実はそういうことになります。

グラフの山の頂上、つまり婚姻件数で最頻値にあるのが27歳で、「結婚のピーク年齢」となります。27歳以降は年齢が上がるごとに婚姻数が大きく減っていくのがわかります。一般に男性の結婚適齢期は平均初婚年齢が30歳をすぎていること（２０１９年31・2歳）を理由に30歳前後とイメージしがちな方が非常に多いのですが、実際は多くの初婚男性がそれより早い20代後半で結婚しています。繰り返しになりますが、統計的に見れば、初婚男性の「結婚のピーク年齢は27歳、結婚適齢期は28歳と29歳の間」というのが現実です。平均初婚年齢は発生数は少ないものの散発的に発生する、中高齢者の結婚に引き上げられている状態であり、ここに高齢化社会のもたらす婚期への誤解の罠が存在するのです。

２０１９年における初婚同士の結婚の男性の平均結婚年齢は31・2歳ですが、32歳の段階ですでに年間に提出される婚姻届の7割を占めています。また、35歳で8割、39歳で9割が提出済みとなっており、男性にも明確な婚期があります。30歳をすぎると男性であっても結婚の件数が大きく落ち、35歳以降は「婚難」となることがデータからみて取れます。

女性の初婚年齢のピークは26歳、30歳で7割が結婚

男性と同じく２０１９年の全婚姻届のデータ分析によれば、28歳までに婚姻届を提出する女性（相手は初婚男性）が年間の初婚同士結婚を果たした女性の57％と5割を上回ります。27歳の段階では48％であるため、男性同様に婚姻届の5割がその年齢までに提出済みとなる年齢を結婚適齢期と呼ぶならば、初婚女性の結婚適齢期は27歳すぎ、という結果です。

図3-2からわかるとおり、初婚女性の婚姻件数の年齢別最頻値は26歳ですので、「結婚のピーク年齢は26歳」といえます。26歳を頂点とする年齢を境に、その両側は急カーブを描いており、26歳以降は年齢を一つ重ねるごとに婚姻数が大きく減っていきます。初婚同士の女

【図3-2】 初婚同士カップル　妻の年齢別婚姻件数（2019年）

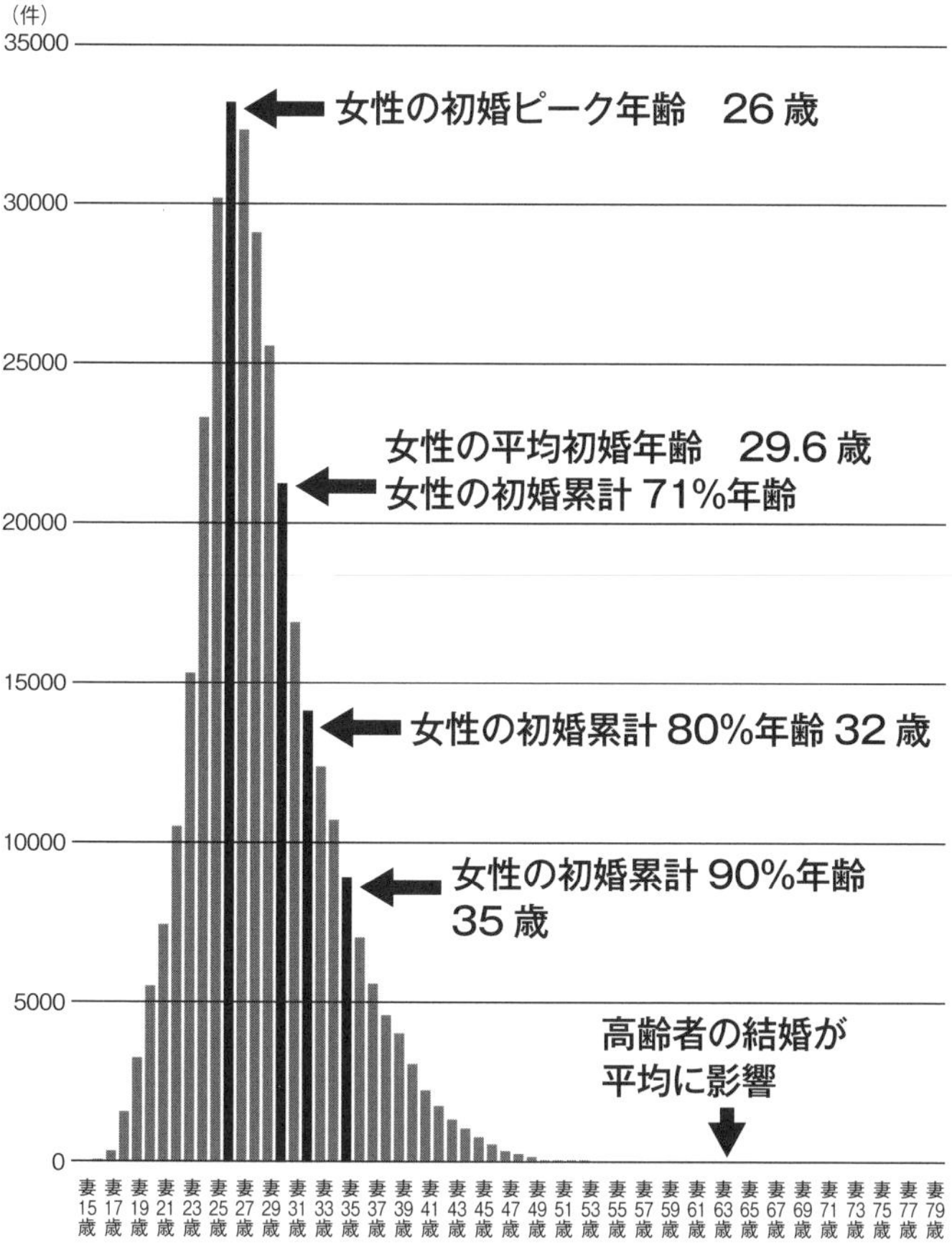

出典：天野馨南子「人生100年時代の変わりゆく結婚と家族　最新データ解説」より編集部作成

性の婚姻件数は、2019年の平均初婚年齢の29・6歳（30歳）では7割を超えています。同様に32歳までの婚姻件数で8割、35歳までの婚姻件数で9割にのぼるため、男性同様に35歳以降の結婚は、婚姻件数の割合から考えて非常に困難になることが示されています。

「平均初婚年齢」という罠

ここまでの説明で気がついた方がほとんどだと思いますが、「そろそろ結婚を真剣に考えたほうがいいのではないか」と当事者である未婚男女が一般的にイメージしやすい平均初婚年齢よりも、先に説明した「統計上の結婚のピーク年齢や結婚適齢期はかなり若い」のです。2018年も2019年も男女とも結婚のピーク年齢は男性27歳・女性26歳で全く動いていませんが、平均初婚年齢だけ上昇したため、2018年で3歳、2019年で4歳もの平均初婚年齢とピーク年齢の乖離が生じています。結婚適齢期として多くの人がイメージする平均初婚年齢は、定期的に国が発表し、多くのメディアでも取り上げられるため、目にする機会が非常に多い数字です。しかしながら、先に示したような統計的なピーク年齢や、その年齢までに提出される婚姻届の割合などは誰も知らないという状況です。

実際に読者が結婚を考える際にベンチマークとするべき年齢は、平均初婚年齢ではなく、初婚の発生するピーク年齢の方だと思います。なぜなら、平均初婚年齢で相手探しを始めるということは、その年齢では初婚同士カップルの7割の婚姻届が男女ともに出されている年齢であり、婚活には大きく出遅れることになるからです。

男性の平均初婚年齢は、妻が初婚・再婚すべてを含めて31・2歳、女性の平均初婚年齢は夫が初婚・再婚すべてを含めて29・6歳（2019年・「人口動態調査」）です。この年齢で結婚相手を探そうと考えている男女は、一般的に人気のあるスペックを相手に求めるなら、「いい人がいない」という結果に統計的にはなるでしょう。読者の周囲にも30歳をすぎて結婚相手を探し始めた男女で「いい相手がいない」「若い女性がいいのにマッチングしない」といった愚痴をこぼす男女は多いのではないでしょうか。しかし統計的な結婚ピーク年齢の前にあたる25歳ぐらいの年齢で、同じことをいう男女はほとんど見かけないと思います。

ここで少し丁寧に「平均初婚年齢の罠」について解説しておきます。なぜ平均初婚年齢が実際の結婚ピーク年齢や結婚適齢期年齢よりも高く計算されてしまうのでしょうか。理由は簡単で、一部の中高齢者の結婚が平均を大きく引き上げてしまうからです。

お金を例にあげて考えてみましょう。住人100人の村があると仮定します。その村の住人99人が年収100万円、残りの一人が1億円とすれば、住人の平均年収は199万円となり、村の実態と大きくかけ離れます。これと同じことが、平均初婚年齢、結婚年齢のピーク、結婚適齢期という3つの年齢のズレにも起こっているのです。国民の平均寿命が今後さらに伸長すれば、この「平均初婚年齢の罠」の傾向がますます強く出る可能性があります。

このギャップについて、今回の「未婚化要因調査」を株式会社エウレカと共同で実施したニッセイ基礎研究所人口動態シニアリサーチャーの天野馨南子氏は次のように語ります。

「例えば、未婚女性が平均初婚年齢29・6歳というデータに惑わされ、この年齢をベンチマークに婚活をすればいいと考えたとします。しかし、現実には30歳になったときに、同年齢女性のうち結婚を果たすことになる女性の7割はすでに結婚してしまっているのが現実です。婚活を30歳手前の29歳から行って、1年後の30歳で結婚を目指す場合、すでに7割の女性が選んだ相手を外して結婚相手探しをしなくてはいけないという、かなり厳しい現実が待っています。

統計的な結婚ピーク年齢の一年前となる年齢、男性は26歳、女性は25歳から婚活を始めるのが、一般的に人気のある、もしくは『普通』の相手との結婚を願う人にとっての実現可能性の高い最適なタイミングといえます」（天野氏）

20代前半で婚活をした人はピーク年齢の前後での結婚ができますが、「平均初婚年齢の前後で結婚できればいい」と婚活を先延ばしにする人は、いざ結婚相手を探そうとしたとき、自分の望むような相手の多くがすでに既婚者となっているという現実に直面することになるのです。

「相手の数が多いほど、自分の望むような理想の相手と結婚できる確率は上がります。逆に平均初婚年齢の罠にはまって〝まだ若いから〟〝身近に出会いがないから〟と20代後半をのんびりすごしていると、結婚したいと思ったときには『適当な相手がいない』

という壁が待っているのです。

男女ともに30歳以降の婚活は結婚の発生確率が落ち、20代よりも限られた相手の中から選び選ばれるという厳しい戦いを覚悟しなくてはいけません。また若い世代ほど人口が少なく、同世代はおろか、年下との結婚も男女ともに増えるため、少子化の影響で少ない席を奪い合うレッドオーシャン※2状態となります」（天野氏）

【考察2】中年男性の年下妻志向は非現実的

次に夫婦の年齢差のデータをもとに、中年男性の年下妻志向の実現性を考えてみます。

「未婚化要因調査」では、「年齢が高くなるにつれて、より年下女性狙いとなる未婚男性」の傾向がはっきりとあらわれていました。実際のところ、中年男性と若い女性の歳の差カップルはどれくらい存在するのでしょうか。

※2　経営用語で激戦（とそういう状況に陥る戦略）のこと。海戦で血に染まった海をイメージした用語。反対語はブルーオーシャン。

カップルの年齢差の平均は縮小傾向

芸能ニュースでは、ときおり40代、50代の中年男性と30代の女性という年齢差カップルが誕生し、話題を呼びます。２０２０年だけでも、有吉弘行さん（46歳・結婚当時以下同）と夏目三久さん（36歳）の10歳差婚、星野源さん（40歳）と新垣結衣さん（32歳）の８歳差の「逃げ恥婚」などが話題となりました。こういった芸能人カップルをみていると、いまどきの日本では「歳の差婚」も珍しくないと感じている人も多いでしょう。しかし、政府の統計データは歳の差婚はあくまでも少数派で、むしろ夫婦の年齢差自体も縮小しているという現実を示しています。歳の差婚は珍しくないどころか、むしろ減少しています。

図３－３で初婚同士の夫婦の「歳の差」の平均は、長期的にみて減少傾向が明らかとなっています。また、２０１０年以降は１．７歳差の状態をキープしています。つまり「歳の差」が開いた異性よりも自分の年齢に近い異性と結婚する人が増えているということになります。

さらに年齢差について、初婚同士の夫婦の男女どちらが年上であるかという視点で見た割合の変化を、１９７０年から２０１９年までの推移をでみてみましょう（図３－４）。

【図3-3】 夫婦の平均年齢差

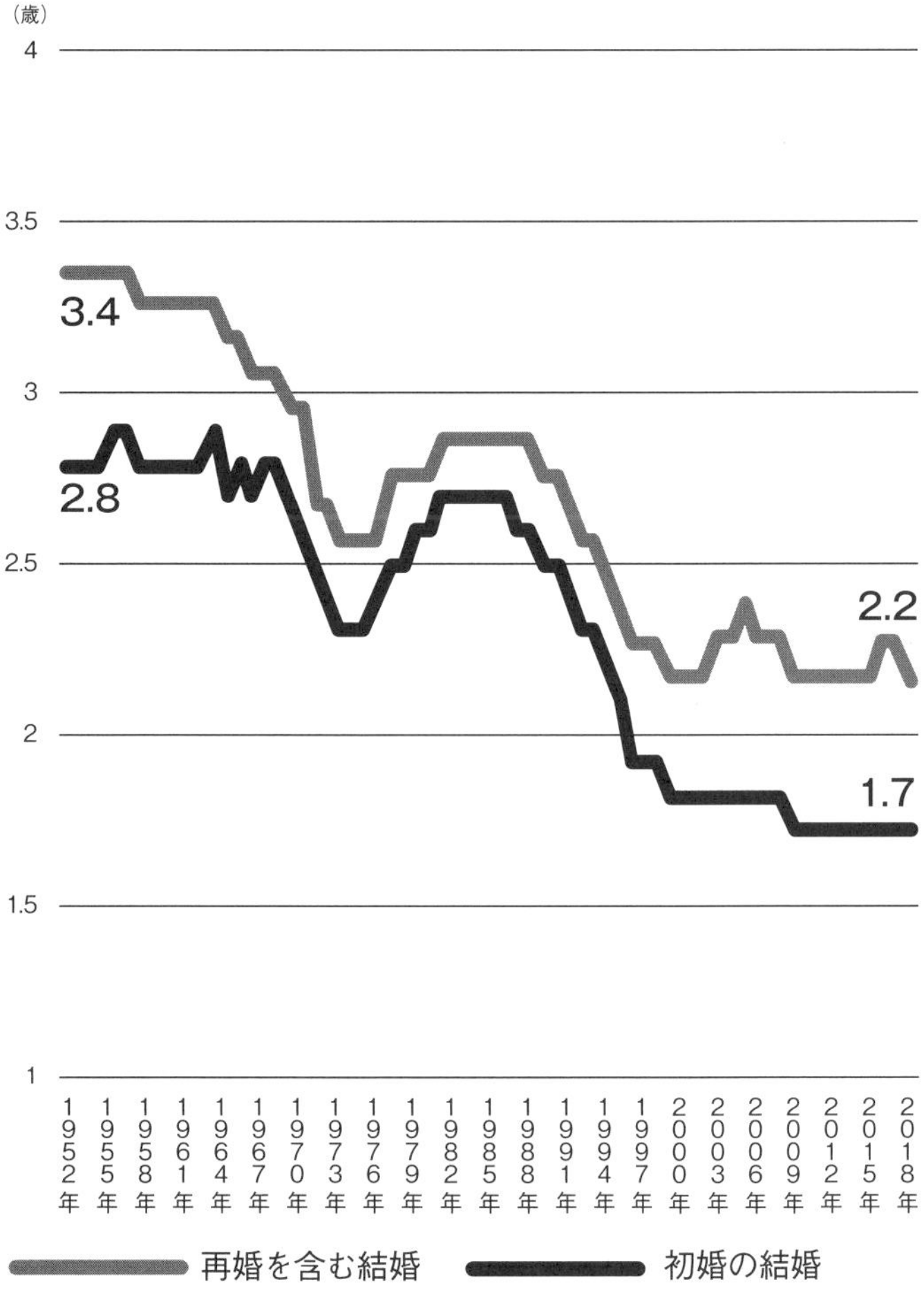

出典：厚生労働省「人口動態調査」より編集部作成

１９７０年は夫が年上の夫婦が79％でしたが、２０１９年には55％まで徐々に低下しています。逆に同い年、妻が年上の夫婦は１９７０年の10％から２０１９年では2倍以上の20％と24％にまで増え、件数でみても未婚化社会にもかかわらず年上妻だけは増加しています（図3－5）。

以上からわかるのは、１９７０年代の夫婦は夫が年上という結婚が圧倒的多数派だったけれども、２０００年代以降は全体の半分程度になっただけでなく、同年齢夫婦より年上夫婦の件数が多くなってきているということです。また、半世紀前よりも妻が年上の結婚は増えてさえいるため、日本の未婚化は主に男性が年上の結婚の件数が激減する形で発生しているということも指摘できます。

さらに夫婦の年齢差を細かく分析してみましょう。

図3－6からは、２０１９年では同年齢カップルが21％でトップ、次いで夫が1歳年上カップルの14％、妻が1歳年上のカップルの10％と続きます。また先にも説明したように、年上妻の結婚が増えていることに加えて重要なのは、夫婦どちらかが年上であっても、3歳以内

【図3-4】 夫婦の年齢の上下割合

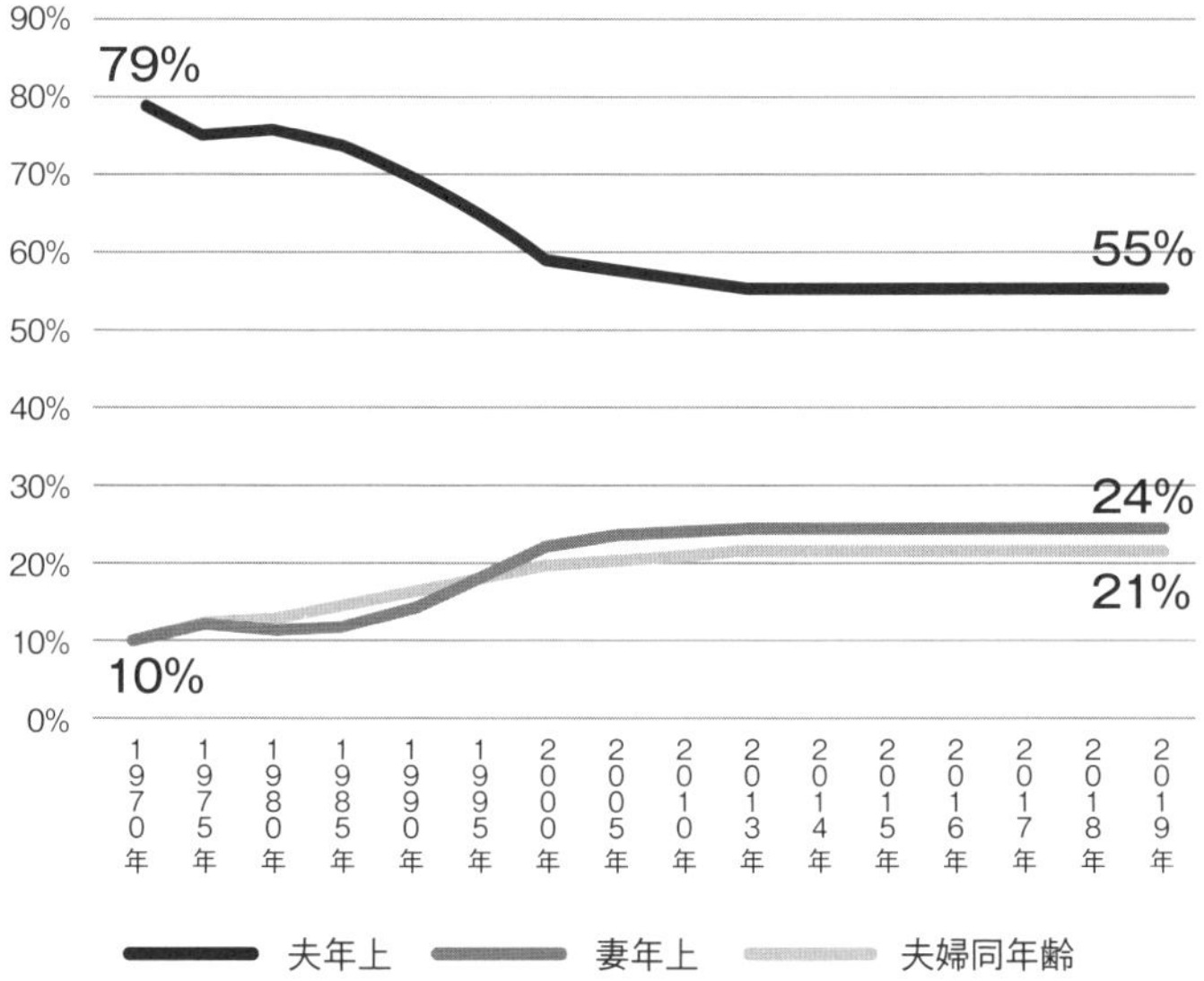

【図3-5】 2019/1970 結婚件数の変化（%）

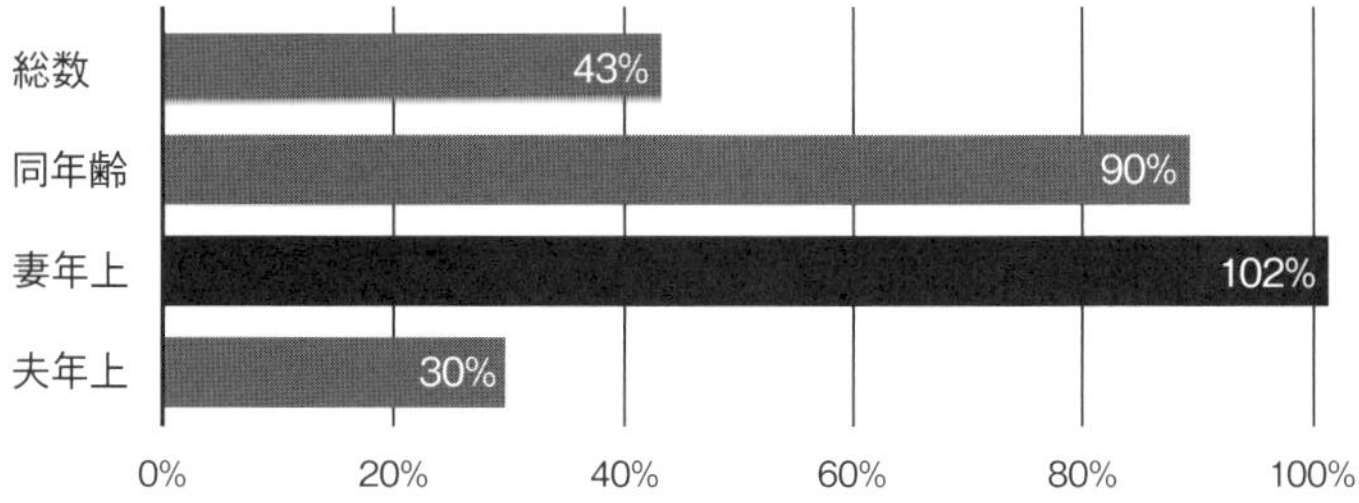

出典：厚生労働省「人口動態調査」より編集部作成（図3-4、3-5とも）

の夫婦を合計すると約7割となり、夫婦の年齢差が3歳差以内に結婚が集中しているのです。

「芸能人の結婚報道などを見て勘違いする方が非常に多いのですが、歳の差婚は増加するどころか夫婦の年齢差は縮小していて、同年齢や1歳差を中心に3歳以内の同世代夫婦が大勢を占めています。もはや『夫が年上、妻が年下の結婚は当たり前』という構図は『当たり前』ではなく、年上妻も珍しくはないというのが現在の結婚の形になってきています」（天野氏）

中高年男性の結婚年齢や条件への勘違い

「未婚化要因調査」で示された、未婚男性は年齢が高くなるほど年の離れた若い女性との結婚を希望するという傾向は、「結婚したいのにできない」中高年男性を増加させています。

【図3-6】 夫婦の婚姻年齢差の割合

年齢差	件数	割合
妻年上３歳	10,536	3%
妻年上２歳	16,333	5%
妻年上１歳	33,367	10%
夫婦同年齢	71,202	21%
夫年上１歳	46,166	14%
夫年上２歳	31,309	9%
夫年上３歳	24,491	7%
合計	233,404	69%

３歳以内の年齢差夫婦が約７割

出典：厚生労働省「人口動態調査」より編集部作成

逆に、結婚できた中高年男性の結婚の実像とは、どのようなものなのでしょうか。中高年男性が結婚できた割合や、そのパートナーとなる女性が何歳くらいなのかをデータで確認していきましょう。

図3－7は初婚同士の結婚における男性の年代別割合を表したものです。初婚男性における40代の割合は7・8％で、50代になると一気に0・9％まで下がります。50代男性の初婚同士の結婚は初婚同士での結婚を果たした方の100人に1人以下というレアなケースなのです。最近は統計上、「50歳時点婚歴なし割合」などと表現されることが増えたものの、これまでは50歳時点で未婚である男女の割合を「生涯未婚率」と定義していたことは、現実の発生分布からみれば〝そのとおりである〟ともいえるのかもしれません。

次に、40代初婚男性の結婚状況をもう少し詳しく見てみましょう（図3－8）。40代男性のパートナーは、何歳くらいの女性だったかをみてみると、最も多いのが30代女性で56％、20代までは13％となっています。「30代の女性と結婚している40代の初婚男性が6割もいるじゃないか」と思いがちですが、そもそも「初婚を果たした男性のわずか8％の中での6割」

【図3-7】 2019年 初婚同士結婚 夫の年齢（%）

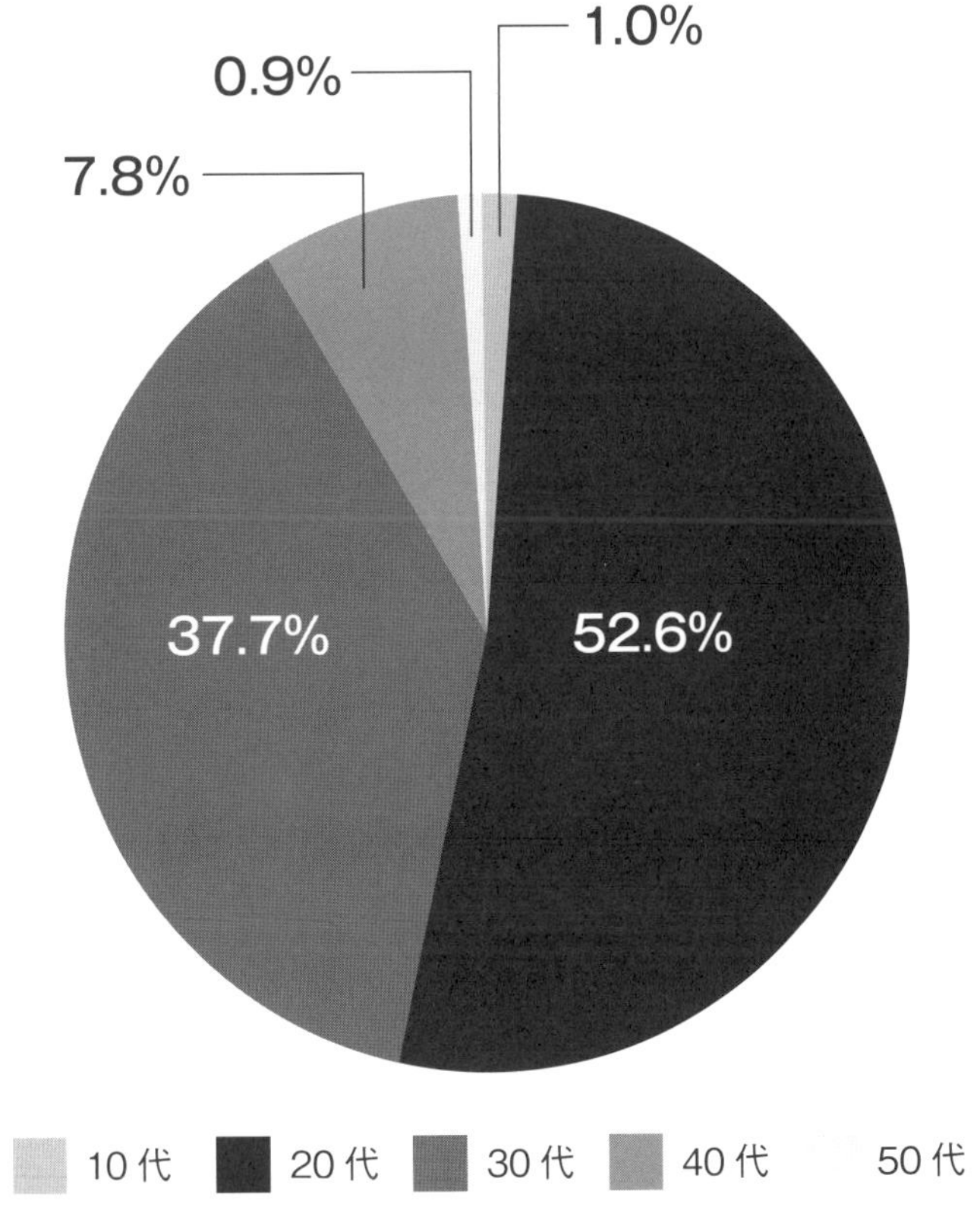

出典：厚生労働省「人口動態調査」より編集部作成

【図3-8】 2019年40代男性の妻の年代割合
（初婚同士）

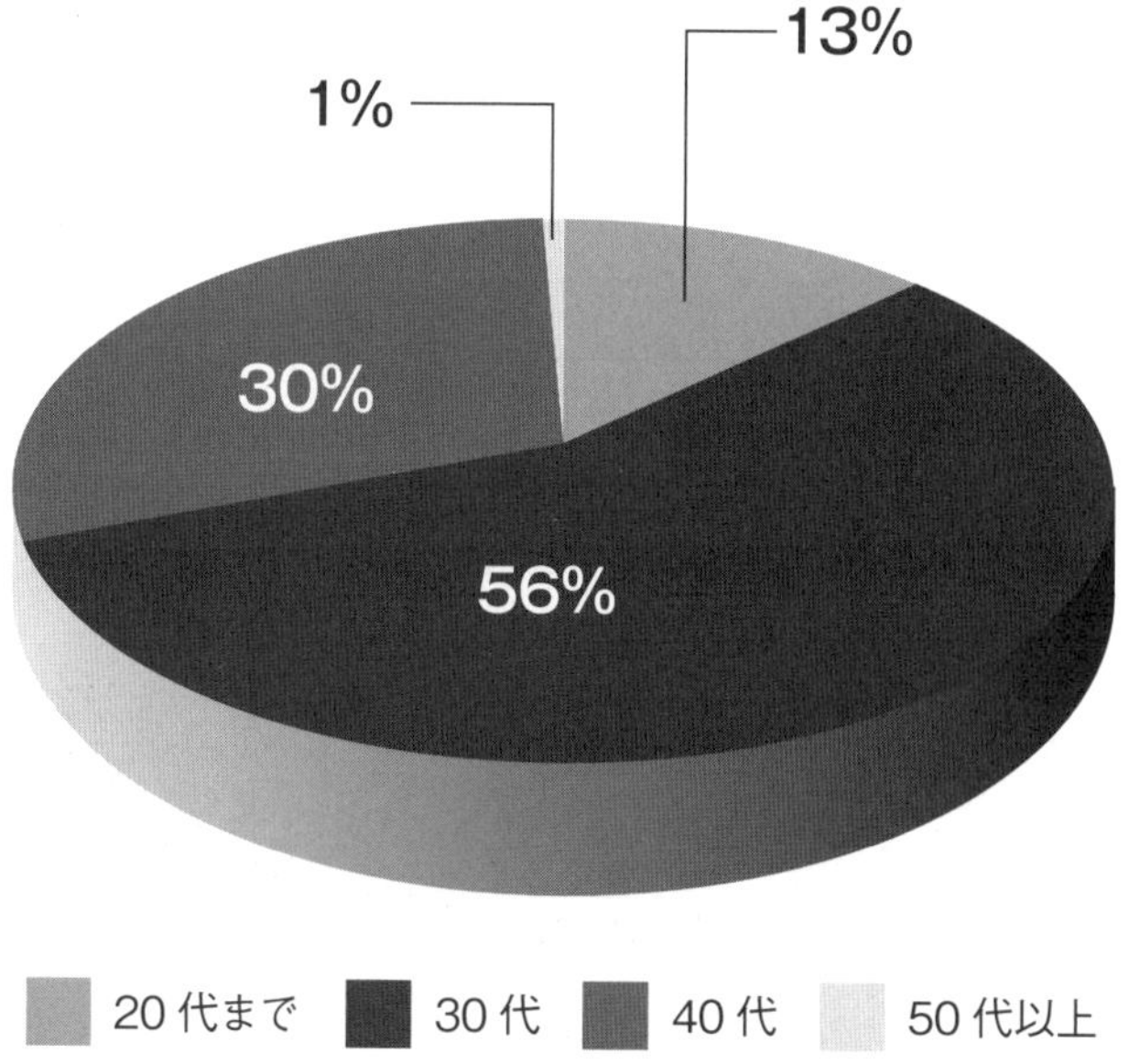

出典：厚生労働省「人口動態統計」より編集部作成

ということを忘れてはなりません。40代男性で「30代女性となら結婚は簡単だろう」と思っている方が少なくないかもしれませんが、全体における発生確率としては1万4914件で4・4%（23組に1組）と低い割合となります。

「現実の数字が示しているのは、40代男性と30代女性の結婚であっても、かなり発生頻度の低い現象だということです。『余裕で30代の妻、もっといえば20代妻でも迎えられるんじゃないか』と、統計的にみて極めて実現可能性が低いことに期待を持ち続けることが、中高年男性の未婚化に拍車をかけている一因といえます。」（天野氏）

【考察3】未婚者は相手への条件を求めすぎる

次に「未婚者は相手への条件を求めすぎる」という点について、統計データをみていきます。「未婚化要因調査」では、未婚者は相手に対して多くの条件でフィルターをかけ、減点法で判断しているという結果が出ました。相手へのNG条件となるものに容姿、年収、性格、仕事への態度などの項目があがっていましたが、ここでは「経済力」と「学歴」という項目について考えてみます。

結婚には経済力が必要という思い込み

結婚条件に経済力をあげる背後には、「結婚するにはお金が沢山必要だ」、「自分の思い描く結婚生活にはお金が必要だから、結婚相手にもそれなりの経済力がほしい」という意識が見え隠れします。しかし、実際に結婚生活にいくらかかるのか、未婚者が想像する金額と既婚者が結婚生活で実感している金額には差が生じています。

未婚者と既婚者の双方の金額に関する意識がわかるデータによると（図3－9）、既婚者も未婚者も結婚生活に必要な最低世帯年収は「400万～500万円」がトップで、ほぼ同じ約24％を占めています（約4人に1人）。ところが未婚者の2位は「500万～600万円」の約20％、3位は「300万～400万円」の約15％となっていますが、既婚者は2位と3

位が逆転しています。既婚者では「300万〜400万円」が約21％で2位、3位が「500万〜600万円」の18％と続きます。既婚者の1位、2位を合計すると、45％が「300万〜500万円」の世帯年収があれば必要最低限の生活ができると考えています。しかし、未婚者はというと「300万〜500万円」と回答している人は35％と4割を切り、既婚者では7・0％しかいない700万円以上の収入を選択している回答者が12・4％も存在するのです。つまり、未婚者は実際よりも過大に「結婚生活にはお金がかかる」と思いがちだということがわかります。

「結婚するにはもっと収入が高くないと難しいと躊躇《ちゅうちょ》して結婚に踏み切れない男女は、既婚男女よりも結婚生活に必要なお金を高く見積もり、そのプレッシャーに負けてしまったり、過度な年収を相手に要求していたりする可能性が指摘できます。また、『未婚化要因調査』では、未婚女性は結婚相手の経済力をそれほど重視していないという結果がありました。当然ながら、自分の望む結婚生活の経済的ハードルが高けれ

【図3-9】「結婚後に期待する相手の年収は？」
（未婚者 VS 既婚者）

未婚者		
1位	400万～500万	23.6%
2位	500万～600万	20.1%
3位	300万～400万	15.2%
4位	700万～1000万	12.4%
5位	600万～700万	10.0%

既婚者		
1位	400万～500万	23.5%
2位	300万～400万	21.1%
3位	500万～600万	18.1%
4位	200万～300万	11.1%
5位	700万～1000万	7.0%

出典：明治安田総合研究所「20～40代の恋愛と結婚―第9回結婚・出産に関する調査より―」（2016年）より編集部作成

ば、該当する相手は激減します。見つかりにくい相手を探し求めて結婚をズルズルと先延ばしして、自分が相手から選ばれやすい適齢期を逃し、結婚を遠ざけてしまう可能性もあります。

若い世代ほど男女ともに高学歴かつ労働意欲も高く、さらにはダイバーシティ教育も受けているため、経済力を男性に求めすぎることが結婚を遠ざけることに関する女性の理解度は高くなります。男性が思うほど経済力を上位に選ぶ女性は多くはありません。男女とも年齢が上がるほど、結婚はお金の問題と思い込みがちです。彼らが育った時代背景とお金へのこだわりの強さが中高年男女の結婚の壁ともいえるかもしれません」（天野氏）

男性優位を打ち破る「学歴上位妻」の台頭

結婚相手に求める条件として、「学歴」についても考えてみましょう。

結婚条件に「学歴」をあげる方には、男性経済力優位タイプの結婚が当たり前と考える「上位婚、上昇婚」などと呼ばれる発想が強く、年齢の高い男女ほどいまだに根強く残っています。全国の自治体の結婚支援センター・結婚相談所等において、婚活を行う男女の親、中高齢の支援者、また親の影響を受けている男女に特にこの傾向は感じられます。

未婚化・少子化の原因に女性の高学歴化をあげる人も多く、その根拠として女性は「自分より学歴の高い男性」を、男性は「自分より学歴の低い女性」を望んでいるからという発想がベースにあります。しかし、後ほどデータでも示しますが、結婚件数が全体の5割を超える10代後半から20代の結婚では、3割以上の初婚男性が年上の女性を選び、また初婚同士の結婚の4組に1組が学歴上位の妻を持つ夫が存在する状況となっています。

図3－10をご覧ください。2005年から2010年の5年間において夫より妻の学歴が高い夫婦は全体の25・4%で、4組に1組の割合です。注目したいのは、1980年代後半に20代後半で結婚した、現在還暦前後を迎えている夫婦です。その世代の夫婦でも約2割が学歴上位妻で、5組に1組の割合です。つまり、「女性の方が高学歴だと結婚できない」というイメージは明らかな思い込みで、30年以上前から妻のほうが学歴の高い夫婦が一定数存在

【図3-10】 学歴上位妻の割合
(2005年から5年間(上)と1985年から5年間(下)の比較)

＜2005年以降の状況＞

妻の学歴	夫の学歴									
	総数	中学校	高校(共学)	高校(別学)	専修学校	短大・高専	大学	大学院	その他	不詳
総数	1249	55	346	57	160	64	469	82	6	10
中学校	45	12	22	3	2	0	5	0	1	0
高校（共学）	283	25	129	15	34	11	65	2	1	0
高校（別学）	86	6	38	7	11	6	17	1	0	0
専修学校（高卒後）	214	6	46	15	47	13	73	12	1	1
短大・高専	271	4	63	11	40	23	113	11	2	4
女子大学	78	0	11	3	9	2	45	7	1	0
大学（共学）	231	1	34	2	15	8	134	37	0	0
大学院	28	0	2	0	0	1	13	12	0	0
その他	3	0	1	0	0	0	2	0	0	0
不詳	10	1	0	1	2	0	2	0	0	4
妻が学歴上位		42	156	31	64	11	13	合計 317		

全体の 25.4%

＜1985年～1989年の状況＞

妻の学歴	夫の学歴									
	総数	中学校	高校(共学)	高校(別学)	専修学校	短大・高専	大学	大学院	その他	不詳
総数	932	62	321	121	58	43	290	26	2	9
中学校	23	11	7	3	0	0	2	0	0	0
高校（共学）	355	33	178	44	22	12	62	2	1	1
高校（別学）	155	9	62	40	3	7	31	1	0	2
専修学校（高卒後）	105	6	27	16	17	6	29	1	1	2
短大・高専	189	1	42	14	15	14	98	4	0	1
女子大学	27	0	3	0	0	1	20	3	0	0
大学（共学）	65	2	1	2	1	3	45	10	0	1
大学院	8	0	0	0	0	0	3	5	0	0
その他	0	0	0	0	0	0	0	0	0	0
不詳	5	0	1	2	0	0	0	0	0	2
妻が学歴上位		51	73	32	16	4	3	合計 179		

全体の 19.2%

出典：社会保障・人口問題研究所「第14回出生動向基本調査（夫婦調査）より編集部作成

していたのです。

「そうはいっても女性は高学歴男性が好きなんだから仕方がない」と思っている未婚男性は一定数いると思います。しかし、あとで紹介する内閣府の平成26年度「結婚・家族形成に関する意識調査」によれば、結婚相手の男性に学歴を求める20代、30代女性はわずか10％です。

「近年の未婚女性の意識調査では、結婚相手に求める条件に男性の学歴を、選択肢3つまであげてもらっても、あげる方は少数派です。また2010年以降に結婚した夫婦の調査でも、高卒男性の55％が専門学校卒業以上の自分より学歴上位の女性と結婚しているという結果が出ています（第15回出生動向基本調査）。

全体的に、女性の学歴が自分より上かどうかを男性がそれほど重視していない傾向がみられるという結果は、男女ともに相手の学歴に固執しない人が増えている証しともいえるでしょう。今の20代男女は5割以上が四大卒です。もし高卒の男性が結婚の条件として、女性のほうが学歴が自分と同水準、もしくは下であることにこだわってしまうと、20代女性の半数が候補から外れます。

未婚者があれもこれもと相手選びの条件を増やしすぎてしまうことは、結局、最初の段階で出会える相手の数を大きく減らしてしまうだけになります。少ない人数の中からあえて選びたいというのであればそれは自由ですが、肝心なのは、相手からも選ばれる行為ですので、結果は非常に厳しくなります。男女とも自分が統計的に最も人気がある（結婚件数が多い）20代ならまだ余裕もありますが、ピークアウトした後に条件を厳しくした場合は、相手からより選ばれなくなる『婚難』な結果を招くだけということになります」（天野氏）

【考察4】女性は自ら設定した「ガラス天井」に縛られている

「未婚化要因調査」からは、女性が持つ結婚に対する「ガラス天井」という自縄自縛的な思い込みの存在が見えてきました。「家事や育児などの役割をきちんと果たさねば選ばれない」という思い込みの「ガラス天井」に縛られることにより、結婚への自信を失ったり、自分の人生を家事・育児の犠牲にしたくないと思ったりすることで、結婚に躊躇する女性たちの存在が浮き彫りになっています。

ここで改めて、家事・育児の役割に対する男女の意識について、統計データから確認してみます。

世の中の流れに合わせた男性の共働き志向

先にデータ掲載した「未婚化要因調査」では、女性は未婚・既婚に限らず「家事・育児ができる」ことが結婚条件として重要だと考えているのに対して、未婚・既婚男性は「家事・育児ができる」ことを女性ほどは重視していない傾向を明確にことを示唆する結果が出ました。

実は国の大規模調査でも、男性は女性が大げさに思うほど家事・育児を求めていない様子が示されています。

図3－11は、20代・30代の未婚男性が「結婚相手に求める条件」（複数回答）のランキングです。

【図3-11】 20歳から39歳の未婚かつ結婚希望がある男性「結婚相手に求める条件」（複数回答）

男性		
順位	条件	%
1	価値観が近いこと	72.2
2	一緒にいて楽しいこと	67.8
3	一緒にいて気を使わないこと	65.7
4	金銭感覚	35.3
5	容姿が好みであること	35.3
6	恋愛感情	34.6
7	自分の仕事を理解してくれること	32.7
8	共通の趣味があること	31.1
9	家事や家計を任せられること	25.5
10	家事分担	14.7
11	年齢	14.3
12	親が同意してくれること	11.7
13	経済力があること	7.5
14	無回答	7.0
15	自分の親と同居してくれること	4.0
16	職種	3.7
17	学歴	3.5
18	その他	0.7

出典：内閣府　平成26年度「結婚・家族形成に関する意識調査」より編集部作成

【図3-12】 男性がパートナーに期待するライフコース

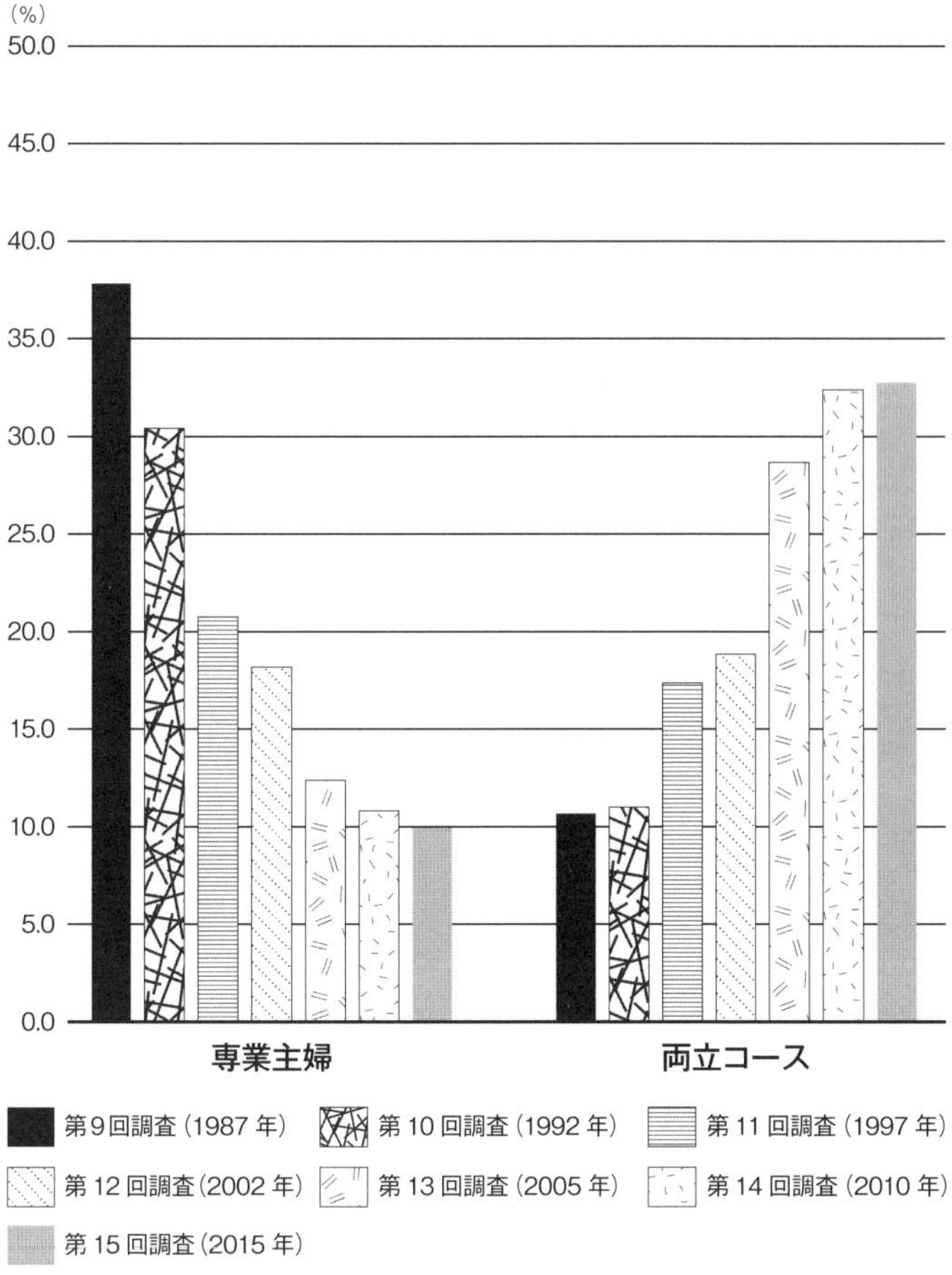

出典：国立社会保障・人口問題研究所「第15回　出生動向基本調査」より編集部作成　回答者：18歳から34歳の未婚男性

男性が最も重視しているのは「価値観が近いこと」の72・2％で「未婚化要因調査」の結果と合致します。一方で、「家事や家計を任せられること」は25・5％で9位です。やはり39歳までの男性にとって、「家事・育児」が結婚条件におけるメジャーな条件とはなっていないといえるでしょう。

さらに、図３－12からは、18歳から34歳までの若い未婚男性において、専業主婦を望む男性が１９８７年には４割近くいたのに対し、２０１５年にはわずか1割にまで減少しています。逆に、家庭と仕事を両立してほしいと考える男性が急増しており、１９８７年の１割から２０１５年は３割強にまで増えています。専業主婦を望むグループと両立を望むグループでは、完全に真逆のカーブを描いていることがグラフからもわかります。子育て期にいったん仕事を休み再就職するパートナーを希望する男性と合わせると、いまや7割以上の男性が共働きを希望しています。育児や家事に専念したいから仕事を辞めたいという発想は、今の若い男性の大多数に好まれないライフスタイルであるといえるでしょう。

共働きを好む若い男性が急増している様子を説明しましたが、では、現実に共働き世帯がどれくらい増えているのかを次の図３－13でみてみましょう。

【図3-13】 専業主婦世帯と共働き世帯 1980年～2020年

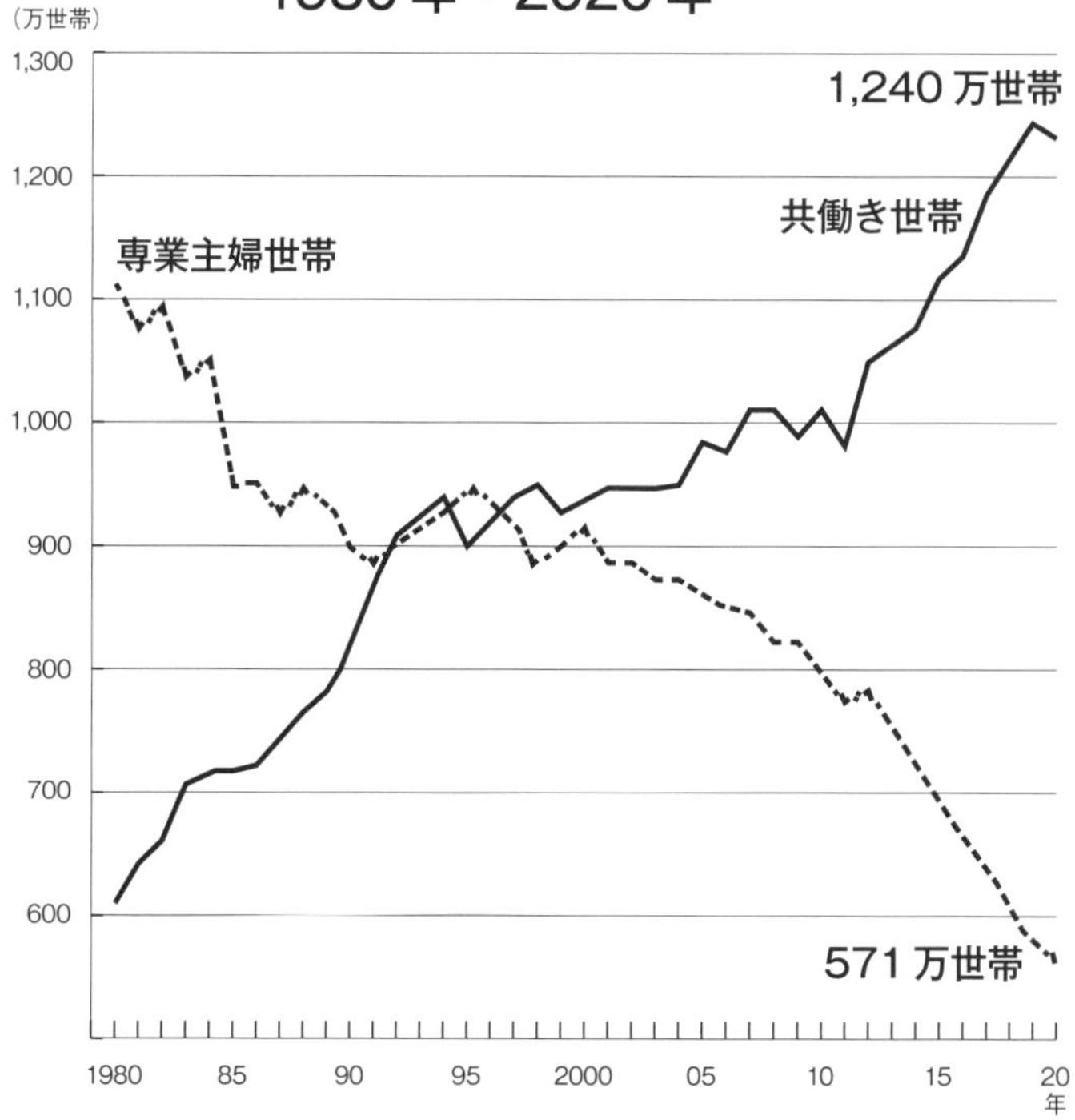

出典：総務省「労働力調査特別調査」、総務省「労働力調査（詳細集計）」より編集部作成

注1 「専業主婦世帯」は、夫が非農林業雇用者で妻が非就業者（非労働力人口及び完全失業者）の世帯。2018年以降は、厚生労働省「厚生労働白書」、内閣府「男女共同参画白書」に倣い夫が非農林業雇用者で妻が非就業者（非労働力人口及び失業者）の世帯。

注2 「共働き世帯」は、夫婦ともに非農林業雇用者の世帯。

注3 2011年は岩手県、宮城県および福島県を除く全国の結果。

注4 2013年～2016年は、2015年国勢調査基準のベンチマーク人口にもとづく時系列用接続数値。

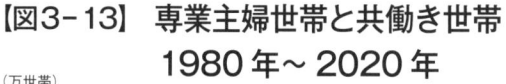

グラフを比べると1995年前後を境に専業主婦世帯と共働き世帯が逆転しているのがわかります。農林業を除く世帯において、68％の世帯が共働き世帯です。男女ともに「いまや共働きが当たり前」という時代の流れを理解し、「共働きなんだから、自分の親世代のように家事・育児がこなせないのは当たり前」という感覚を持つ方が、結婚相手探しだけでなく、結婚後も互いに息苦しくならないかもしれません。

未婚女性のロールモデルは専業主婦の母？

共働き世帯が7割を占める今になっても、なぜ一部の女性は「家事・育児ができる妻が選ばれる（または、できないと選ばれない）」という誤解に縛られているのでしょうか。

現在、婚活の中心世代である20代後半から30代前半の人々は、共働き世帯と専業主婦世帯が半々という時代に子ども時代をすごしています。男女雇用機会均等法が施行されたのは1986年ですので、当時生まれた子どもはいま35歳です。男女雇用機会均等法施行後10年間に生まれた男女がまさに現在、婚活の中心世代となります。

「今の20代後半から30代前半の女性は、家事も育児もすべてこなす専業主婦の母親の子どもという方が半数程度はいらっしゃいます。専業主婦の母親の姿が自身の知る『お母さん像』という女性がいまだ少なくないのです。20代の若い女性にインタビュー調査をしても、大切に育ててくれた母親の姿そのものを否定する気持ちは薄いとみえます。しかし、彼女たちはキャリアへの思い入れも強く、共働き希望がほとんどです。そうなると、仕事と両立しながら母親のように家事をこなさねばならないのかと考えてしまいがちです。彼女たちの父親が積極的に家事・育児をする姿を見ていないので、2人で相談して分担していくという夫婦のイメージができないのです。

若い世代の男性は、むしろ『完璧な家事・育児を強く求めてはいない』という意識調査結果が出てきているにもかかわらず、専業主婦の母親とその夫というイメージが若い女性の自縄自縛的な『ガラス天井』となり、私は結婚に向いていないのではないか、選ばれないのではないかと結婚に二の足を踏ませているのです。

夫婦共働きでお子さんのいるいまどきの家庭を大学生が訪問する『家族留学』という仕組みがあるのですが、それを経験した大学生たちが目からうろこの夫婦像を目の当たりにし、カップリングに自信を持つという結果もでています。『私はバリキャリを目指すので、結婚はしなくていいです！』といっていた都内女子大学生が、子どものいる共働き夫婦のご家庭へ家族留学した後、『私もこうなりたい』と考え方が大きく変わったと話してくれました」（天野氏）

【考察５】積極性が結婚の成否を決める

「未婚化要因調査」では、婚活への積極性の差が結婚できる・できないという結果に直結しているという調査結果が導き出されました。ここで、これから結婚しようとしている人たちが「積極的に活動しないと結婚できない」理由について、人口構造の観点から考えてみます。

【図3-14】 半世紀の出生数の推移 1971年〜2019年

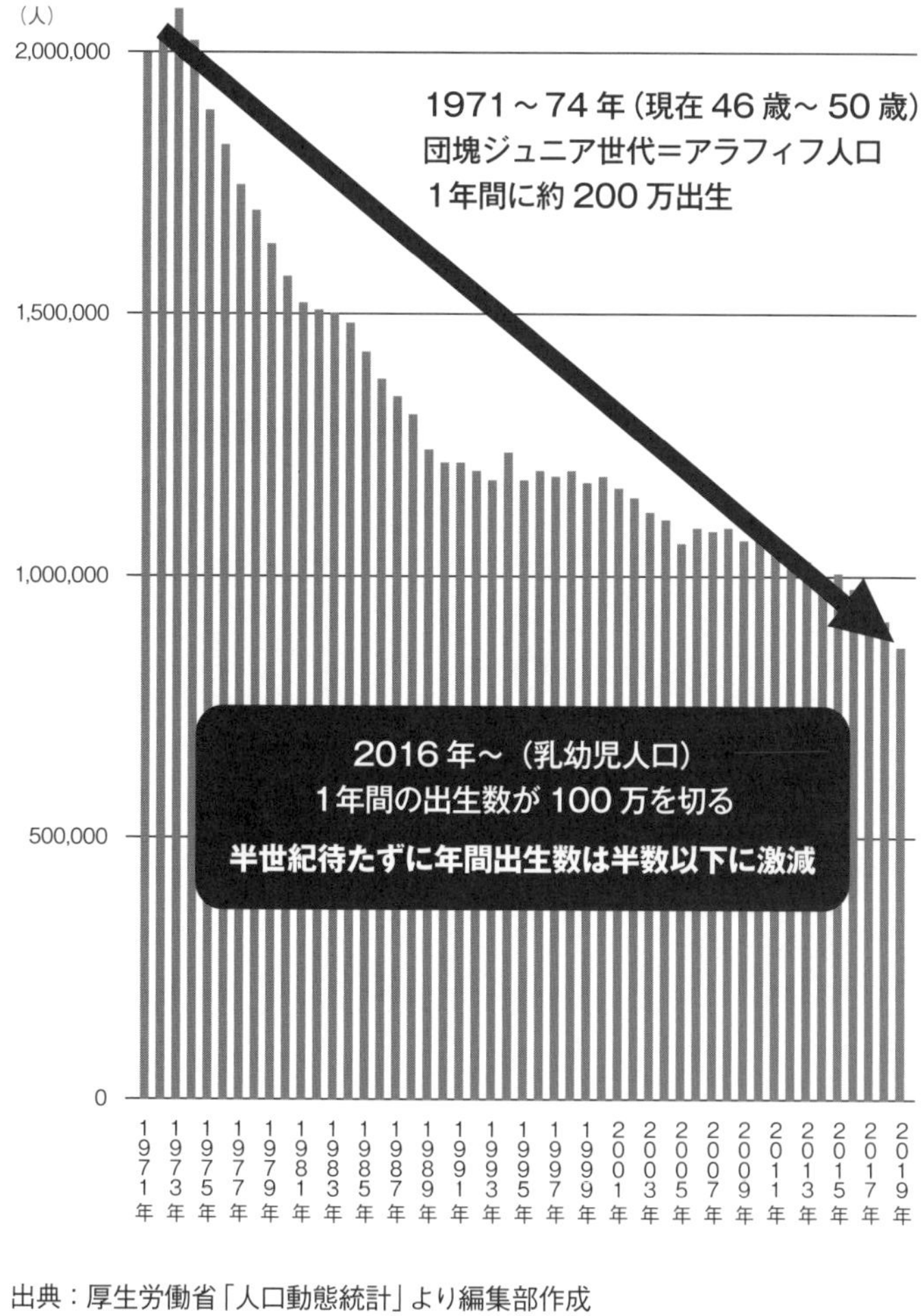

出典：厚生労働省「人口動態統計」より編集部作成

結婚相手の絶対数が激減している

図3-14は1971年から2019年の年間出生数の変化をあらわしたものです。出生数の減少は、長年、大きな社会問題として取り上げられていますが、この半世紀で出生数が半数以下にまで激減している事実には改めて驚かされます。

「出生数の減少と結婚できるかどうかは、直接的にはあまり関係がないのではないか?」

そんなふうに考える人もいるかもしれません。しかし、出生数が少ないということは、生まれたときから結婚対象の中心となる同級生や年齢の近い同世代の数が少ないということです。

「結婚相手の候補者の絶対数が少ない状況の中、早く積極的に動いた人ほど先に結婚をして婚活市場から抜けていきます。例えば不動産で考えてみます。それが人気の物件であればあるほど、先に売れてしまいます。１００件の物件から好みの物件を探すのと50件の物件から探すのでは、やはり１００件から探せた方がより気に入る物件と出会える可能性は高いでしょう。結婚相手も同じです。前述のとおり、本人はまだまだ余裕と思っている26歳から27歳あたりが日本の初婚同士カップルの結婚のピークです。その後の年齢に、つまり婚活に出遅れたために10人しかいなかった異性の半分が既婚者となっていたら、残り５人の中から自分の結婚相手を探し出さなくてはなりません。ちょっとくらいは、という気持ちでこだわりの相手探しに時間を費やして、多くの条件に当てはまる数少ない相手探しにさらに時間を費やしているうちに、周囲の人は結婚してしまい、〝いい人がいない〟〝相手が見つからない〟という未婚化のループにハマることになります。

結婚相手の絶対数が減っているという事実は、変えることができません。決まった人数の中から『自分の理想に近い相手』を見つけたいならば、同年代の未婚者の数ができるだけ多いうちに出会いを求めて、積極的に動くしかないのです。何の活動もせず受け身でいるうちに、自分にとって理想的な結婚相手だった人が既婚者になってしまっている。そういう状況が、先に説明した初婚年齢のピークあたりで続々と起きているのです（P120）。そう考えると、1日でも早く、あらゆる手段を使って積極的に動き出すことの大切さがわかるでしょう。他の人が好まないタイプが好きというならばまだしも、誰からも人気のあるような男女から順番に結婚していく、つまり当たり前のことながら早い者勝ちなのです。

『未婚化要因調査』では、既婚者は未婚者よりも多く、幅広く活動していたことからもわかるように、〝短期決戦で幅広く活動できた人〟が結婚というゴールに到達しやすくなるのです」（天野氏）

早くから真剣に取り組む女性VS.あとから慌てる男性

確かに既婚者は20代後半での結婚を目標に積極的、かつ幅広く活動していることが、「未婚化要因調査」では明らかになっています。なかでも20代女性は、紹介や合コンだけでなくマッチングアプリなどの手段も幅広く活用し、「真剣に結婚したい」という気持ちが伝わって

【図3-15】 参考・日本人の未婚・婚姻比率

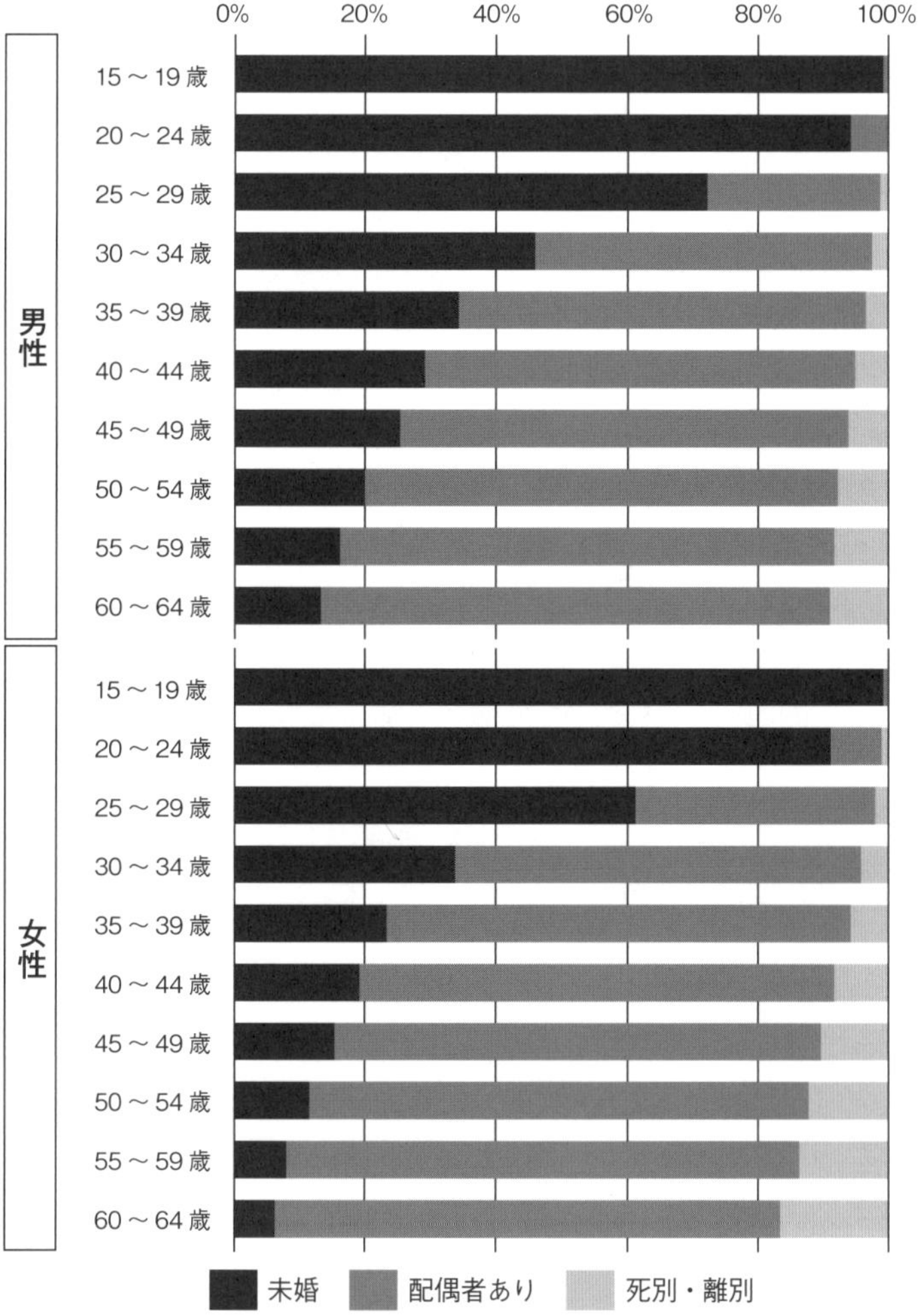

出典：総務省「平成 27 年国勢調査」より編集部作成

きます。その一方で、20代男性は「結婚にこだわらない」、もしくは「結婚に消極的」な層が4割もいました。結婚に対する本気度の男女のギャップをあらわしていますが、この結婚への本気度も年齢とともに男女で逆転します。40代になると、結婚への強いこだわりがなくなる女性に比べて、男性のほうが「結婚したい」と本気で考える割合が女性よりも多くなります。

同様の傾向が、結婚相談所がお見合い相手を紹介するために購入する、婚活者データの男女の登録状況にも顕著にみられます。データに登録されている男女は、20代では女性4：男性1、30代では女性3：男性1と大幅に女性が多くなっています。20代、30代では特に女性が熱心に婚活に向けて活動していることがよくわかります。しかし、40代になると登録者の比率は女性と男性が同じ割合となり、50代になると圧倒的に男性の登録者の比率が高くなっています。

「20代、30代では女性の方が積極的に結婚に向けて活動し、その結果、彼女たちは20代後半から急速に既婚者となっていきます。一方で、20代から30代にかけての統計上の結婚適齢期に、〝まだ若いから〟と出会いに真剣に向き合ってこなかった男性は未婚のまま歳を重ねるケースが増えています。

40代、50代になって慌てて婚活市場に参入しても、彼らが希望する若い女性からは選ばれる確率は極めてまれです。男性から最も支持を集めるのは20代後半の女性ですが、彼女たちは年上男性のみならず年下の男性からも人気が高く、2019年の婚姻統計では、20代男性の31％が年上の女性と結婚しています。

つまり、40代、50代男性が結婚を希望するような女性は年下男性からも大人気で、彼女たちも年下男性を受け入れています。20代女性には年上、同年齢、年下と全方向からパートナーとして求める手が伸びてきます。さらに、40代・50代の中年人口と20代若年人口では少子化により、人口が全く違います。そもそも2019年では、40代男性人口の44％しか20代後半女性はいないのです。国勢調査の未婚率にもとづいて、40代人口の3割の男性が未婚として100×0・3＝30％。20代後半女性の6割が未婚として44×0・6＝26・4％です。20代、30代男性を加えた競争を考えると、いかに無謀な歳の差婚への期待をしているかわかると思います。

このように年代によって違う男女の結婚への真剣度、特に適齢期にある20代男性が『30歳をすぎたら結婚を考えてもいいかな』と現実の発生確率から大きく乖離した結婚観をもって行動していることが、未婚化が解消しない大きな理由の一つだと思います」（天野氏）

【未婚化解消に向けて】

このように「未婚化要因調査」の具体的なデータ、そしてそこから導き出されたふたつの仮説、つまり、①現在の未婚の男女は、交際相手・結婚相手を見つけるための活動が不足している、または活動に向けた熱意が不足していることにより、出会いの機会を損失している。②（いずれ結婚するという意思がある）未婚の異性同士が、互いに相手に求める条件の認識（年齢など）にズレが生じているためにマッチングが難しくなっている。これらの状況は、さまざまな国の統計データが示す実態や調査結果とも一致します。これらの現状を踏まえて、「未婚化解消」に向けて具体的に何をしていけばいいのでしょうか。

活動時期の意識改革

未婚化解消において最も重要なのは、結婚しやすい「結婚適齢期」の存在を婚活当事者がしっかり認識することです。結婚年齢のピークは、男性27歳、女性26歳であり、このピークは２０１５年から動かないどころか、女性では27歳から26歳に若くなってさえいます。高齢者の結婚で初婚年齢が引き上げられる「平均初婚年齢の罠」に惑わされず、実際の結婚年齢の山のピークのタイミングに合わせて動くことが、早い者勝ちの「結婚」においては、希望の叶う未来を確実に手に入れる早道なのです。

「結婚適齢期に受け身のまま、ほとんど動かずに偶然の出会いを待っているうちに、多くの30歳をすぎた未婚者がよく口にする『いい人がいない』の『いい人』は婚活市場からいなくなってしまいます。結婚にはタイムリミットがあるという事実がわかってさえいれば、必然的に〝1日でも早く動くべきだ〟〝出会いの数を増やすために活動範囲を広げよう〟〝出会いの方法も幅広く考えよう〟という、積極的な行動につながっ

ていくはずです」（天野氏）

相手に求める条件の再考

当事者意識の改革が必要なのは、結婚適齢期や活動への積極性だけではありません。「相手に対する条件」を最初から絞り込みすぎないことも重要です。条件をあれこれつけ加えて出会える確率が低い相手をいつまでも追い求めることは、最終的に「結婚できない」という結果につながりやすくなります。

象徴的なのが、40代、50代の中高年男性が、20代、30代前半の年下妻を狙うパターンです。年上妻や学歴上位妻が増えて、20代、30代の女性をターゲットとするライバルは同年代だけでなく相手の女性より若い男性にも広がり、熾烈《しれつ》な争いが待っています。特に年齢差があることで、価値観の不一致や体力、親の介護問題などにより選ばれにくくなっている中高年男性は圧倒的に不利といえるでしょう。宝くじの当選金でマイホームを買おうとするようなこだわりを捨て、もう一度、結婚相手に望むことを冷静に考えてみると、結婚へのチャンスが広がっていくはずです。

「40代、50代だからといって、結婚をあきらめる必要はありません。大事なのは年齢や婚歴、学歴、経済力などのさまざまな条件に囚われすぎないことです。

同年齢ゾーンに当てはまる人口は、高齢者を除き男女ほぼ同数です。自分が独身であるということは、少子化社会において近い年齢ゾーンもしくは少し年上の年齢ならば、誰とも手をつないでいないフリーハンドの異性が不足せずに必ずいるということです。日本では自分より年下になるほど急速に人口が減る少子化の影響で、下の年代との組み合わせを期待すると途端に異性の絶対数が不足します。

相手の婚歴の有無を捨象すれば、パートナー候補となりうる同世代の異性が確実にいるにもかかわらず、初婚パートナーへのこだわりが強すぎることで、運命の相手を見えなくしてしまいます。結婚相手に求める条件として男女ともに最も重視する『価値観の一致』も、同じ世代であるほど共有しやすいはずです。

結婚支援の現場で多発している男性の若い女性へのこだわりですが、これを捨てて、すぐそばにいる同世代に目を向けてみる。老後を穏やかにともにすごせるような異性との結婚を本気でしたいと願う中高年男性ほど、そういう姿勢が必要だと思います」（天野氏）

自ら周囲にアピールする

未婚化の解消には、婚活をする当事者が実現可能性にしっかり向き合って、自らが能動的、積極的に動くことが大切だということをお伝えしてきました。そこまでしなければ結婚にたどり着けない現実には、時代・社会の変化も大きく関わっています。

今の婚活事情がひと昔前と大きく違うのは、「結婚したい」と考えている未婚男女を結びつける、「周囲のおせっかい」がなくなっているということがあります。昔であれば、「結婚を考えているなら、ちょうどいい人がいるよ」と職場の上司が異性を紹介してくれることもよくありました。近所や親戚の「お見合いおばさん」がキューピッドになることも多かったでしょう。

今の社会では、ダイバーシティやさまざまなハラスメントが注目されるようになり、「結婚する気はないの？」「いい人はいないの？」といった「おせっかい」な声かけははばかられる傾向にあります。周囲の人が積極的に「結婚したいのかな」と察して動いてくれたり、「相手を紹介してあげよう」と声をかけてくれたりすることを期待するのは難しいでしょう。周囲からしても、その人にそもそも「結婚したいという意志があるかどうか」が、よくわからないままに支援の声をかけることはできなくなっているのです。

「周囲の環境は、いま婚活をしている男女とその親世代では大きく変化しています。婚活当事者は、両親のように大げさに婚活しなくとも、いつかは『自然に』出会えるのではと考えがちですが、社会の状況が全く違います。周りがどうにかお膳立てしてくれた結果の『自然な』結婚ができる時代は終わったのです。

黙っていては出会いがもたらされないことに加えて、コロナ禍で対面の出会いのチャンスがさらに減ってしまいました。いつか誰かがあらわれるという偶然や他力本願思考に頼るのではなく、自発的に周囲に結婚したいことをまずはアピールする努力が必

要です。当事者が声をあげない限り、周囲は助けようがないのです」（天野氏）

周囲のおせっかいが期待できないのですから、チャンスをつかむためには自治体結婚支援センター、マッチングアプリ、結婚相談所のような結婚につながるサービスをうまく利用することも必要になってきます。特にコロナ渦でテレワーク中心の生活が続くことで、人と直接会わずともウェブ上で婚活をスタートすることができるＩＴ系サービスへの期待は、今後さらに大きくなっていきそうです。

従業員が婚活できる環境整備は企業の責任

未婚化は婚活当事者だけの問題ではなく、少子高齢化という日本が抱える大きな社会問題にも直結しています。それは自治体、そして日本という国の存亡の危機といえる深刻な課題です。

総務省の「自治体戦略２０４０構想研究会」の報告によれば、すでに日本は少子化による急速な人口減少と高齢化という未曽有の危機的状況にあり、２０４０年の人口は今より１５００万人程度減少する一方で、その頃には高齢化率※3が36％を超える超高齢化社会となります。そしてその頃までに合計特殊出生率が2程度に回復したとしても、出生率を掛け算する親人口が少ない状況のため、その後しばらくは人口減少が続くのです。このような状況ですから、もはや「結婚する・しないは本人の問題」という次元で捉えるのではなく、社会全体で結婚希望がある未婚男女の結婚を具体的にサポートする仕組みづくりも考えていく必要があるでしょう。

企業が未婚化解消のために具体的に取り組むべきことの一つが、働き方です。結婚適齢期である20代後半は仕事でも大きな戦力となる働き盛りの時期で、本人もキャリア優先で結婚への優先順位は後回しとなりがちです。なかには、ブラック企業の過重労働などで、婚活どころではなく、転職を繰り返して経済的にも精神的にも不穏という人も出てくる年齢です。

※3　高齢化率＝65歳以上人口の全人口に占める割合

「まずは企業経営者や人事担当者は、一般的な結婚のピーク年齢を把握し、自社の従業員が男女ともに20代後半での結婚に向けたライフデザインが描けるような雇用環境にあるかを確認することが必要です。そして、結婚の実現可能性の一番高い時期が仕事に忙殺されて何もできなくなってしまわないように、プライベートの精神的・時間的余裕もしっかり確保できるような働き方、体制を整えることが企業の従業員に対する、また結果として社会に対する大きな責任の一つであるといえます」（天野氏）

大手企業などを中心に、従業員の婚活を支援するために、外部の婚活支援サービスや法人会員専用のマッチングアプリを福利厚生施策の一環として導入するところも出てきています。また、顧客企業開拓のために法人営業担当者が、担当企業の経営者の跡取りとなる子どもに対し、結婚相手の紹介を行い、将来的な後継者難回避の支援をすることを営業戦略として掲げる企業も出てきているほどです。企業としても主体的に結婚を支援する仕組みづくりに本格的に乗り出しつつあることがわかります。

関係人口で地方との人的交流を増やす

人口減少に悩む地方の自治体の多くが、すでにさまざまな結婚支援サービスを展開しています。

しかしながら、特に結婚支援のネックとなっているのが、地元に「働く場所がない」ため若い人が流出してしまい、結婚・出産をする人が大きく減少していくという負のスパイラルです。これまでは地域の仕事は地域の企業と地元の人々とで回して、そこで生まれたお金を地域に還元するという考え方が主流でしたが、それでは若い世代のエリア外への流出による人口減少に歯止めをかけられません。

「そこで今、地方の自治体が注目しているのは、〝関係人口〟を増やすという考え方へのシフトです」（天野氏）

関係人口とは、

「移住した『定住人口』でもなく、観光に来た『交流人口』でもない、地域や地域の人々と多様にかかわる人々のことを指します。地方圏は、人口減少・高齢化により、地域づくりの担い手不足という課題に直面していますが、地域によっては若者を中心に、変化を生み出す人材が地域に入り始めており、『関係人口』と呼ばれる地域外の人材が地域づくりの担い手となることが期待されています」（総務省・地域への新しい入り口『関係人口』ポータルサイトより）と定義されています。

関係人口が増えると人の行き来が増え、それが未婚者に出会いをもたらして結婚や出産につながる可能性が期待できます。コロナ禍で注目されるようになったテレワークやデュアルライフ（二拠点暮らし）などの推進も、関係人口を増やす施策となります。

「第４章で詳しく紹介する、えひめ結婚支援センターの『愛媛モデル』のようにIT・ビッグデータを活用してマッチング率を向上させる結婚支援サービスが登場するなど、自治体による結婚支援サービスも進化しつつあります。このようなＩＴを活用した結婚支援サービスと並行しながら、さまざまなエリア外人口との交流を地域で増やすことで、地元の活性化とともに未婚者の出会いのチャンスを広げる機会もつくっていくことが重要です。これまでの少子化対策といえば子育て支援といった地元に残っている人口への働きかけだけでは、未婚化は深刻化し、地方の人口減少は止まることはありえません。未婚者が出会える相手を増やし、結婚しやすい環境を整えることが、自治体の将来を守るための最優先事項だということを強く認識し、さらに具体的な施策を展開していってほしいと思います」（天野氏）

本章でこれまで考察してきたように、「未婚化要因調査」やさまざまな統計データが示す未婚者の意識と、それを取り巻く環境の問題点を改めて整理し、認識することは、未婚化解決への第一歩です。「未婚化こそが人口消滅を引き起こす」という強い危機感をもって、社会全体が未婚男女の結婚をサポートすること。そして、何より当事者である未婚者自身が、希望する結婚を手に入れるための意識改革をすることが求められます。

次の第４章では、コロナ禍において特に若い世代の未婚化解決への具体的ツールとして存在感を増している「マッチングアプリ」について、その利用実態について掘り下げつつ、最近急増している「アプリ婚」の実例を紹介し、マッチングアプリの可能性を探ります。

これに加えて、独自に開発したシステムを活用したマッチングにより大きな成果を上げ、注目されている、ある地方自治体での結婚支援の取り組みを事例とともに紹介します。

第4章

新しい婚活スタイルの登場

婚活の第一歩は「出会うこと」

さて、ここまで日本の少子化の要因は未婚化、および未婚化を引き起こす恋愛離れであることをお伝えしてきました。少子化を解決するには、特に初婚同士のカップルを増やしていくことが重要なのです。

図4−1をご覧ください。いずれは結婚したいと考える未婚者は男女とも全体の9割近くと大多数を占めます。

ところが、そのような未婚の方々について、「結婚はしたいと思っているけれど、そもそも交際相手がいない」という状況が浮かび上がってきています（図4−2）。しかし、何も行動を起こさず「出会い」が勝手にやって来るわけではありません。

高度経済成長期ごろまでは、世話好きな親戚など周囲の人たちがお見合いの話を持ってきてくれたり、職場が「結婚相手を見つけるための場所」として機能していたりして、ある程度、男女の「出会いの場」が用意されていました。しかし今は、ハラスメント問題に配慮して世話焼きを積極的に買って出る人は少なくなりました。また、テレワークが導入されるなど働き方も多様化し、他の社員との接触機会も減っています。社員旅行やサークル活動、運

【図4-1】　未婚者の生涯の結婚意思

	生涯の結婚意思	第9回調査(1987年)	第10回調査(1992年)	第11回調査(1997年)	第12回調査(2002年)	第13回調査(2005年)	第14回調査(2010年)	第15回調査(2015年)
【男性】	いずれ結婚するつもり	91.8%	90.0	85.9	87.0	87.0	86.3	85.7
	一生結婚するつもりはない	4.5	4.9	6.3	5.4	7.1	9.4	12.0
	不詳	3.7	5.1	7.8	7.7	5.9	4.3	2.3
	総数（18～34歳）(客体数)	100.0 (3,299)	100.0 (4,215)	100.0 (3,982)	100.0 (3,897)	100.0 (3,139)	100.0 (3,667)	100.0 (2,706)
【女性】	いずれ結婚するつもり	92.9%	90.2	89.1	88.3	90.0	89.4	89.3
	一生結婚するつもりはない	4.6	5.2	4.9	5.0	5.6	6.8	80.0
	不詳	2.5	4.6	6.0	6.7	4.3	3.8	2.7
	総数（18～34歳）(客体数)	100.0 (2,605)	100.0 (3,647)	100.0 (3,612)	100.0 (3,494)	100.0 (3,064)	100.0 (3,406)	100.0 (2,570)

回答者：18～34歳の未婚者。
設問：「自分の一生を通じて考えた場合、あなたの結婚に対するお考えは、次のうちのどちらですか」（1.いずれ結婚するつもり、2.一生結婚するつもりはない）。
出典：国立社会保障・人口問題研究所「第15回出生動向基本調査」より編集部作成

【図4-2】 18～34歳の独身男女の「交際相手がいない」割合推移

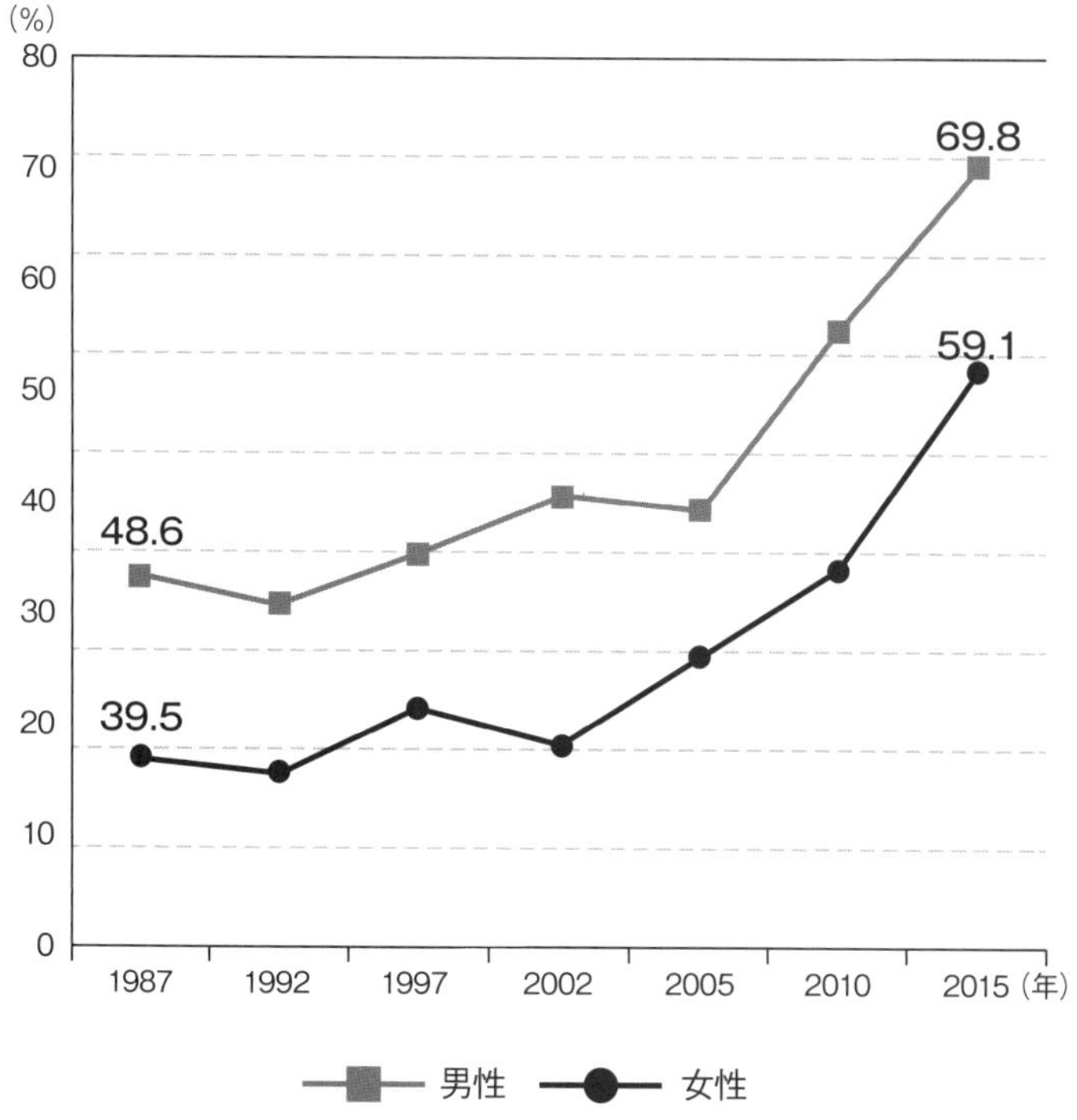

出典：国立社会保障・人口問題研究所「第15回出生動向基本調査」より編集部作成

動会など企業内の福利厚生も以前に比べ様変わりし、職場で将来のパートナーを見つけること自体が難しくなっています。また、今の20代男女は、かつてのような結婚や出産を機に女性が退職するイメージが非常に薄いため、噂の広まりやすい職場恋愛を嫌う傾向すらあります。いずれにしても、かつては自分から何もいわなくても、周りが結婚のお膳立てをしてくれることもありましたが、今は結婚を「する・しない」を自由に個人が選択できる時代です。だからこそ、結婚を希望するのであれば、自分から声を上げて助けや理解を求め、チャンスを獲得していかなければなりません。

ところが今は、新型コロナウイルス感染症流行の影響で、仕事がテレワークになって出勤や外出の機会が減り、パーティーや飲み会などの開催を自粛せざるを得ない状況となっており、男女が出会う機会が極端に少なくなっています。ただでさえ未婚化が進んでいるのに、コロナ禍で男女が出会う機会までもが奪われ、このままだと日本の恋活・婚活はまさに「氷河期」に入ってしまうのではないかとの危惧の声も聞かれました。

しかしながら、今、意外な展開になっているのです。

コロナ禍による外出自粛が全国規模で要請され、多くの方の家ですごす時間が増えました。

既婚者であれば、家族がいるのでそう寂しくありませんが、未婚者は家にずっと一人という場合もあります。仕事上、オンライン上で会話することはあっても、リアルな会話ができません。そんな寂しさや、この先どうなるのかわからない不安から、「将来のことを考えるようになった」「家族の絆について思い返してみたら、結婚したくなった」などの声が上がっているのです。

1970年代以降、日本の未婚化は続いていますが、東日本大震災があった翌年の2012年に関しては、婚姻数が前年より約7000件増加しました。家族の絆の大切さを実感した人が多かったことから、「絆婚」と呼ばれることもありました。このように生命にかかわる社会的な出来事があると、「誰かと一緒にいたい」「家族を持ちたい」という気持ちが高まる傾向がみられます。この傾向は、コロナ禍中においてもみられています。コロナ禍1年目の昨年以降、多くの結婚相談所では、入会や婚活の問い合わせが増えているというのです。

結婚相談所というと、仲介人が入って対面のお見合いをするイメージがありますが、近年はオンラインで気軽にお見合いができるサービスも登場し、多くの方が利用しています。新型コロナウイルス感染症の流行をきっかけに、オンライン上で人との会話や出会いに対して慣れが生まれ、オンラインによる出会いを演出するサービスへの関心向上を後押ししているのかもしれません。

ただ、このコロナ禍での結婚は、さまざまな制約から難しいのも事実です。そこで、今すぐ結婚できなくても、将来的な結婚を視野に入れたパートナーを見つけておきたいという人が増えています。

そんな人たちが手軽に始められるのが、マッチングアプリです。近年、20代を中心に利用者が増えてきていましたが、コロナ禍でリアルなデートができない代わりに「ビデオ通話」といった新しいサービスがアプリ内で始められるなど、コロナ禍に合った恋活・婚活が提案されだしたこともあり、利用者が増加しているのです。

「出会いがないから恋愛・結婚ができない」と嘆いている場合ではありません。まずは行動を起こすことが大切です。そして、今やその手法、選択肢は広がっており、各人の都合に合わせて選ぶことができるのです。

世界中で利用される「マッチングアプリ」

インターネットを通じて、男女が出会いを求めるようになったのは、日本では今からおよそ20数年前のことです。しかし、その当時はいわゆる「出会い系」といわれるサイトが主流で、当時はそういったサイトに対しての法規制もなく、匿名や年齢を偽った利用などが横行し、未成年との援助交際などの問題も発生しました。その結果、2003年に「インターネット異性紹介事業を利用して児童を誘引する行為の規制等に関する法律」いわゆる「出会い系サイト規制法」が施行されました。しかし、サービス開始当時のイメージがあまりに強かったためか「ネットで出会うのは危ない」という印象を持つ人は、今も少なくありません。

また、以前より日本における男女の出会いは、親族や知人の紹介によるものが多く、お見合いが減少した高度経済成長期以降は、職場での出会いが主流となりました。共通の知人等を介しての「身元が分かっている安心感」が大前提として存在し、さらに恋愛、結婚に発展していく流れが「自然」でした。つまり、文化的に全く見ず知らずの異性との出会いを積極的に受け入れる土壌が育っておらず、しかも文字でのやりとりを主としたオンライン上の交流であるために、日本においてはすぐには浸透しづらかったのかもしれません。

しかし、世界を見れば、欧米を中心にオンライン婚活は一般化しつつあり、特に米国では、今や10組に1組がマッチングアプリを利用して男女が出会い、そして結婚しているといわれており、もはやオンライン婚活はめずらしいことではありません。

欧米での利用が増えた一番の理由は、その国土の広さにあるといわれています。米国のような広い国では、移動に時間がかかる上、同じ国でも時差があります。街と街の距離が離れているので、商談であれ恋愛であれ、会いたいと思ってもすぐに会うことができません。そのため、インターネットが普及しだしてからわりと早い段階で、テレワークが浸透していったのです。米国では新型コロナウイルス感染症流行以前から、すでに事務系労働者の約半数がオンラインによるテレワークをできる状態になっており、実際、約4分の1の人がテレワークを行っていました。「人とかかわる」という点は、仕事も恋愛も同じです。仕事がオンラインで行われるのと同様に、オンラインでの恋愛がすんなり受け入れられる土壌があったといえます。

米国の異性カップルの出会いに関して、米国スタンフォード大学のM・ローゼンフェルド氏らが実施した調査によれば、1995年では「友人の紹介」が最も多く、オンラインはわずかでした。ところが、2017年になると、オンラインが最も多くなります。このように約20年の間に、異性の出会い方が大きく変化したのです。

欧州でもオンラインによる恋愛が増加しています。２０００年前後の約10年間、欧州はかつてないほど若者の失業率が高くなりました。その対策として、各国政府が打ち出したのは、企業にオフィスなどの業務インフラ整備の負担が少なくて済む、テレワークの推奨でした。欧州では、テレワークのことを「ｅＷｏｒｋ」と呼び、国家を超えＥＵレベルでテレワークが推進されてきました。

さらに、２００９年に世界各国でインフルエンザが大流行すると、現在の新型コロナウイルス感染症のような事態に陥り、さらにビジネスのテレワーク化が加速し、それと同時に、オンラインによる恋愛も進んだのです。この経緯は、米国と同様です。このように、国土の広さや失業対策、感染症対策によって、結果として世界各地で恋愛のオンライン化が進んでいったのです。

これに対して、日本におけるビジネスのオンライン化は大きく後れをとっていました。その理由は、国土の狭さと都市部への人口集中で、仕事相手の多くが比較的「すぐに会える」業務環境にあり、また、幸いにもこれまで大流行といわれるような感染症の危機を経験することが無かったことも要因の一つです。つまり、オンライン化をことさら強力に推進する必要性がなかったのです。

しかし、今回の新型コロナウイルス感染症の流行で、私たちは生活や仕事のスタイルを大きく変えざるを得ない状況になりました。結果として、日本における仕事のテレワーク化は一気に10年分進んだともいわれています。

そして、平成生まれの物心ついたころからインターネット環境があった、いわゆるデジタルネイティブ世代が成長していくと、ビジネスはもちろん、男女の出会いにネットを活用する人が徐々に増えていきました。

２０１９年に大手マッチングサービスの「ペアーズ」を運営する株式会社エウレカが、中央大学文学部山田昌弘教授と実施した「日本の恋愛・結婚に関する全国意識調査」報告書（サンプル数：独身男女各１２５０名合計２５００名、既婚男女各１２５０名・合計２５００名調査方法：ウェブアンケート調査）によると、20代の男女の交際相手探しの手法として、全体の第一位の「友人に紹介してもらう」の次に「マッチングアプリ」が上がっています。女性だけを取ってみると、一位の「友人に紹介してもらう」とほぼ同水準であり、交際相手を見つけるために活動している20～30代の男女にとっては、〝親しみのあるツール〟になりつつあるのです。また、株式会社エウレカの別の調査※1でも、2016年にマッチングアプリで交際・結婚相手を見つけている男女は40人に1人だったのが、2020年には20人に1人と急増しています。コロナ禍と相まって、まさに今、恋愛オンライン化の波が押し寄せてきている状況下に日本はあるといえます。

マッチングアプリの最大のメリットは「出会いの数」

若い世代を中心に国内でマッチングアプリの需要が高まってくると、さまざまなタイプの恋活・婚活アプリが登場し、今やその数は100種以上にのぼります。では、なぜいま、若い世代の間でマッチングアプリを利用する人が増えているのでしょうか。そこでまずは、マッチングアプリのメリットを確認します。

マッチングアプリを利用する最大のメリットは、「多くの出会いがある」ことです。2012年10月にスタートした恋活・婚活マッチングアプリである「ペアーズ」では、登録者数が年々増加し、2021年6月にはついに累計1500万人に達しています。これをうまく使えばかなり多くの人と出会うことができます。

※1　Match Group 自社調査（2016、2020）
調査対象：18～59歳の男女　2016年1万1576人/2020年1万5729人

世話焼き人の紹介やお見合いで結婚する割合が1割を切る時代となったいま、結婚相手は自ら見つけねばならない時代です。しかし、現実は少子化の潮流の中で、同世代の異性は、親世代よりもはるかに少ない環境です。本人がかなり意欲高く動かないと、多くの異性との出会いを創出することはできません。

ただ、だからといって合コンやお見合いパーティーといった男女が出会える場所に足繁く通ったとしても、出会う相手の数が月に100人を超えることはまずないでしょう。ところが、マッチングアプリの利用によって、短期間に数多《あまた》の異性と出会うことが可能なのです。この「出会いの数」こそが、マッチングアプリの最大の強みといえるでしょう。

それともう一つ、マッチングアプリならではの大きなメリットがあります。それは、1回で得られる相手方情報の多さと、出会いをサポートする機能の充実です。

学校や職場、友人の紹介などの出会いと違って、オンラインでの出会いは、身元を知らない人同士が出会うため、どんな人と接触するかわからないという不安があり、手が出せないという人は少なくありません。しかし、ここで誤解をしている方が多いのですが、先述のいわゆる「出会い系」といわれるサイトとマッチングアプリは似て非なるものだということです。

マッチングアプリは、オンラインでの出会いという点では出会い系サイトと同じですが、登録の際に必ず年齢確認が必要になります。また、顔写真を載せることが基本です。趣味や特技、好きな映画や、音楽のジャンルなどの好み、ライフスタイルや価値観をプロフィールで発信することができるので、対面で会う前に、お互いが多くの情報を得ることができます。その情報量は、一般的に学校や職場で知り合ったり、友人の紹介や合コンなどで出会ったりするよりもはるかに豊富かつ交際を考えるにあたって重要な情報が盛り込まれています。オフラインの婚活は、相手のことを踏み込んで知るまでに、何度も会うなど場合によってはかなり時間がかかり、内容によっては聞き出しにくくて聞けないままになるというケースもありますが、オンラインならより相手を細かく知ってから実際に会うことが可能なのです。

また、AI技術の発達により、膨大なデータの中から、フィーリングや価値観が合いそうな人をAIが瞬時に判断・選別し、自動でマッチングに結びつける機能も搭載されています。そうはいっても知人を介さない出会いへの不安は大きいため、一部のアプリでは、年齢や結婚状態の有無などの詐称の不正検知機能が備わっているものもあり、ある程度リスクを回避しながら、自分の好みに合った人を見つけることもできるようになってきています。

「価値観の一致の有無」「相手のプロフィールが会わなくてもかなりわかる」「実際に会う前に、事前にメッセージのやりとりができる」などといったアプリの利点を活かした出会いは、

【図4-3】 結婚生活満足度は、マッチングアプリで出会った夫婦が最も高い。

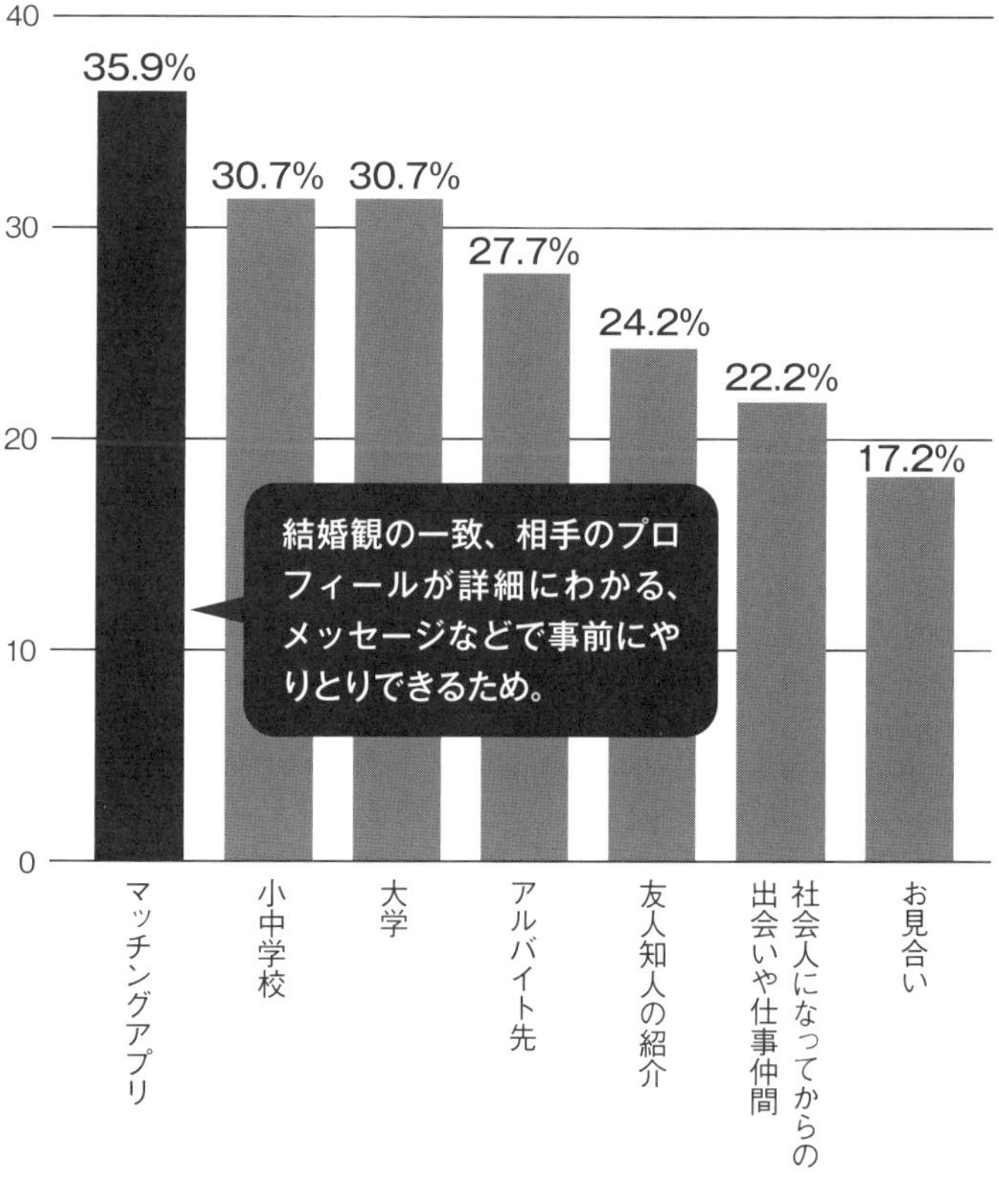

出典：エウレカ「日本の恋愛・結婚に関する全国意識調査（2019）」より編集部作成

会ってからのギャップを少なくしています。２０１９年に株式会社エウレカが実施した結婚生活満足度に関する調査では、学校や職場での出会いなどよりも、マッチングアプリで出会った夫婦が最も生活満足度が高かったという結果も出ています。

マッチングアプリの仕組みとリスク回避について

さて、若い世代での活用が増加しているものの、マッチングアプリの仕組みがいま一つわからないという方も少なくないと思いますので、簡単にその仕組みを説明しておきます（図４－４）。

出会い系サイトと婚活を目的としたマッチングアプリの大きな違いは、本人確認が必ず行われることです。とはいえ、恋活・婚活目的以外で悪用する人が全くいないとは言い切れません。そこで、こうしたトラブルを回避するために、マッチングアプリ提供企業において、目視とＡＩを組み合わせた監視を行っています。

例えば、一度に複数の人にメッセージを送る人の中には、宗教に勧誘する、怪しいサイトに誘導するなど本来の目的にそぐわないケースがあります。こうした不審な動きをいち早く

【図4-4】　マッチングアプリの主な特徴

利用条件	18歳以上、独身者限定
検索機能	趣味、特技、ライフスタイル、価値観等を含む
コミュニティ機能	特定の属性でサークルを作成
アプローチ	相手に“いいね”を送る
マッチング成立	相手が“いいね”に応答

編集部作成

見抜き、恋活・婚活の目的以外に利用していると判断された場合は、強制退会となります。

ユーザーからのトラブル報告にも迅速な対応がされています。出会い系サイトと比較すると、圧倒的にその数は少ないものの、なかには性的な目的のみの相手を求めている人もいます。こうした問題は、本人同士の使い方にもよるため排除の判断が難しいのですが、一方からトラブルの報告があった場合は、対処が行われる仕組みとなっています。

このように、完璧にリスクが排除されるわけではないものの、ユーザーが安心して利用できるように、安全対策に力を入れている姿勢が見られる点においては、従来の出会い系サイトとは大きく異なるサービスであるといえるでしょう。

提供過剰気味のマッチングアプリ

男女の出会いの場として、注目されてきているマッチングアプリですが、先述のように今やその数は100を超えており、「どのようなアプリを選べばいいのか分からない」という課題があります。

マッチングアプリは大きく分けると、目的ごとに次の3つに分類されます。

① 友達＋アルファを探す目的
② まじめに交際する相手を見つける目的
③ 結婚相手を探す目的

この3分類について、簡単に説明します。

①は、比較的カジュアルな、友達やデート相手を探す目的のアプリです。主に大学生や20代前半の男女が、「彼氏・彼女がほしい」「気軽にデートできる相手がほしい」ときに利用することが多いようです。業界では「カジュアルデーティング」と呼ばれることもあり、結婚はまだ先のことで考えられないけれど、彼氏・彼女は欲しいという人向けのマッチングアプリです。

②は、いわゆる〝恋人探し〟のためのマッチングアプリです。20代半ばをすぎ、そろそろ結婚を考える年頃だけど、まわりに相手がいない。このままでは「一生独身コース」ではないかという経緯からの男女が多く登録しています。ただし、「今すぐ結婚」というわけではなく、マッチングアプリで交際相手をみつけ、2～3年後に結婚をしたいと考えている人が多いようです。登録者のボリュームゾーンとしては20代～30代になります。

③は、結婚相手探しに特化した婚活アプリです。1年程度以内に結婚できることを目的に、相手を見つけます。内容としては結婚相談所に近く、コンシェルジュがついて、婚活をサポートする場合もあります。従来の結婚相談所と違うところは、登録から対面まで、すべてオン

ライン完結であることです。例えば「ペアーズ」を運営する株式会社エウレカでは、1年以内に結婚したいひとを対象とした婚活アプリ「ペアーズエンゲージ」も運営しています。両者の違いは、「ペアーズ」は自分から行動を起こして相手を見つけるのに対し、「ペアーズエンゲージ」はコンシェルジュを通じての推薦があるという点です。「ペアーズ」ではマッチングするとすぐにメッセージのやりとりができますが、「ペアーズエンゲージ」ではリアル、またはオンライン通話で対面した後でなければメッセージのやりとりはできない仕組みになっています。

マッチングアプリ登録者の年齢のボリュームゾーンは各アプリによって異なりますが、恋人探しが目的のマッチングアプリよりも結婚相手探しのマッチングアプリは利用者の年齢も上がり、30代以上が増加します。また、多くのマッチングアプリでは、男性が有料で、女性が無料になっていますが、結婚に特化したアプリでは女性も有料になるケースがほとんどです。

マッチングアプリを利用する際には、その利用目的を明確にしておくことが重要になります。また、自分に合っているか、危険のリスクはないかなどを判断するのは利用者自身です。

利用者の口コミや経験者からの情報なども参考に、よく検討してから活用する必要があります。

出会いたいのか、結婚したいのか

出会いの数が多いことがメリットのマッチングアプリですが、登録さえしておけば出会いがやって来るというわけではありません。デートの相手を探す「デーティングアプリ」や恋人を探す「マッチングアプリ」を利用する場合、受け身ではなく、自分から積極的に行動を起こすことが必須です。

デーティングアプリやマッチングアプリを利用している人は、いくつかのサービスのアプリを掛け持ちしている人も存在します。当然ながら、同時期に複数の人にアプローチをしているケースも多くあります。こうした天秤に掛けられる状態に、はじめは違和感があるかもしれませんが、双方が選び選ばれるという、結婚の大原則を学ぶ一つの機会でもあります。

また、他の結婚支援サービスに比べるとたくさんの人と交流をすることが可能となります。

また、マッチングアプリの利用を通じて、今まで気がつかなかった自分の価値感に気づくこともあります。たとえば、自分はいままでずっと学歴が高い人とつき合いたいと思っていたものの、実際いろいろな人とオンライン・オフラインで話してみると、学歴はそれほど重要ではなくて、価値観が同じであることの方がはるかに大切だということがわかったなど、〝本当の自分〟に気づく機会も増加します。たくさんの人と交流し、比較し、自分を見つめなおす機会が可能となるのは、マッチングアプリを使う大きなメリットといえます。

一方、結婚に目標を絞った婚活アプリは、結婚相談所のサービスに近いため、アプリといえども自分からさほど積極的に動く必要はありません。「結婚はしたいけれど、自分から行動するのは苦手」「どう行動していいのかわからない」という奥手の人や、婚期をすぎて「今すぐ結婚相手を見つけたい」という人に向いています。先にも触れましたが、専属のコンシェルジュがつき、おすすめの相手を探してくれますが、その際に重要になるのが、相手に対する条件です。

婚活アプリに登録する人の多くが、はじめは多くの条件を提示するようです。実際、自分から行動を起こさない受け身タイプの人ほど、条件が厳しい傾向にあるようです。

殊に、男性によくありがちなのが、自分が40歳をすぎているのに、相手に20代を望んだり、容姿にこだわりすぎたり、結婚したら家庭に入ってくれる人を求めたりと、理想が高すぎるというケースです。第2章でも触れましたが、既婚者と比べて未婚者は、結婚相手に対する条件が多く、こだわりが強い傾向にあります。しかし、それゆえに相手が見つからないといえます。そこでコンシェルジュからアドバイスを受けながら、少しずつ条件を緩和していきます。誤解をしないでいただきたいのは、こだわりを持つことが悪いというわけではありません。ただ、現実の厳しさを知ることも大切なのです。まずは、自分の思い込みやこだわりを緩和し、出会いの範囲を広げ、その上で相手への注文はいったん脇において、自分も選ばれる立場にあるという視点から自分を見直すことが必要となります。

デーティングアプリやマッチングアプリを利用するなら、とにかく自分から行動すること、婚活アプリを利用するなら、結婚条件にあまりこだわりすぎず、柔軟に受け入れることが、結婚への近道となります。

自治体が提供する結婚支援サービスの台頭

ビックデータを活用した全国初の公的結婚支援センター「えひめ結婚支援センター」

未婚化による少子化がより深刻な地方では、自治体が積極的に結婚支援を行っているケースも増えています。現在は47都道府県のうち、34エリアで自治体委託事業として結婚支援センターが設置されていますが、なかでも全国的に注目を集めているのが、愛媛県の取り組みです。

「えひめ結婚支援センター」は２００８年、全国で21番目に設立された公的な結婚支援センターです。全国的に見ると、それほど早い設立ではありませんが、設立から13年経った２０２１年７月時点での登録者数は１万８４８人、センターのイベントを通じて交際に至ったカップルは１万６４４８組、そのうち結婚に至ったカップルは１３０５組と、他県に比べて高い実績を出しています。コロナ禍においてもその活動の勢いは止まらず、２０２０年３月から21年３月までの１年間で交際約８００組、成婚約１００組の実績を出しています。

彼らの活動が活発な理由は、自治体型の結婚支援センターの運営を「法人会」が受託している点です。母体となる一般社団法人愛媛県法人会連合会は、税の啓発活動などを中心とした地域経済の活性化が主な業務ですが、中小企業の多い愛媛県では、「現時点での経営は順調だけれど、それを受け継ぐ跡継ぎが未婚化しているという後継者問題」に悩まされ続けてきました。そこで、さまざまな業種の企業や団体が加入している法人会が母体となって、地域の結婚支援を行うこととなったのです。

ボランティアスタッフの協力で地域一体となってサポート

発足当初のえひめ結婚支援センターは、未婚の男女が出会える場として、イベントの開催を中心に行っていました。しかし、このような公的なセンターに登録する人は、男女ともに奥手なタイプが多く、せっかく出会いがあっても、フリータイムで話ができないというケースが多くみられました。そこで橋渡し役を買って出たのが、地域のボランティアスタッフ「愛結びサポーター」です。サポーターは、イベントで男女の間をとりもったり、カップル成立後のサポートをしたりする、いわゆる昔の仲人的な存在です。無償にもかかわらず、その数は３００人弱にまで年々増加してきています。もともと愛媛県では町内会の奥さんたちが結婚のお世話をするという風習があり、この地域ではこのようなやり方のほうが成功率が高まることがわかってきました。

こうして、対面イベントの開催を続けながらも、加えてサポーターが仲を取り持つ1対1のＩＴお見合いサービス「愛結び」にも力を入れていくようになりました。サポーターは登録した最初の2か月はベテランサポーターとともにイベントの支援を行います。そこでセンターに登録してくる独身男女の性質や傾向（癖や陥りやすい失敗など）、サポートの仕方などを学ぶ仕組みです。イベント支援期間をすぎると、1対1のお見合いのサポートに単独でかかわるようになります。こういった丁寧なサポーター育成の仕組みのおかげで、短期間で１０００組を超える多数の成婚カップルが誕生しました。

ビッグデータの解析結果を活用した「ＩＴ婚活」

しかし、その後も出会いの場はあるのに、婚活に踏み出せなかったり、うまく活動できていなかったりするケースは減らず、活動不足で成婚に至らない登録者の支援が課題となっていました。また、2013年から導入したITを利用したマッチングシステムである「えひめ方式」という結婚支援システムには、イベントとお見合い事業を合わせた登録者1万3000人分のプロフィールとその行動履歴3年分の150万件ものデータが蓄積されていましたが、それを十分に活用することができずにいました。そこで、国立情報学研究所（NII）の宇野毅明教授の協力を得て、ビッグデータの分析とその活用を「ビッグデータからのおすすめ」支援として始めてみることにしたのです。

このシステムは、独身者プロフィールや行動履歴データからおすすめの相手（レコメンド）を導くもので、男女双方において好みの似たグループを割り出し、AIが考える「好みの似た者同士」の男性や女性の中から、誰かがお見合いを申し込むと、申し込みをした人が属するグループのメンバーに対して、申し込みをされた人を「あなたにもどうですか?」とばかりに逆にお勧めをする機能などが搭載されています。ネットショッピングなどをすると「この商品を見た人はこれも見ています」といったレコメンドを見かけると思いますが、この機能の応用版です。

結婚を視野に入れると、どうしても一生のことだからと相手に対する条件も高くなり、申し込み行動がワンパターン化しがちです。しかし、成婚を実現化するには、独身者自身の視野を広げる、つまり行動のワンパターン化を防ぐことが大事です。このような考えから、自ら行動すればするほどＡＩからもより多くの自身の好みに合ったお相手のレコメンドが受けれることを周知し、そして独身者自身が主体的に行動するよう促しています。条件に縛られがちなお見合いに対して、「あなたの求めていた条件とは少し違うかもしれないけれど、こういう方もどうですか？　あなたに合うようですよ」とレコメンド機能が提示することによって、視野が広がり、高望みかつワンパターン化しがちな独身者に新たな気づきを与えるという仕組みです。

その結果、「愛結び」におけるお見合い実施率（申し込みにＯＫが出る割合）が通常は13％であるのに対し、ＡＩ機能による「ビッグデータからのおすすめ機能」を活用したお見合い実施率は29％と16ポイントもアップしたのです。公的な機関において、このようなビッグデータの解析結果を活用して結婚支援をする自治体は全国でも初めてのことです。その後、このシステムを活用する自治体は増え、今では全国的に「えひめ方式」の利用が広まりつつあります。

このように、同センターでは、全国に先駆けてＩＴを活用しながら、ボランティアスタッフによる人の温かみも残すというハイブリッドな結婚支援の取り組みを行っています。ただ、注目すべき成果が出ている一方で、せっかくカップルが成立しても、跡継ぎ問題で「40代同士の結婚」は子どもが授からないだろうという理由から親から反対されたり、親の介護問題のために、転勤のある相手とは結婚できなかったりなど、地方ならではの問題も浮き彫りになってきています。そういった課題の解決には、親世代が子世代の人生を自らの価値観で縛りつけるようなことはしない、親世代自身も伝統的な家族観に基づく結婚観を解放する、というような意識改革が必要といえるでしょう。

続いて、マッチングアプリ「ペアーズ」と「えひめ結婚支援センター」のそれぞれを通じて成婚されたカップルが、具体的にどのような活動を通じて結婚に至ったのかについて報告します。

事例紹介パート① マッチングアプリ・ペアーズ 婚活編

※記載の内容は2021年7月現在の情報をもとにしています。

◎ポイント：相性重視／遠距離

AIがマッチ度の高い出会いを演出

【カップル】
服部雄也さん（29歳会社員）／愛子さん（30歳・看護師）
東京都在住

マッチングアプリの大きな魅力の一つに、記載されたプロフィールや行動履歴などのデータから、ＡＩがマッチ度の高い相手をレコメンドしてくれることで、出会いを後押ししてくれることがあります。そして、その中には、全く縁もゆかりもない遠隔地の他者との出会いから、しっかりと成婚に至っている事例も多いのです。東京都在住の服部さんご夫妻もそんな一組です。ご夫妻に出会いから成婚までの道のりをお聞きしました。

●なぜマッチングアプリを利用することになりましたか？

愛子さん：友人からすすめられたからです。ただ当初は、マッチングアプリってどうなの？という不安もありました。

雄也さん：当時、僕は新規プロジェクトを任されており、仕事はとても充実していました。大変多忙でしたが、恋愛も捨てがたく、限られた時間で効率的に出会いを求めるのなら、アプリだろうと思ったのです。登録後は積極的に動いて、実際に50人くらいの女性と会いましたが、ピンと来る人がおらず、そんな時に妻のプロフィールを目にし、その写真に好印象を持ちました。京都在住という点もおしとやかな感じがして、僕から「いいね」を押しました。

愛子さん：実は、私も写真の笑顔に惹《ひ》かれました。また、プロフィールがぎっしり書かれていたというのが印象的でしたね。

●その後は？

雄也さん：マッチングが成立してからは何度かメッセージのやりとりをし、２週間後には会っていました。初デートは表参道で、当時妻が住んでいた京都から来てくれました。会ったその日に「この人と結婚するな」と確信に近いものを感じました。ＡＩのマッチ度が高かったことも後押ししてくれました。

それから月2回のペースで、東京と京都をお互い行き来するようになりました。その後、僕が名古屋に転勤になり、そのタイミングでプロポーズし、まずは同棲《どうせい》を開始しました。1年くらい暮らしてみて、お互いよく知った上で結婚した方がいいと思ったのです。

愛子さん：私もその考えには賛成でした。つき合っているときは、遠距離恋愛ということもあり、毎回のデートが新鮮に感じられましたが、共同生活となるとまた違ってくるかなと思いました。実際、暮らし始めてみると、いろんなギャップがありました。食事のタイミングと好みが合わないとか、お風呂のお湯加減が合わないとか。

雄也さん：一緒に暮らしてみて、お互いのことがさらによくわかり、結婚してからも、それが続いていて、本当にいい人に出会えたなと感じています。

●ご自身の婚活を振り返っていかがですか？

愛子さん：価値観が同じというのは、私の中では一番大事なことで、アプリでもプロフィールに何を書いているかはとても重要でした。彼のプロフィールには、自分の生き方へのこだわり、恋愛・結婚に対する考えなど、ありのまま書かれていたのです。たくさん情報があるという安心感が得られたと同時に、とても誠実な人だなと思いました。そのことは間違いではありませんでした。

雄也さん：例えば、僕が京都に旅行に行ったとしても、そこで妻に出会える可能性は極めて低いと思います。でも僕らはアプリで出会えた。そして、ここまで気の合う人はいなかった。こんなことがこの世の中にはたくさんあるかもしれないのに、何もしないなんてもったいない。「仕事が忙しくて出会いがない」と言う人がいますが、それは言い訳で、本当に好きな人を探そうという気持ちになっていないのだと思います。忙しい人ほど、マッチングアプリは活用すべきです。どんなに忙しくたって、スマホを見るわずかな時間は作れるじゃないですか！

ご夫婦の出会いは、アプリによる偶然のめぐり合わせだったかもしれませんが、お話をお聞きするとそれは必然だったともいえそうです。そして、アプリがそういった場面を演出できることの裏側には、プロフィールや行動履歴などのデータをもとにしたマッチングシステムがあるのです。そしてまた、システムがよりマッチした相手を推薦するためのもとデータとなる、個々のユーザーが入力するプロフィールについて、しっかり記入を行うことはとても重要であるようです。

◎ポイント：コロナ禍／ビデオ機能の利活用

コロナ禍にあってコミュニティーやビデオデート機能を利用し波長確認

【カップル】
関川直也さん（29歳・ＩＴエンジニア）／
小宮山貴恵さん（32歳日本語教師）　東京都在住
＊コロナ禍終息後に入籍予定

新型コロナウイルス感染症の世界的流行で、仕事や余暇を含めさまざまな場面で人と接する機会が大幅に制限されるようになりました。そして、この状況に寂しさや不安を感じ、外出せずに近くで寄り添えるパートナーを探したいとマッチングアプリの利用を始める人も多いようです。各アプリ運営者は機能の充実で、そのようなユーザーのニーズに応えています。ご紹介するカップルもコロナ禍の中で出会い、便利機能を利活用して交際をスタートさせました。

●まずマッチングアプリを利用し始めたきっかけをお聞かせください。

直也さん：3年ほど前です。当時、僕は新潟に住んでいたのですが、地方だとやはり出会いが少なかった。マッチングアプリなら暮らす場所に限定されず、いろいろな人に出会えるのではと思ったのです。

貴恵さん：私は5年くらい前に登録していた時期があったのですが、真剣な恋愛を考えている相手になかなか出会えなくて、一度退会しました。新型コロナウイルス感染症の影響で緊急事態宣言が発令され、自粛生活を余儀なくされると、友達には会えないし、大好きなライブにも行けない。退屈に思い、どうせ家にこもっているのなら、この時期に恋活しようと、「GW（ゴールデンウイーク）中にいい人を見つける！」と目標を設定し、昨年のGWに入ったころ再度アプリを始めてみたのです。

●お二人の出会いは？

貴恵さん：彼のプロフィール写真が好印象でした。誕生日プレゼントをもらって、すごく嬉しそうに笑っている姿で、友達が多く、人に愛されている人だなと思いました。そこで「いいね」を送ったのです。

直也さん：その後、僕は新潟から東京に越してきたのですが、貴恵さんから「いいね」をもらったのはその直後でした。だから、とても嬉しかった。

一方で、貴恵さんの写真はいろいろなシーンがあって、一枚一枚表情が豊かで、それを見ただけでどんな人かイメージできました。そして、会って話してみたいなと思いました。

貴恵さん：それと、「コミュニティー」でも、「野球観戦が好き」とか、「マナーを大事にする」といった価値観が同じだったのです。何より驚いたのは、AIによるマッチング度が「95%」と出ていて、何を根拠にこんな数値が出るんだろう？ と会って確かめてみたくなりました。何回かメッセージのやりとりをした後、まず「ビデオデート」を利用しました。実際に会う前に相手の雰囲気をつかむことができるので、これはいい！ と思ったのです。

直也さん：ビデオ通話でたった15分話しただけでも、会話の波長が合うのが感じられました。その2週間後に実際に会いました。

貴恵さん：初デートはコロナ禍ということもあって、家の近くの公園まで来てくれましたが、ウイルス対策に気を遣ってくれて、思いやりのある人だなと思いました。

●本当にGW中に出会えたのですね。現在はいかがですか？

貴恵さん：昨年の5月末から正式におつき合いをスタートしたものの、コロナ禍で外デートができず、私の家で会うようになりました。そのまま、家で一緒にすごすことが増え、ならば一緒に住んだ方がいいのでは、と思うようになりました。

直也さん：9月から一緒に暮らし始めましたが、今現在は大きなギャップもなく、仲良くやっています。僕らはコロナ禍があったおかげで出会えたし、一緒に暮らすのも早まりました。人生何が起こるかわかりませんね。

貴恵さん：一度は挫折したアプリ婚活でしたが、再チャレンジした甲斐があったと感じています。

直也さん：アプリのよさは、気軽に始められることと無駄が少ないことですね。事前にプロフィールでどんな人かがわかるし、「コミュニティー」で趣味や価値観を確認することもできます。そういう点では、とても効率がいいのです。無駄なエネルギーを使わなくていい。親世代はまだ理解できない人も多いと思うけれど、僕は利用する価値は大きいと思っています。現にこんな素敵な人と出会えたのですから。

　コロナ禍による生活や行動様式の変化により、これまであまり利用が進んでいなかったＩＴツールが当たり前に使われるようになっています。ビデオ会議サービスやビデオチャットなどはその典型でしょう。ご夫妻のお話を窺うと、こういったツールはマッチングアプリ利用者との相性が非常によいといえます。今後もこういったサービスの充実がさらに進むと思われ、コロナ禍終息後も「リモート婚活」が普通のこととして定着していくのではないでしょうか。

◎ポイント：シングルマザー・再婚

事前の状況共有で理解者と巡り合う

【カップル】
小林大志さん（32歳・会社員）／亜由美さん（31歳・看護師）
東京都在住

封建的因習的な考えが薄れた今の時代、再婚や再々婚などは珍しくありません※1。社会もそれを当たり前に受け入れています。ただ、それでもシングルマザーやシングルファーザーの婚活には何かと壁が立ちはだかります。相手方の条件との折り合いという課題に加え、そのようなシングルペアレントは、多くの場合、自身の自由になる時間が持ちづらいという課題があります。隙間時間を活用できるアプリによる婚活は、そういった方からも評価されているようです。

●マッチングアプリを始めたきっかけは？

※1　過去5年内の全婚姻に占める再婚含み結婚（どちらかのみ再婚も含む）はおよそ4組に1組

大志さん：6年ほど前から始めました。当時は恋人募集中で、合コンなどにも行っていましたが、効率を考えるとアプリの方がいいと思ったのです。

亜由美さん：私も同じころです。当時私は、バツイチのシングルマザーでした。仕事と子育てで大変忙しくお相手探しどころではありません。さらに、アニメオタクでして、2次元の男性にしか興味がない。そんな中、会社の余興のゲームに負け、無理やりマッチングアプリに登録することになったのです。自分から積極的にアプリを始めたわけではないのです。

●その後、お二人はどのようにお付き合いが始まりましたか？

亜由美さん：その際、相手への条件を高学歴、高収入で、自分の趣味の邪魔をしない人など、めちゃくちゃハードルを上げてみたのです。ところが翌朝、スマホに通知がたくさん来ており、「マッチングアプリってすごい！」と驚きましたね。

大志さん：「いいね」を押した一人が僕なのですが、男性アニメキャラクターのラッピング広告と並んで撮っている彼女のプロフィール写真に興味がわいたのです。それから、10通くらいのメッセージのやりとりを経て実際に会いました。

亜由美さん：とにかく彼はテキパキしていました。最初に会ったときも、人の予定などおかまいなしに日にちを指定してくるし、「渋谷と池袋のどっちがいい？」と場所も二択。とにかく何でもさっさと決めるので、断る隙がない。すごくノリが良く、よくしゃべる。その勢いに押されて、最後は勝手に彼女にされていたんですよね（笑）。

大志さん：実際に会うと写真よりもかわいいなと思いました。僕は自分を抑えてまで相手に合わせるのはしたくない。はじめから素のままでいきました。

●シングルマザーは受け入れられた？

大志さん：付き合い出して2か月くらい経ってから、子どもがいるとわかったのですが、さすがにショックでした。

亜由美さん：私は、最初のデートのときに娘の写真を見せているのですが、彼は全く話を聞いていなかったのです。そもそもプロフィールにだって、ちゃんとシングルマザーと書いてあったのですが！

大志さん：ちゃんと読んでいなかった……。一瞬、別れようかとも思いましたが、もうそのときは妻のことをものすごく好きになっていました。そして、当時５歳だった娘が、自分の子じゃないのに、自分と似ているところがあったのです。

亜由美さん：そんな感じの子だから、夫と子どもはウマが合いました。でも、一緒に暮らしたいと思ったときに、子連れで同棲は許さないと両親が反対。ちゃんと二人の気持ちが固まるまでの間、私の親が娘の面倒をみることになり、しばらく別れて暮らしていました。その後、二人目を妊娠して、正式に籍を入れることになったのです。

●ご自身の婚活を振り返っていかがですか？

大志さん：アプリは、本気で出会いを探している人には、チャンスがたくさんあってよいと思います。使っていくうちに、より効率的にいい人と出会いたいと考えるようになりました。僕はもともとデータ分析が好きで、自分なりのやり方を見つけてみると、より楽しく婚活できました。友人も同様で、大学時代に仲良くしていた４人のうち、僕を含め３人が「ペアーズ婚」なのです。

亜由美さん：私のように一度、結婚で失敗している人でも、試してみる価値があると思います。

シングルで子どもを育てていると、仕事と育児で恋愛をする時間がないと思うかもしれませんが、時間がない人こそ、隙間時間を活用できるアプリで婚活をするべきだと思います。興味があれば、まずは登録だけでもしてみる、それだけでも、新たな人生の扉を開くことにつながると感じます。

大志さんは、最初、相手のプロフィールの読み込みが少し足りなかったようですが、他のカップルでも指摘があるように、リアルな出会いでは最初から言いにくいようなことも含めて、自分が発信したい情報をプロフィールとしてしっかり登録し、お互いの状況を理解しあった上で相手探しができることにマッチングアプリの良さがあります。自身の置かれた環境を最初から提示することで、それを受け入れてくれる相手を探せるのです。このことはさまざまな事情を抱える婚活者にとって、心強いものであるはずです。

◎ポイント：国際結婚

アプリがもたらした外国人との運命的出会い

【カップル】
禹《ウ》昶《チャン》宇《ウ》さん（28歳・韓国出身・飲食業）／濱口奈々さん（27歳・看護師）愛知県在住

既述したように、マッチングアプリは世界的にそのユーザー数を伸張させています。今やスマートフォン1台あれば、全世界に親しい友人をつくることが可能なのです。海外から知り合いの少ない日本にやってきた外国人にとっても、趣味を同じくする友人や恋人探しを手軽にできるアプリは大変便利な存在です。ここで紹介する韓国出身の禹さんもアプリを活用して異国での婚活を成功させました。一方で、お相手の濱口さんは、通常の生活では知り合う機会の少ない外国の方との幸運な出会いが、アプリによってもたらされたのです。

●アプリを使うことになったきっかけは？

昶宇さん：私は法学を学ぶために来日し、慶応義塾大学に進学しましたが、母国で母が経営する飲食店を継ぎたいと思うようになり、卒業後は名古屋の飲食店で修業をかねて働いていました。飲食の仕事は、夜が遅く休日も少ないので、人と出会う機会があまりありません。でも、恋愛はしたかったので、効率よく出会えるアプリを使ってみることにしました。

奈々さん：私は看護師なのですが、やはり勤務時間が不規則なうえに職場での出会いも少ないです。そんな時にペアーズの広告が目に留まり、ものは試しと登録しました。

●その後、急展開だったようですね。

昶宇さん：妻に出会ったのは、アプリを使い始めてすぐのことでした。プロフィールの写真がとてもかわいくて、すぐに「いいね」を押しました。

奈々さん：彼の「いいね」は、夜勤明けの午前3時に気づきました。実は、私はK‐POPが大好きで、韓国にとても興味を持っていたので、すぐにメッセージを返しました。

昶宇さん：彼女は人気があったので、もたもたしていたら他の男性にとられてしまうと思い、ダメもとで「よかったら、今日会いませんか？」と誘ってみると、彼女はたまたま夜勤明けの休みの日で、5時間後の朝の8時にはもう会っていました。

奈々さん：写真ではクールなイメージがありましたが、会ってみるとすごく会話が楽しく、ちょっとした振る舞いも素敵で、私の方が舞い上がってしまいました。偶然、翌日も二人とも休みだったので連日会い、もう2日目の夜には彼が告白してくれ、おつき合いすることになりました。まさに急展開でしたが、これも運命なのかと感じました。

●国際結婚には文化や言葉などいろいろなハードルがあります。

昶宇さん：その後は、お互いの家を行ったり来たりしました。子どもができたとわかったのは、出会って半年くらいでした。そこでまずはお互いの両親に挨拶にいくことにしました。

奈々さん：私の母は、外国人との結婚に大反対でした。挨拶に行ったときも、ものすごく怖い顔をしていました。それでも、彼がこれからどんなことをやりたいと思っているか、私のことをどれだけ愛しているかを伝えてくれたので、すっかり気に入ってくれました。父もはじめは相手が外国人だからか緊張していましたが、途中からすっかり意気投合し、二人で夜通しお酒を飲んでいました。

祁宇さん：どちらかというと、僕の家の方が大変でした。僕の父は、見た目は強面《こわもて》なのですが、実は温厚な性格です。母は、見た目はきゃしゃでかわいいのですが、ものすごく怖くてクールです。初対面の妻はそのギャップに驚いたと思います。

奈々さん：一生懸命覚えた韓国語であいさつをしても、そっけなくされました。ひたすら無言で焼き肉を焼いている（笑）。後でわかったのですが、単に言葉が通じないというだけで、本当は私のことを気に入ってくれていたようなのです。

祁宇さん：今では、僕以上に妻をかわいがってくれます。妻にだけ韓国から贈り物を送ってくれたりすることもあるのです。

●お互いの出会いを振り返っていかがですか？

祁宇さん：日本のマッチングアプリは、恋愛か結婚かと、目的別に活用できます。僕は結婚を視野に入れておつき合いできる人を探していました。だから、プロフィールはなるべく詳しく、できるだけ誠実に書きました。日本語の文法も念入りにチェックしました。それが良かったのだと思います。

奈々さん：確かに、彼のプロフィールは誠実さが感じられる内容でした。そのため外国人だからという不安はあまりありませんでした。また、写真がありのままだったのも良かった。そして、その写真以上に本人が良かった。こんなに嬉しいことはないですよね。

日本における国際結婚（夫婦のどちらか一方が外国人）は、平成17年の4万1481件をピークにいったん減少に転じ、近年再び増加傾向となっています。人口動態調査（厚労省）によると、2019年の国際結婚件数は、2万1919件で、全婚姻数に占める割合は3.7%となっています。30組カップルがいればそのうち1組以上が国際結婚という状況です。ただし、その7割が、夫が日本人、妻が外国人（主に中国とフィリピン）という組み合わせで、妻が日本人という結婚は実は多くないのです。そんな貴重な出会いの演出にも、マッチングアプリは一役買っているのかもしれません。

事例紹介パート② えひめ結婚支援センター 婚活編

※記載の内容は2021年7月現在の情報をもとにしています。お名前は仮名です。

◎ポイント：ビッグデータ

人間の意志が介在せず、AIがデータを根拠に紹介してくれるからこそ素直に受け入れられた

【カップル】
夫・裕也さん（34歳・会社員）／妻・さつきさん（32歳・主婦）愛媛県新居浜市在住

えひめ結婚支援センターを通じて知り合い、2021年3月にご成婚されたばかりのお二人。おめでたは続き、奥様はインタビュー時には妊娠もされ、お子さんの誕生まで待ち遠しい日々が続いている様子です。そんなお二人ですが、結婚のことを考えだしてからしばらくは、お互いになかなかいい相手に巡り合えずにいたそうです。結局、同センターが提供する1対1のITマッチングシステムの「愛結び」を通じて巡り合ったお二人ですが、その婚活やマッチン

グの状況、その後についてご主人にお話を伺いました。

●お二人はいつくらいから結婚について考えだしましたか？　また、どのように婚活をスタートさせましたか？

私は30歳をすぎた3年ほど前からです。妻はさらに前で、7年くらい前、25歳くらいの時です。私は1回の参加費が3000～4000円の婚活パーティーに参加をしたり、妻もそういったパーティーや合コンに誘われて行ったりしていたようです。しかし、お互いにいい人に巡り会えずに時間だけがすぎていった感じでした。

●えひめ結婚支援センターに登録したきっかけ、登録後の活動について教えてください。

私は婚活パーティーではなかなかいい出会いが無い中、両親からの勧めもあって2020年6月に登録しました。センターのサービスは個人情報の管理がしっかりしており、専用の端末の利用予約を取って相手を検索します。その煩わしさと仕事の忙しさもあり、登録当初の3か月くらいは相手の検索は行っていませんでした。申し込みいただいた方のプロフィールを見てお会いしたり、お断りしたりと、どちらかというと受動的でした。

その後、「自分から探しに行かないと好みのタイプに巡り合うことはないな」と思い立ち、自分から積極的に申し込みをするように動きました。そして、なんと一回目のマッチングで今の妻と出会うことができたのです。

センターは松山などの常設拠点に加え、県内十数か所に特設会場を設置しており、妻は当時の居住地近隣の会場で登録しました。愛媛県は案外広いため、わざわざ松山まで出る必要もなく、気軽に登録できるいい仕組みだと思います。

●マッチングから成婚に至るまではどのような流れでしたか?

初めての出会いは、2020年10月でした。センターのボランティア支援者の方に同席していただきましたので、いろいろと話をつないでくれ、とてもスムーズに会話が運びました。フィーリングも合ったので、ボランティアを介してお互いの連絡先を開示し、交際がスタートしました。

その後は、コロナ禍だったので遠出はできませんでしたが、近辺のショッピングモールや、あまり人のいない県内の観光地などでデートを重ね、お互いを理解しあうようになり、21年の1月にはプロポーズしました。そして、3月にはお互いの親にあいさつを済ませたうえで入籍し、6月には妻の懐妊と、まさにトントン拍子でした。このスピード感に、お互いの両親は祝福と同時に驚いていました。

●今回はなぜこのようにスムーズにいったと感じていますか？

まず、「えひめ」は真剣に結婚を考えている人が登録していること。もう一つには、ＩＴマッチングシステムのレコメンド機能の精度が高かったということがいえると思います。ビッグデータを活用したＩＴマッチングは、人間の意思が介在せずに登録者の行動履歴データのみを根拠に紹介してくれるので、むしろ素直に受け入れられました。相手が機械なので、おすすめされた人を気兼ねなく断ることもでき、非常にユニークでいい取り組みだと思います。妻も、友達や知人のしがらみなく異性と出会えることと、自分の意思を優先できることを評価していました。

また一方で、アナログな部分が組み合わさっている良さがあります。個人情報のやり取りや、紹介の場面では、センターやボランティアの方が入ってくれるため、トラブル化しにくいです。少々、煩わしい面もありますが、その分、ストーカー被害などを心配する女性の方には安心して使える仕組みだと思います。

●いま、ご自身の婚活を振り返ってどのように思われますか？

結局のところ、結婚できるかどうかは、一生一緒にいたいと思える人に巡り会えるかどうかだと思います。そのような人と出会うには、普段の生活をしているだけでは知り合いようのない人と会える機会を自ら作りだすことが必要です。そして、その手段はまわりにいろいろあるのです。

どうしても昔と比べると、ＩＴ化などで職場の人員削減が進み、地域の人が話を持ってきてくれるということも減ってきているので、自然に任せた出会いというのは減ってしまっています。能動的に動かないと出会えない、難しい時代になっていると思います。

会える機会さえあれば自分が引っ張っていけるのにと思う方は、自治体が行っている婚活事業を活用するのは金銭的にもかなり敷居が低いですし、非常におすすめです。

　また、知り合った当時の私と妻の居住地は約１００キロ離れていましたので、お互いが自分から動いていなかったら知り合う可能性は極めて低かったでしょう。登録しておしまいではなく、そこから動き続けることができるかがカギだと感じます。

　そして、最初の申し込み時は、相手の見た目がファクターとして大きいですが、結婚するとなると、ずっと一緒にいて居心地がよいかどうかが一番大事だと思います。妻は、私が飾らずに自然体でいてもそれを良しとしてくれる人だったので、結婚した今も幸せです。

　このインタビューから、えひめ結婚支援センターが全国に先駆けて導入した、ビッグデータを活用したマッチングのサービスと従来型の仲人システムの両方の良さとがうまく融合し機能した結果として、今回の成婚が達成されたこと、それをご夫婦がともに喜んでいる様子が伝わってきました。また、子どものころからＩＴ機器に接してきた20代や30代にとっては、機械的なデータ分析の結果を案外受け入れやすいのかもしれません。その意味で、今後、「えひめ」同様のビッグデータやＩＴによるレコメンド機能を介したサービスが他地域にも広がっていく可能性を感じます※2。

※２　愛媛県が開発したこのマッチングシステム（愛結び）は 2021 年中に 21 エリア（都道府県単位）に拡大する予定です。

◎ポイント：多種多様なイベント、県外イベント、年上妻、年下夫、歳の差婚

多様なイベントを用意し参加の敷居を下げることで多様な出会いを演出

【カップル】

夫・ケンケンさん（41歳・会社員）／妻・ゆんたさん（51歳・パート）愛媛県新居浜市在住

えひめ結婚支援センターの取り組みについては、全国に先駆けてのビッグデータの活用や、仲人役ともいえる「愛結びサポーター」として活躍するボランティア推進員の存在がその特徴として挙げられます。それにもまして驚かされるのが、バリエーション豊富な「ｄｅ愛イベント」と名付けられた婚活イベントです。

地域の温泉をめぐるバスツアーやグルメツアー、東京でのＵターン・Ｉターン希望者向けの婚活イベントなど、コロナ禍となる以前には、さまざまな切り口で数多くのイベントが企画されていました。大きな会場で大勢が集まるのではなく、比較的少人数で気軽に参加できることが参加の敷居を下げているようです。

こういったイベントを通じてケンケンさんとゆんたさんは知り合い、ゴールインしました。

その後、ゆんたさんは、センターのボランティア推進員として婚活を支援する立場で活躍もされています。そのお二人にお話を伺いました。

●お二人がイベントに参加したきっかけは?

ゆんたさん：ちょうど10年前の2011年の9月にセンターが実施した、出雲大社をめぐる「縁結びツアー」にお互いが参加して知り合いました。

実は、私はその10年前に離婚していました。当初はもう結婚はしなくていいと考えていたのですが、その後、先の人生に少し不安を感じるようになり、もう一度結婚を考えてもよいのではないかと思うようになったのです。ただ、なかなかいい出会いに恵まれず、そこで、金額も手頃で、いろいろな種類のイベントがあり、旅行にも行けるといった軽い気持ちでセンターに登録しました。その上でパートナーが見つかればと思ったのです。その後、センターが主催するいくつかのイベントにちょくちょく参加していました。

ケンケンさん：私はオートバイで旅をするのが好きで、よく1人で旅に出ていました。しかし、年齢が30を越えて周りの同世代が次第に結婚しだすと自分も結婚を意識するようになり、センターに登録しました。登録当初は、タブレット端末でのお相手探しをしていましたが、なかなかうまくいかず、その後参加した2回目のイベントで妻と知り合うことになりました。

●イベントでの出会いから成婚に至るまでの道のりは?

ケンケンさん：イベントは一泊二日のバスツアーで、参加者は男女それぞれ20人くらいの同数でした。男女が隣り合わせで着席し、休憩所で席替えをします。多くの参加者と話ができるような仕掛けで、妻ともそうした中で会話を交わしました。ツアー終了後、お互いの連絡先を交換し、お付き合いがはじまりました。

じっくり話をしてみると、妻が10歳年上でも価値観が合い、お互いに持っていないものを持っていると感じました。また、地元が一緒だったこともあり、その後、お互いの家を行き来するようになり、2013年3月に結婚しました。

●いま、センターを通じての婚活を振り返ってどのように思われますか?

ゆんたさん：登録した当時は、パソコンでのお相手の検索が大変でした。それくらい多くの方が登録されていたのだと思います。その後は、イベントを中心に参加するようになりましたが、それぞれに趣向が凝らされ、婚活でなくとも楽しい催しが多かったように感じます。

ケンケンさん：はじめての人同士でもボランティアさんが何かと橋渡ししてくれて、アフターフォローもしっかりしていて頼りになります。実は、私たちが出会ったツアーのボランティアさんとはいまだにお付き合いがあり、たまに食事にいくなどしているのです。

●現在、奥さんはそのボランティアとしても活躍されていますね。

ゆんたさん：私たちが出会ったツアーの担当ボランティアさんから誘われたのです。センターに登録後、楽しく婚活をし、そして結婚することができたので、その経験を活かしたいと思いました。自分の経験を参考にしてもらうことで、出会って結婚するまでの期間よりもその後の期間のほうが長いということを理解し、納得いく形でゴールしてもらいたいと思いながら活動しています。また、私は一度早い段階で離婚もしていますので、その経験も踏まえて何かを伝えることができればとも考えています。

お二人の話をお聞きすると、えひめ結婚支援センターでは、イベント企画において、まずはイベントを楽しんでもらうことを優先し、その中で趣味を同じくするいい相手が見つかればよし、見つからなくても、また違うイベントに参加し、楽しみながら相手を探すという出会いづくりのコンセプトがうかがえます。現在はコロナ禍もあって多くの対面イベントの実施は難しい状況ですが、オンラインを使ったイベントなどの企画が増えてきています。

ただし、単にイベントを実施すればよいという話ではなく、主催者側のイベントの企画力が試され続けるため、ノウハウの蓄積がない他の地域で横展開すれば成功するというものでもありません。

また、ボランティア推進員の存在は、センターの事業を推進するうえで非常に大きいといえます。基本的に交通費以外は無給ながら、272名（2021年7月27日現在）が活躍しています。このボランティアの方々のモチベーションを維持し、高い意識で結婚支援に取り組んでもらう目的で、同センターでは研修会やサポーター同士の交流を積極的に実施しています。こういったノウハウも同センターが他の自治体から注目されるポイントとなっているのです。

◎ポイント：離島・Iターン婚

地域の魅力体感イベントでIターン結婚を促進、「婚難」克服に挑戦

【カップル】

夫・勇気さん（35歳・僧侶）／妻・由紀さん（34歳・主婦）　愛媛県松山市島しょ部在住

企業や学校が集まり、人口が集中している都市部に比べ、人口減少が進む地方での婚活の難しさは、本人だけでなく地域全体の課題でもあります。特に、農村部や島しょ部は、進学や就業をきっかけに、若い世代がその地域を一旦離れるとなかなか戻ってこず、結果として、適齢期の男女そのものの絶対数が少ない状況に陥り、結婚を希望する残された人たちにとって、まさに「婚難地域」となります。

愛媛県の離島在住の勇気さんもそういった地域の一人でしたが、地域とえひめ結婚支援センターが共同で実施した婚活イベントを通じて、奥さんと巡り合うことができました。一方、奥様となった由紀さんは、当時住んでいた大阪からイベントに参加されたとのこと。どのような形で接点をつくり、ゴールインされたのか、奥様にお話を伺いました。

●お二人はいつから婚活をスタートさせましたか？　また、どのように動きましたか？

２０１９年の3月にセンターに登録しました。当時私は、大阪に住んでおり、Ｉターンで松山に暮らしている両親の紹介での登録でした。

私は、結婚はしたいと考えていたのですが、どのように動いたらよいかわからずにいました。どちらかというと腰が重いタイプで、婚活というほど積極的な行動ではなく、友人を通じて出会いを探していたような感じです。お付き合いのチャンスがあっても、相手に結婚願望がなかったりして、結果的に30歳をすぎても決め手となる相手がおらず、親が背中を押してくれた格好です。

主人は、松山市からフェリーで一時間弱、住人約３０００人の離島、中島《なかじま》在住で、結婚は30歳をすぎたころから考えだしたようですが、僧侶という仕事柄、島内にいることが多く、また、そもそも同世代の女性の多くは島外に出ていき、適齢期の女性が本当に少ない環境にありました。そこで結婚支援をしている島の知人に紹介され、センターに登録したのです。

●どのようなイベントに参加されたのかお聞かせください。

登録してまもなく「まつやま婚ツアー」に参加しました。その頃、私は大阪で一人暮らしでしたが、旅行しながらお相手も探せるのなら面白そうだと感じたのです。加えて、県外の参加者にはセンターから補助が出るため、ローコストで参加できるのも魅力でした。

このイベントは、中島《なかじま》の男性と島外の女性のマッチングを目的に、一泊二日の行程で実施されました。初日は、女性が船で島に渡り参加者どうしの挨拶の後、島の特産品のミカン狩りと地元の獲れたての魚を中心にした食事を楽しみました。翌日は、松山市内の観光で、センターのボランティアさんが盛り上げ役となり和気あいあいの雰囲気でした。そこに参加していたのが、地元島民の主人だったのです。

●イベントでの出会いから成婚に至るまでの道のりは？

最初に各人持ち時間2～3分で参加者全員と挨拶をします。その際、私が参加者プロフィールに書かれていたことを勝手に勘違いして、お坊さんは自分の働いているエリアから出られないと思ってしまい、「それでは監禁と同じ」などと言ったものだから主人に大ウケでした。その後、いろいろ話してみると大変誠実な方だとわかり、連絡先を交換して交際がスタートしました。

そもそも「婚活」イベントなので、基本的に参加者全員が結婚相手を探しに来ており、私たちもそうだったので、お付き合い開始2か月目には、お互いの結婚の意思確認をしました。当初は愛媛と大阪の遠距離恋愛でしたが、会うたびに結婚の話をし、お付き合い開始1年目のその日に入籍しました。

●ご両親はじめ周辺の反応はいかがでしたか？　また、島での暮らしはいかがですか？

そもそも両親の勧めで参加した婚活ツアーだったので、とても喜んでくれました。主人の家族も同様です。特に主人の兄は、『コレ逃したら極寒の氷河期やから頑張れよ！』と主人を応援していたようで、とても喜んでくれました。島の嫁探しはホントに大変ですからね。

もちろん、大都市に比べれば、島の暮らしは不便な部分もあります。ただ、ママ友には島外出身者も多く、人にも自然にも恵まれた環境の中で子育てができてよかったと感じています。

●いま、ご自身の婚活を振り返ってどのように思われますか？

私は初参加のイベントで主人と巡り合えたのですが、えひめ結婚支援センターのボランティアの方が、イベントで接点づくりに動いてくれたり、結婚についてのアドバイスや体験談を話してくださったりと、大変良くしていただきました。また、他の女性参加者とも情報交換ができたのもよかったと感じます。自分とあまり関係性のない地域でのイベント参加で、はじめは不安もありましたが、結果としてとてもよかったと思います。あのまま大阪で婚活していたら、どうなったかわかりません。踏み込んでみることは重要ですね。

主人は、都会に比べ地方はチャンスが少ないのだから、気に入った人が目の前に現れたらとにかくアプローチすることが何より大事だと言っています。ただし、当の主人から私へのアプローチはボランティアさん経由でしたが（笑）。

由紀さんのお話をお聞きすると、マッチングイベントにおいては、ただ場を設けるだけではなく、主催者側から一定程度の介入があることで、カップル発生率が高まると思われます。そして、そのノウハウは、同センターが長年にわたりボランティアとともに育て共有してきたものなのです。

また、イベント企画については、地域事情を考慮したイベントであることが求められるのではないでしょうか。今回のように地域に実際に赴き、その魅力を体感してもらうことで、移住への心理的ハードルを下げる取り組みは有効と感じます。そして、適齢期人口に男女差が生じている地域での結婚支援は、このようにさまざまな工夫を凝らして、そのエリア以外の異性との接点を創出する方策が重要であるといえます。

◎ポイント：企業後継者

企業後継者に絞った婚活イベントで地域経済をバックアップ

【カップル】
夫・太平さん（40歳・企業経営）／妻・ゆかりさん（36歳・公務員）愛媛県松山市在住

　企業信用調査を手掛ける東京商工リサーチが、２０２１年1月に公表した「休廃業・解散企業」動向調査によれば、２０２０年の国内企業の休廃業や解散は、前年比14.6％増の4万９６９８件で、２０００年に同社が調査を開始以降、最多を記録しました。日本の企業の99％以上が中小企業ですから、休廃業・解散した企業のほとんどが中小企業といえます。

　なぜ、中小企業の廃業が続くのでしょうか。その大きな原因の一つとして後継者問題がクローズアップされています。そして、後継者問題を引き起こす背景には、経営者またはその後継者となる子どもの「婚難」があるのです。後継者たる子ども（孫）が生まれないのではなく、そもそも次の後継者となる娘・息子が結婚できないことで未来の後継者が誕生せず、結果として事業継続が難しくなるという負のスパイラルがそこに発生しているのです。

愛媛の企業経営者、太平さんも同様に婚活に苦労していましたが、地元法人会と行政がタッグを組んだ婚活イベントで奥様と知り合い、今年ご成婚されました。きっかけとなったイベントはどのようなものであったか、奥様のゆかりさんに話を伺いました。

●ご結婚を考え出したのはいつ頃からですか？　また、どのように動きましたか？

私は3年ほど前からです。それまでは仕事が忙しく、婚活どころではありませんでした。はじめは、知人に誘われて民間のイベントに2回参加し、その後、えひめ結婚支援センターのイベントに3回参加したのですが、その3回目で主人と知り合いました。

主人は、5年ほど前から考えだしたようです。ただ、会社の経営を任されていることもあり、どうしても自分のことより会社優先となってしまい、なかなか婚活に時間を割くことができませんでした。たまに友人に女性を紹介してもらったり、イベントに参加したりといった感じでしたが、いいめぐり合いはなかったようです。

●知り合うきっかけとなったイベントはどのようなものでしたか？

２０２０年1月に地元法人会と愛媛県が共同して実施した、企業後継者の男性を対象とした婚活イベントです。合計30人くらいの男女が、ホテルの宴会場に一堂に会し、自己紹介の後、立食形式のフリータイムが何回か設けられていました。主人はあまり積極的に動くタイプではないのですが、ボランティアの方がそんな主人に気遣いして、私に引き合わせてくれたのが出会いとなりました。

●出会いから成婚に至るまでの道のりは？

その後、二人で会って話をしてみると、食の好みや思っていることが同じで、何より一緒にいて楽しいと感じました。それから交際が始まり、同棲を経て、交際から1年で入籍に至りました。

婚活イベントから結婚に至ったことに周囲から驚かれましたが、家族や同僚、友達もとても祝福してくれました。

●このような公的な機関連携の取り組みをどのように評価しますか?

まず、県や法人会主催のイベントなのでとても安心感がありました。私が参加したイベントは、その対象男性を「企業後継者」に絞ることで、参加する女性の方も、男性の職種や立場について理解がある人が集まり、ミスマッチが少なくていいとも思いました。

また、以前参加した民間の婚活イベントでは、参加者本人が積極的でないと、なかなか異性と話をすることができませんでした。フリートークの時間も、係員の方が「自由にお話しください」と案内はしてくれるのですが、その後は放置状態です。そのためむしろ同性同士の参加者が集まって会話する方が多かったくらいです。

一方、えひめ結婚支援センターでは、ボランティア支援員の方が、男性と女性の参加者同士で会話ができるよう後押ししてくれるのですが、それが的確でなおかつ自然なのです。フリータイムでも皆さんが異性の人と話をできているようでした。

そして、ボランティアさんが親身に参加者の相談に乗ってくれるなど、とても手厚く応援されていると感じました。

実は、主人は私と出会ったイベントには業務が多忙な時期だったこともあり、参加に乗り気ではなかったのです。法人会という組織からの声がけだったので重い腰を上げ参加したのですが、今振り返ると参加してよかったと話しています。こだわりを取り去り、視野を広げると出会いはあるのだと、つくづく感じたそうです。

地方経済の振興・活性化は、その地域ごとに事情が異なり、取り組むべき施策もおのずと異なってきます。一方で、事業をどのように承継するかという課題は、一見個々の企業の課題として捉えられがちですが、首都圏への人口集中や未婚化による後継者難が増加する社会背景の中においては、実は地域経済全体が取り組むべき課題なのです。

地方経済においては、深刻な人材不足や、企業間の業務の支え合いにより経済が成り立っているという側面があるだけに、後継者難解決というアプローチから未婚化解消に取り組み、地域経済の振興を進める考え方は、全国どこでも当てはまり得る考え方といえます。

ここで紹介した愛媛県の取り組みは、単に地元法人会と自治体が連携して実施したということだけでなく、その運営方法を含めたイベントの中身に相当の工夫が凝らされていることがポイントです。特に、外部業者に丸投げではなく、専門のボランティア支援員による未婚者の性格や考え方、行動の傾向を踏まえたハンズオンの人間味ある出会いの演出は、インタビューに答えていただいた皆さまも高く評価していました。

将来、同様の取り組みが全国に広がることで、後継者不足による企業の廃業や解散をある程度防ぐことが期待できるかもしれない、新しい地域経済活性化のアプローチといえるのではないでしょうか。

第5章

未婚化を阻止するために

認識すべき5つの「勘違い」

人生の「ハザードマップ」を知る

ここまで本書では、日本の少子化の根本的な原因である「未婚化」について、「未婚化要因調査」や各種データを引きながら、その背景や要因をさまざまな角度から考察してきました。「結婚したいのにそれが叶わない」人たちは大変多く、それにはそれぞれさまざまな理由が伴っていることでしょう。ただ、ここで認識する必要があるのは、希望がありながら、結婚しないままにずるずると歳を重ねてしまうということを、人生のリスクとして捉えることであり、それを回避するためには、自身のライフデザインにおける「ハザードマップ」を知ることが大切だということです。

一般にハザードマップとは、洪水や土砂災害、津波などの被害を過去のデータや地形などから予測し、その場所がどの程度の被害を受けるかを地図上に落とし込んだものです。このハザードマップを活用することで、災害時に身の安全を確保することができる一方で、これを知らないままだと、命を落とす危険に直面する可能性もあります。

このハザードマップと同じような視点で、人生設計すなわちライフデザインのリスクを認知しておくことが大切です。

「ライフデザインのハザードマップは、客観的な統計資料が示すさまざまな数字から浮かび上がってきます。自身が描いたライフデザインの実現の可能性が統計的にみて高いか、低いかをあらかじめ理解していれば、より実現可能性の高い道を選択することもできるのです。

特に、年齢については非常に客観的な統計情報が示されています。結婚年齢についていえば、結婚年齢のピークは男女とも20代後半、それをすぎると結婚の発生確率は急激に下がることがデータが示す事実です。そういった正しい情報を理解した上で、確率の高い20代から結婚に向けて活動するか、しないのかを選択することが、自分の望む人生を実現していく可能性を高めることになります」（天野氏）

もちろん、結婚年齢のピークにとらわれずに結婚や人生を考えたいという人もいるでしょう。それはその人の主体的な選択であり自由です。ただ、気をつけたいのは、30代で結婚をした知り合いが自身の周辺に多いことから、「結婚は30代が一般的で、20代で焦って婚活する必要はない」といった少ない情報からの誤認をもとに、ライフデザインを考えてしまうことが危険なのです。

「身の回りの『マイ統計』で判断するのは、〃木を見て森を見ず〃と同じ。正確ではない情報を鵜呑みにして、ライフデザインを考えるのはリスクでしかありません。あとになってから、〃こんなはずではなかった〃と後悔しても、自分の年齢を戻して婚活をし直すことはできないのです。自分はどんな人生を送りたいのか。結婚はしたいのか、どちらでもいいのか。正確な発生確率を示す年齢ハザードマップを片手に、20代から自分のライフデザインに真剣に向き合うことが幸せへの一歩です」(天野氏)

未婚化を助長する5つの「勘違い」

このように改めて「結婚」の障害を整理してみると、そこには未婚を助長する「固定観念」や「思い込み」「事実誤認」がみえてきます。「未婚化要因調査」を実施したエウレカの担当者も、「調査からは、未婚男女の意識にさまざまなミスマッチが起きていることがはっきりとわかりました。これらはある程度予測していたことですが、それがデータではっきり示されたことに大きな価値があると考えています。結婚したいという気持ちがあっても、意識のミスマッチが障害となり、結婚に向けて現実的に進んでいかないという課題があります」と語ります。

では、どのような意識のミスマッチが婚活当事者である未婚男女にあるのでしょうか。これまでの解説を改めて整理すると、そこには5つの「勘違い」が存在します。そこで、それぞれについて順番に説明します。

【勘違い①】

×【結婚はいつでもできる】→ ○【結婚には適齢期がある】

結婚年齢に対する勘違いは、未婚化を引き起こす最大の要因の一つです。結婚発生確率の高い「結婚適齢期」をもう一度確認していきましょう。

「未婚化要因調査」では「この年齢までに結婚したい・したいと思っていた年齢」は図5−1のようになっています。

調査対象の未婚の男性全体では平均34・98歳、同じく未婚の女性全体では33・54歳が「この歳までに結婚したい」と考えています。年齢の若い20代であっても未婚男性は32・44歳、未婚女性は29・99歳です。未婚の多くの人が概ね30代前半に結婚をしたいと考えているのがわかります。しかし、既婚男女は未婚男女に比べて「この年齢までに結婚したい」と思っていた年齢が若いことが明確に示されています。現実には既婚男女全体の4割超が20代後半までに結婚しています。結婚に対してのんびり構えている未婚者と、早くから意識して活動した結果結婚に至った既婚者との違いが明らかとなっています。

【図5-1】 この年齢までに結婚したい・したいと思っていた年齢

（年齢）	TOTAL	20代	30代	40代
未婚男性	34.98	32.44	34.86	38.71
既婚男性	30.81	28.34	30.49	31.74
未婚・既婚の差分	4.18	4.10	4.37	6.96
未婚女性	33.54	29.99	32.34	40.24
既婚女性	28.34	26.49	28.35	29.14
未婚・既婚の差分	5.20	3.50	3.99	11.11

出典：ニッセイ基礎研究所・エウレカ共同調査「日本の未婚化の要因に関する仮説検証調査（２０２０）」より編集部作成

先の121、124ページに示したように、国の全婚姻データが示す初婚同士男女の結婚年齢のピークは、男性は27歳、女性は26歳です。

女性は30歳をすぎると一気に結婚相手探しが厳しくなるといわれますが、それは男性も同じです。しかし、出産を考えて結婚適齢期を意識する女性と比べると、男性は結婚適齢期への自覚が低く「いくつになっても結婚できる」という思い込みからか、女性よりも結婚希望年齢が高い傾向があり、特に20代・30代において、未婚の男性はそれが顕著に表れています。

もう一つ、グラフをみてみましょう。図5−2は、2019年に成婚した初婚男性が、29歳までの女性と結婚した割合を結婚年齢別に示したものです。

27歳までは9割の初婚男性が20代までの女性と結婚していますが、28歳から29歳では8割となり、30歳になった途端にその割合は6割にまで大きく減少します。そして31歳以降はその割合は5割から年々下がり続け、33歳までが4割、36歳までが3割となっており、20代の女性と結婚したいと考える初婚男性にとっては、30歳が実現可能性の大きな節目年齢であるといえます。

【図5-2】 20代までの女性と結婚した男性の割合（2019年）

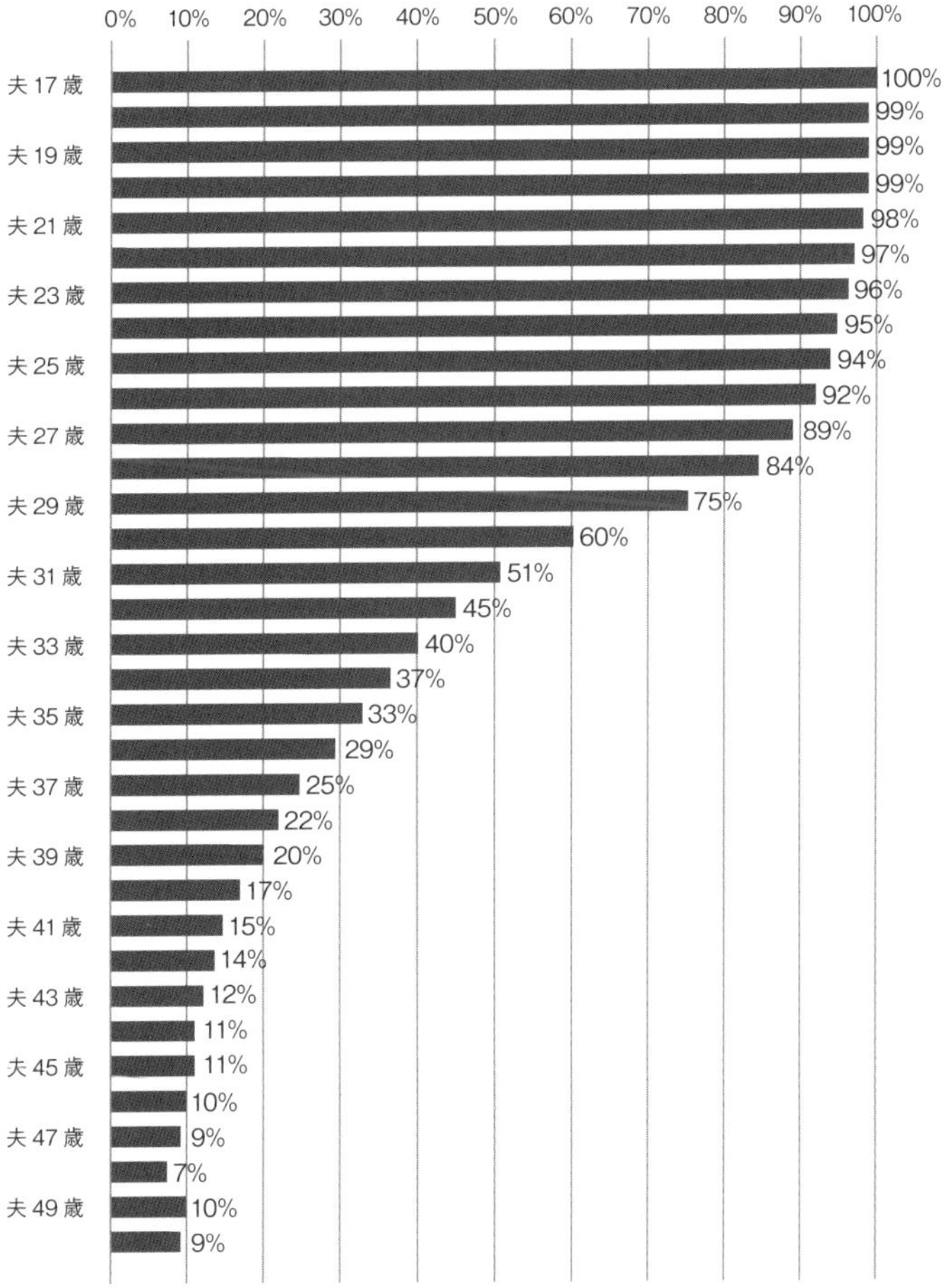

出典：厚生労働省「人口動態調査」より編集部作成

「歳の差がある夫婦は減少傾向で、トレンドは年齢差3歳以内の同世代夫婦です。20代の女性との結婚を希望するならば、男性も自身が20代のうちが勝負で、30歳になった途端に厳しい戦いを強いられることとなります。例えば結婚当時、48歳だったTOKIO・城島茂さんと24歳だった菊池梨沙さんのような、20代の女性と40代男性の初婚同士カップルは初婚同士の結婚の1％にも満たない極めてレアなケースなのです。

結婚相談所、自治体センター、アプリと、どの媒体もITを利用した検索によるお相手探しが一般化してきています。そうなると20代女性が〝25歳から29歳までの男性〟などと年齢条件で切って検索するケースが増えてきます。未婚の男性は年齢に関して、自分は選ぶ側であり選ばれる側ではないという思い込みが極めて強いという傾向を、結婚支援の現場の方への4年にわたるアドバイザー業務の中から感じます。しかし、女性も男性と同様、千人単位・万人単位のお相手から検索をかけて探すとなれば、若い女性ほどまずは年齢で切ります。25歳の女性であれば、リアルでも少なからず20代男性からお声がかかりますので、相手が若いことは当然という感覚で、〝29歳までの男性で、同じエリアに住んでいる方、真剣な出会いを求めている方〟といった検索となりやすいの

です。今後、ITマッチングの増加でますます、男性も30歳の壁を感じるようになるでしょう」（天野氏）

たまたま30代以降で結婚した周囲の例や、特殊な事例である「歳の差芸能人カップル」に感化されて自身に置き換えるのは、大きな勘違いです。希望する相手との結婚を手に入れるための一番の近道は、男女とも結婚発生確率の高い20代後半に照準を合わせて、1日でも早く積極的に活動することに尽きるのです。またその時期を逃した場合は、出会いのチャンスは減るものの、自分と近い年齢の方と結婚を考えることが現実的な方法となります。

【勘違い②】

×【異性はたくさんいるから、いつかはきっと出会いがある】↓

○【絶対数が減少しており、出会いの確率は低い】

「未婚化要因調査」では半数以上の未婚男女が、結婚につながる積極的な活動をしていま

【図5-3】 人口転出超過エリアにおける転出超過総数順位（2020 年）

転出超過総数順位	都道府県	総数	男性	女性	女性 / 男性（倍）	どちらが多く減ったか
1	愛知県	−7,296	−5,269	−2,027	0.38	男性
2	兵庫県	−6,865	−4,140	−2,725	0.66	男性
3	福島県	−6,681	−3,008	−3,673	1.22	女性
4	長崎県	−6,379	−2,988	−3,391	1.13	女性
5	**岐阜県**	−5,803	−2,452	−3,351	**1.37**	女性
6	新潟県	−5,771	−2,491	−3,280	1.32	女性
7	広島県	−5,270	−2,275	−2,995	1.32	女性
8	青森県	−4,606	−1,955	−2,651	1.36	女性
9	**静岡県**	−4,395	−1,546	−2,849	**1.84**	女性
10	三重県	−4,288	−1,925	−2,363	1.23	女性
11	**岩手県**	−3,951	−1,548	−2,403	**1.55**	女性
12	京都府	−3,947	−2,193	−1,754	0.80	男性
13	**山口県**	−3,419	−1,280	−2,139	**1.67**	女性
14	熊本県	−3,393	−1,485	−1,908	1.28	女性
15	**愛媛県**	−3,154	−1,137	−2,017	**1.77**	女性
16	**山形県**	−3,089	−1,242	−1,847	**1.49**	女性
17	和歌山県	−2,970	−1,308	−1,662	1.27	女性
18	**鹿児島県**	−2,953	−1,138	−1,815	**1.59**	女性
19	**秋田県**	−2,808	−1,102	−1,706	**1.55**	女性
20	**茨城県**	−2,744	−564	−2,180	**3.87**	女性
21	奈良県	−2,662	−1,541	−1,151	0.73	男性
22	**岡山県**	−2,430	−876	−1,554	**1.77**	女性
23	**徳島県**	−2,392	−900	−1,492	**1.66**	女性
24	**大分県**	−2,233	−622	−1,611	**2.59**	女性
25	宮崎県	−2,191	−1,008	−1,183	1.17	女性
26	**高知県**	−1,897	−676	−1,221	**1.81**	女性
27	**富山県**	−1,895	−596	−1,299	**2.18**	女性
28	**栃木県**	−1,862	−536	−1,326	**2.47**	女性
29	**長野県**	−1,823	−693	−1,130	**1.63**	女性
30	佐賀県	−1,715	−750	−965	1.29	女性
31	石川県	−1,636	−722	−914	1.27	女性
32	香川県	−1,545	−686	−859	1.25	女性
33	**福井県**	−1,470	−517	−953	**1.84**	女性
34	**山梨県**	−1,449	−595	−854	**1.44**	女性
35	北海道	−1,316	716	−2,032	−2.84	女性のみ転出超
36	**島根県**	−1,232	−373	−859	**2.30**	女性
37	鳥取県	−1,000	−488	−512	1.05	女性
38	群馬県	−323	485	−808	−1.67	女性のみ転出超
39	宮城県	−241	79	−320	−4.05	女性のみ転出超
全国計		**−121,094**	**−51,345**	**−69,779**	**1.36**	**女性**

出典：総務省「住民基本台帳」年報基本集計（2020 年は実数値）より編集部作成
※太字は「女性 / 男性」比率が全国平均を超えるエリア

せんでした（70ページ参照）。その消極的な姿勢には、「そんなに頑張って活動しなくても、いつかは自然に運命の相手と出会えるはずだ」という淡い期待が見え隠れしています。

誰でもいつかは結婚ができるもの。結婚なんて、ある程度の年齢になればできて当たり前――。これから婚活をしようとする方々の親の世代くらいまでは常識だったこのような感覚も、いまは通用しなくなっています。第３章でも紹介したように、半世紀で４割水準となった出生数の急激な減少で、男女それぞれが出会える相手の絶対数が少なくなっているのです。

このことに加えて、地方に住む男性にとっては、若い女性の就職を機とした大都市圏への人口移動が出会いの確率をさらに下げています。

図５－３は２０２０年の住民基本台帳からわかる「人口転出超過エリアにおける転出超過総数順位」です。35県は男性より女性が多く転出しています。

47都道府県のうち39の道府県で人口が転居により減少しており、その内訳は男性より女性の減少が圧倒的に多くなっています。理由としてあげられるのは、都市部に女性の望む雇用先があることによる、偏った労働市場の歪みです。地元では望むような就職先を見つけることができない、主に20代前半の地方の女性たちが、新卒の時期、仕事を求めて東京などの大都市圏に大挙して移動していきます。その結果、地方では結婚適齢期前の若い男性が余り、首都圏などの大都市部では適齢期前の女性が余るという、結婚適齢期前の男女人口のアンバランスが生じているのです。

「20代の男女人口比のアンバランスは、結婚相手となる異性に地元内では出会えない状況を生み出します。そのうえ、地方では過疎化によって広い地域に人が点在しているので、同じエリアに住んでいても人と人の物理的な距離ができてしまい、出会いにくさがさらに増しています」（天野氏）

つまり、出会える相手の絶対数が少なく、地方の男性あまり、都会の女性あまりの流れが起きています。このふたつの事象が重なることで「黙っていても自然に結婚相手と出会える」確率は大きく下がります。自然な出会いの数が少なくなっている以上、待っていても出会える確率は低く、いかに積極的に動いてチャンスを増やすかが鍵となるのです。

では、どれくらいの活動が必要なのでしょうか。実は「いい人」に出会うにはまずは行動を起こすことが大前提ではあるのですが、そうはいっても膨大な人数に会わないと見つからないという話でもないのです。

３６５とおりもある誕生日の、どれか1日が一致する2人が同じ場所にいる確率の問題です。特定の個人の話ではありません。そういったイベントに参加したらという意味です。

毎回、無作為で一定の人数を呼ぶイベントを開催した場合、誕生日が一致する人の参加が2回に1回発生するようにします。それには、そのイベントに毎回何人を集める必要があるでしょうか。

誕生日は３６５日もあるのだから……１００人？ ５００人？　中には１０００人と回答する方もいるかもしれません。

答えは、たった23人なのです。

「この確率は、23人のイベントに出かければ2回に1回、誕生日が同じ相手を見つけられるということを意味しているわけではありません。しかし、365通りもある誕生日のいずれかの日で同じ誕生日の人が一緒の場にいる確率を50％にするには、毎回わずか23人のイベントを開催すればOKだということなのです。イベントを開催する側の方からみればかなり勇気の出る情報でしょう。

ただし、結婚を希望するが1／365しかいないような相手を求めるというのは、さすがに自分が求めすぎていることを理解しなくてはいけません。身長が20代異性の平均より高く、大卒で（約50％）という条件だけでも、20代の4人に1人です。条件が1つ増えるごとに条件を満たす人がいる割合が一気に減ることは学んでほしいところです。

参考までに、単に自分と誕生日が同じ人（1／365）と出会うために23人のイベントに出かけるとするならば、12回出向く必要があります。多いなと思うかもしれませんが、オンラインイベントも増えてきていますので、毎週末1回、23人のイベントに参加すれば3か月で達成できます。これが示唆することは、それほど必死に出会いの数を稼がなくても、オンラインなどを活用して出会いを求めて外部に対し短期決戦※1で外部に対してアクションを起こしていれば、相手に出会える確率は格段に大きくなるということです。
何もせず家の中で出会いが降ってくるのを待っているだけでは、確率は『0』のままです。オンラインなども活用して何らかの活動さえしてれば、出会いをつくることは想像よりずっと簡単ということになります」（天野氏）

【勘違い③】

×【結婚するためには経済力が重要】↓

〇【結婚には経済力よりも年齢が優先される】

女性にとって男性の経済力はそれほど優先度の高い結婚条件でないのにもかかわらず、男性には「結婚には経済力が必要」という思い込みがあることが「未婚化要因調査」からも明らかとなりました（97ページ参照）。この勘違いは、男性

※1　短期決戦が重要であるのは自分も選ばれる対象であるからです。年齢上昇が男女ともに不利であることはすでに解説したとおりです。

【図5-4】 年齢ゾーン×最終学歴　男性の平均年収（年間給与＋賞与／万円）

	～19歳	20歳～24歳	25歳～29歳	30歳～34歳
高校	182.4	204.3	233.1	258.7
専門学校	-	213.4	241.2	274.2
高専・短大	-	213.7	249.1	281.6
大学	-	229.1	266.2	313.9
大学院		252.3	282.0	337.8

	35歳～39歳	40歳～44歳	45歳～49歳
高校	285.2	311.4	333.3
専門学校	299.8	319.8	351.4
高専・短大	325.7	359.8	390.9
大学	365.2	416.4	461.5
大学院	435.9	498.9	560.3

出典：厚生労働省「令和2年度 賃金構造基本統計調査」より編集部作成

が結婚に消極的な姿勢の一因となっていますし、いまだに結婚の壁といえば収入の話ばかりする男性も少なくありません。もしかすると、その男性が結婚ピークから離れた年齢であること、容姿が衛生的でないこと、コミュニケーションがうまく続かない人であることの方が、女性からすると大きな問題であると感じているのかもしれません。収入だけをもって結婚できない決め手のように片付けてしまってよいのでしょうか。

では一体、結婚できた人の経済力とは、実際にはどれくらいなのでしょうか。まず図5－4は、男性の平均年収を年齢と最終学歴別に表にしたものです。

男性の25～29歳の平均年収は、大卒の方で266万円、専門学校卒の方で241万円です。20代未婚女性の6割近くが「結婚相手に最低年収400万円以上を求めている」（明治安田総合研究所「20～40代の恋愛と結婚―第9回結婚・出産に関する調査より―」2016年）というデータがありますが、現実には、それよりかなり低い年収あたりの年齢で、初婚男性の半分以上が結婚しているということになります。平均年収が400万円を大卒男性で超えてくるのは40歳以降ですが、39歳では初婚同士で結婚した男性の9割の成婚届が提出済みとなります。

「概ね年齢を重ねるほど年収は高くなりますが、逆に結婚の発生件数は27歳をピークに年々大きく下がります。収入が低い20代までの男性の結婚が5割以上と、統計的に過半数を占めています。この事実から、〝お金がないから結婚できない〟ことにばかり目を向けず、年齢が若いことのメリットの大きさにむしろ目を向けねばならないと思います。えひめ結婚支援センターの成婚カップルの分析を通しても、収入が最も有効な条件で男性が選ばれるという結果は出ていません。同様の分析において、成婚女性の男性を選ぶ条件は、女性によって他の条件とは互いに影響せずに多様に分かれているということが示されています※2。

初婚同士の結婚においては20代までの男性の結婚が5割を超えるという発生状況の分布からみて、経済力を上げようとすることよりも年齢が上がることへのリスクをしっかり認識してほしいところです。〟32

※2　身長を重視するグループ、仕事を重視するグループ、見た目を重視するグループなど、成婚結果からは、多様な視点で女性が男性を選んでいる（こだわりポイントが人によって違い、一極集中しない）ことがわかります。ちなみに何かの条件が他の条件より特に有利という結果ではありません。

歳までに７割、35歳までに８割の初婚同士結婚の男性の婚姻届が提出される〟という事実に目をそらす材料に、年収があまり高くないことを言い訳にしていないでしょうか」（天野氏）

【勘違い④】

×【中高年男性でも初婚で容易に結婚できる】↓
○【中高年男性の結婚は再婚者のひとり勝ち】

「出産というタイムリミットがある女性は結婚の適齢期があるけれど、男は年齢なんか関係ない」という男性の勘違いについて、本書で繰り返し指摘してきました。「未婚化要因調査」でも、40代男性はほかの年代に比べて婚活に対する不満が27・8％と高く、苦戦しています。

「いやいや、自分の周りでは40代、50代で結婚している男性が結構いるけれど……」

そう思う人も、少なくないかもしれません。しかし、そこには「初婚か、再婚か」という

【図5-5】 初婚・再婚別男性の結婚年齢ゾーンランキング（2019年）

		初婚	割合			再婚	割合
1	25～29歳	139,243	38%	1	35～39歳	16,341	19%
2	30～34歳	93,060	25%	2	40～44歳	15,039	17%
3	35～39歳	47,930	13%	3	45～49歳	12,569	15%
4	20～24歳	47,627	13%	4	30～34歳	12,416	14%
5	40～44歳	23,129	6%	5	50～54歳	8,376	10%
6	45～49歳	10,413	3%	6	25～29歳	5,596	7%
7	19歳以下	3,458	1%	7	55～59歳	5,515	6%
8	50～54歳	3,446	1%	8	60～64歳	3,595	4%
9	55～59歳	1,447	0%	9	65～69歳	2,357	3%
10	60～64歳	653	0%	10	70～74歳	1,528	2%
11	65～69歳	372	0%	11	20～24歳	1,318	2%
12	70～74歳	133	0%	12	75～79歳	760	1%
13	75～79歳	40	0%	13	80歳以上	562	1%
14	80歳以上	18	0%	14	19歳以下	16	0%
	初婚合計	370,969	100%		再婚合計	85,988	100%

【図5-6】 年齢ゾーン別再婚割合（男性、%）

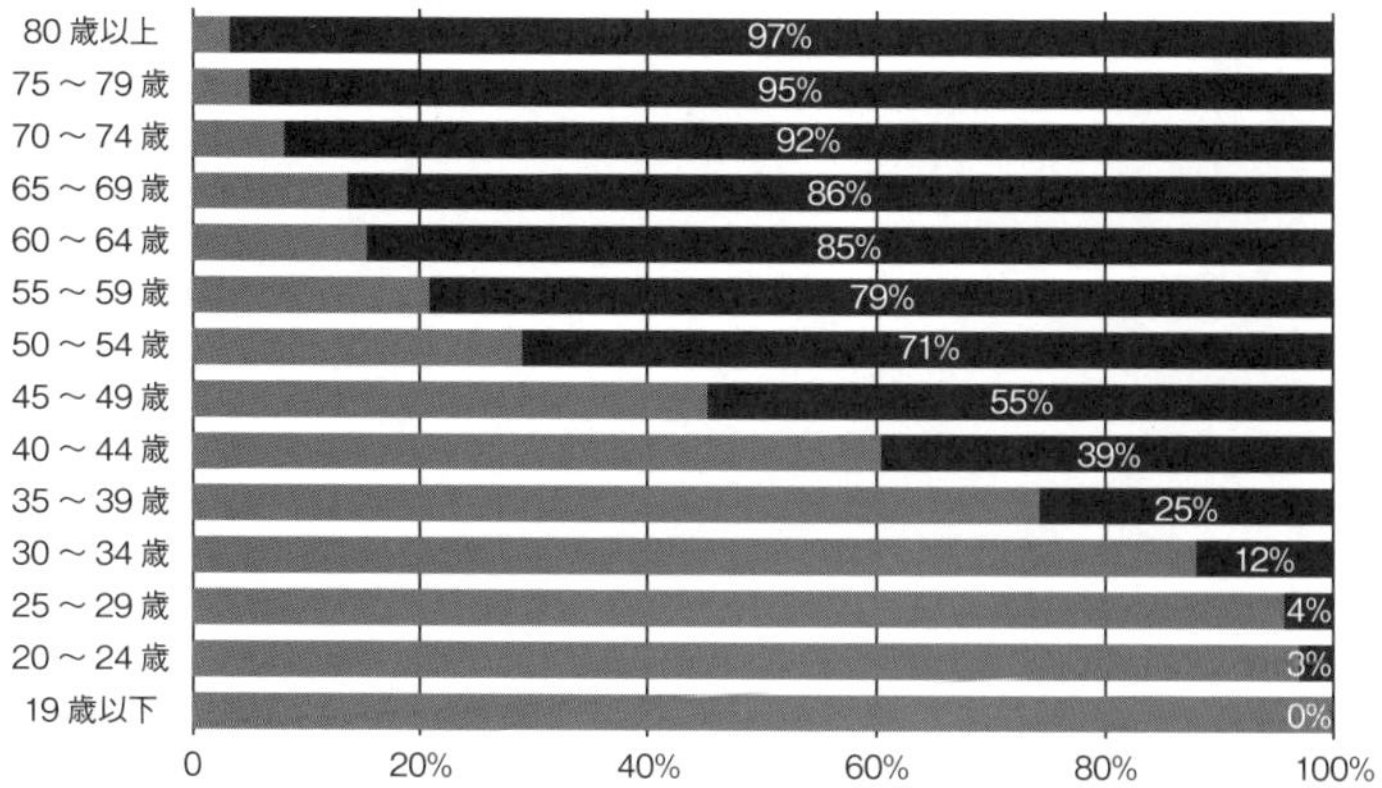

出典：厚生労働省「人口動態調査」より編集部作成（5-5、5-6とも）

条件が大きく関わっています。

２０２０年の人口動態調査によれば、２０１９年に婚姻届を出したカップルの男性のうち、再婚男性は約20％で、結婚する男性の５人に１人は再婚者です。ちなみに２０１９年の男性の結婚平均年齢は33.6歳。初婚男性の結婚平均年齢は31.2歳なので、再婚男性が２歳ほど結婚平均年齢を押し上げていることがわかります。ここで初婚者と再婚者の結婚年齢ランキングを見比べてみましょう。

図５－５の初婚・再婚別男性の結婚年齢ゾーンランキング（２０１９年）を見ると、初婚者は20代後半で結婚している人が全体の38％と約４割、30代後半は13％と３分の１にぐっと減り、40代前半では６％、40代後半にいたっては３％の割合に減少します。

一方で、再婚男性の結婚年齢は30代後半の19％を筆頭に、30代、40代男性の割合が高くなっています。そこで、再婚男性の占める割合を年齢ゾーン別に計算すると、40代前半は39％ですが、40代後半では55％、そして50代以降では70％超となり、中高年で結婚する男性はほぼ再婚者であることがわかります（図５－６）。

「男女ともに年齢が上がるほど、再婚者の割合が増えていきます。とりわけ、女性よりも未婚率の高い男性にとっては、35歳以降は再婚者という伏兵があらわれて20代、30代の初婚女性との『歳の差婚』を果たしてしまうというリスクの認識が必要です※3。

再婚者は、一度離婚を経験しているだけに、相手に対して謙虚な方が多いのです。中高年の未婚男性が検索条件で絞りがちな〝子どもがほしい〟ゆえに〝年齢が若い女性がいい〟といった条件で最初から出会う数を大きく絞るケースが少なくなります。婚歴を負い目に感じているということもあるのでしょうが、とりあえず多くの女性に会ってみようという気持ちが強いのです。こういった寛容で謙虚な姿勢が、特に未婚の結婚に不安を持つ若い女性から好まれます。逆説的ですが、〝歳が離れた若い人がいい〟と主張しないからこそ、〝歳が離れた若い妻〟を獲得しているのが再婚男性なのです」

（天野氏）

※3　特に男性において歳の差婚に再婚者が強みをもっています。2015年の「人口動態調査 人口動態職業・産業別統計 保管表」をみると、平均年齢差で初婚同士1.7歳、再婚男性と初婚女性6.6歳、初婚男性と再婚女性0.0歳、夫婦とも再婚3.8歳となっており、再婚男性は相手が初婚・再婚問わず、初婚男性よりも歳の差婚を果たしていることがわかります。

象徴的なケースとして、ある再婚男性のエピソードをご紹介します。

36歳で離婚歴のある男性が、自治体の提供する結婚支援サービスを利用したときに提示した条件はたった一つだけ、「離婚歴のある自分でもＯＫと言ってくれる女性」というものでした。30代半ば以上の未婚男性の多くが、年齢、容姿をはじめとするさまざまな条件をあげる中、「自分を受け入れてくれることが唯一の条件」という謙虚な姿勢が好感を呼び、ほどなく30歳の初婚女性とカップルが成立し、無事に再婚を果たしています。

未婚者はあれこれ自分の理想や条件を相手におしつけがちですが、その点、再婚男性は概ね相手に対して寛容で、自分にも相手に選ばれるための努力が必要なことをよく理解しています。そのような再婚者の姿勢が、思いやりある寛容な結婚相手として魅力的に映っていることが予想されます。年齢を重ねた40代、50代の中高年の結婚は、統計的にみると初婚者には厳しく、再婚者に断然有利といえるでしょう。

【勘違い⑤】

×【器量も気立てもよいから、いつかは白馬の王子様があらわれるはず】

↓ ◯【若いときの恋人のような男性はすでに既婚者。いくら王子様を待ってもやって来ない】

美人で性格もよく、おしゃれで誰から見ても魅力的。そんな女性が独身のまま年齢を重ねていることに、周囲からも「なぜ、この人が結婚していないの?」と疑問の声が聞こえてきたりします。

「未婚化要因調査」によると、未婚女性の結婚の障害となっているのは「結婚したいと思える相手にまだ出会えていない」(複数回答)がどの年代でもトップ。20代、30代はほぼ7割、40代でも6割を占めています。未婚男性が考える結婚の障害もトップが「結婚したいと思える相手にまだ出会えていない」というのは同様ですが、どの年代も4割前後に留まり、女性のほうが「理想の相手に出会いたいのに、そのような相手がいない」という割合が極めて高いことがわかります。

この「理想の相手」へのこだわりから、女性は「白馬の王子様」を待ち続け、気がつくと

【図5-7】　初婚女性結婚年代別割合（2019年）

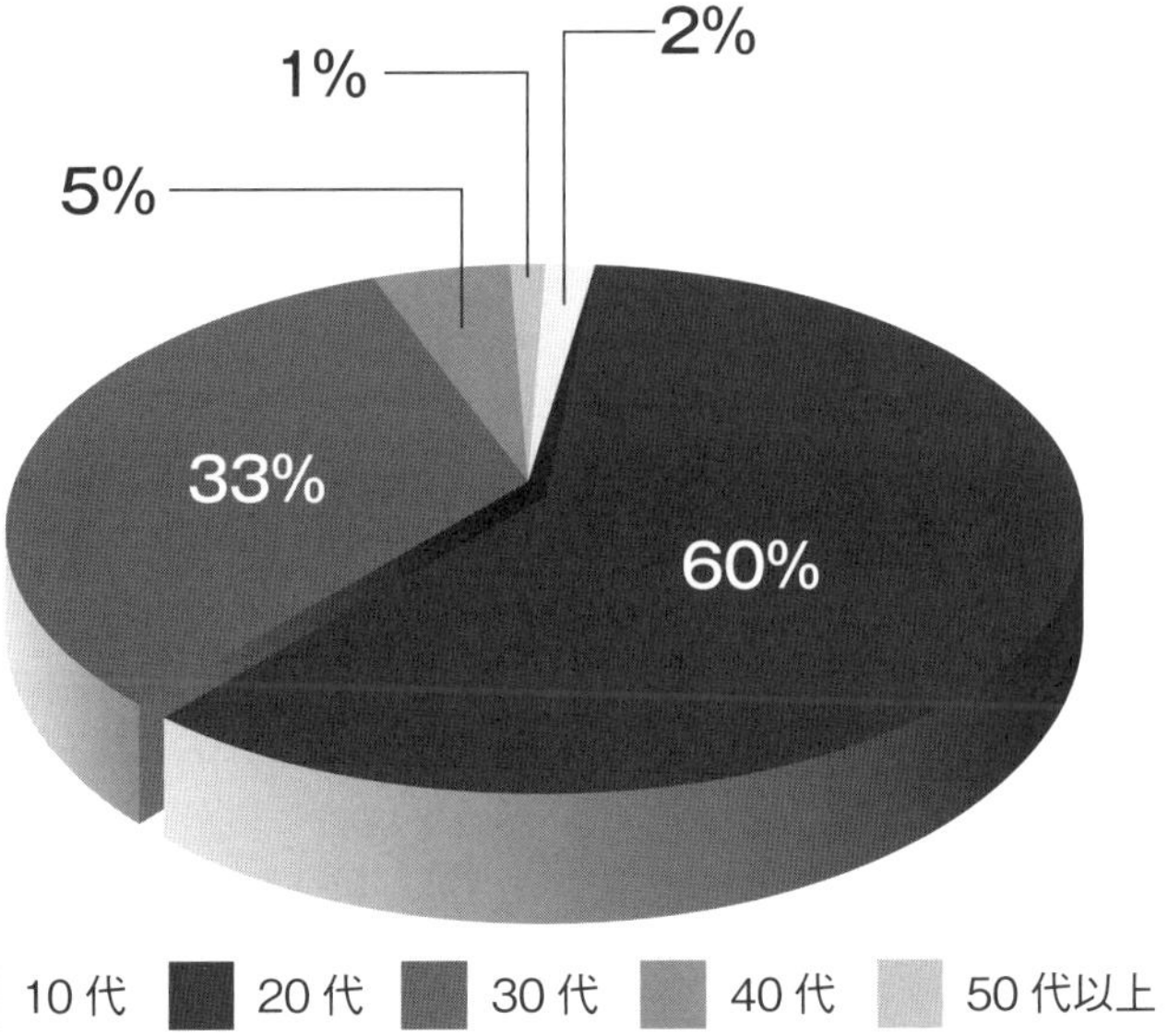

出典：厚生労働省「人口動態統計」より編集部作成

結婚適齢期を逃しているという可能性があります。図5－7から、女性の初婚年齢（夫も初婚）の年代別割合を確認してみましょう。

初めて結婚した女性のうち、20代までに結婚した人は全体の6割以上。30代は3割で、40代以降で初めて結婚する女性は5％程度です。「女性の社会進出もあり、いまや30代で結婚する人が多数を占める」という女性の晩婚化イメージとはかけ離れている、ということが明らかです。

では、なぜ容姿も性格も人並み以上の「結婚相手が見つかって当然」と周囲から思われる女性が未婚のままなのでしょう。近頃、結婚相談所を訪れる女性も、スタイルも良く高学歴など、結婚相手としては好条件と思われる人が少なからずいるようです。

「そういう女性は、若いときの素敵な恋愛経験を忘れられないことが弊害となって、結婚に踏み切れないケースが目立ちます。昔の恋人のような相手を追い求めても、そのような好条件の男性は、彼が結婚適齢期のうちに同じく結婚適齢期にある誰かと結婚してしまい、結婚相手の対象外となってしまっているという状況が、30歳以降では多発するのです。

『メルカリのお買い物ルール』をご存じでしょうか。みんなが欲しいもの、いいと思うものほど、売り手が市場に出した瞬間に“SOLD”になってしまう。これと同様のことが婚活市場においてもいえます。本当に欲しいものがあるのならば、それが出品されているかどうかを毎日念入りにチェックして、見かけたらすぐに購入ボタンを押す人の勝ちなのです。１週間に１度しか見ない人、一か月に一度しか見ない人、毎日念入りに見る人、誰が手に入れられる確率が高まるかは一目瞭然です。

残念ながら年齢を重ねていることは、ほとんどの方にとって結婚条件としてプラスには働きにくいのです。年齢上昇による競争の不利を補うような有利な条件が新たに必要になるのです。それがない限り、年齢上昇によってカップル成立のハードルはますます高くなるだけです」（天野氏）

いつかは白馬の王子様が迎えに来てくれるであろうことを夢見続けていても、待っているだけでは年齢上昇というマイナス面を増幅させ続け、結果として申し込まれる機会がどんどん減っていくだけです。過去のすばらしい恋愛体験にとらわれ、20代と同じ行動パターンをとるより、今までの経験を踏まえてより広い視野をもって積極的に相手探しをするほうが、今まで以上に結婚の機会を引き寄せることができるのではないでしょうか。また、婚活のための自分磨きは大切ですが、それをカップリングにつなげるには「相手から見て磨かれていると思えるのか」という視点が大切です。年齢上昇がもたらす不利を補うような「相手からみて磨かれたと思われる自分磨き」とは一体何か、相手の目線に立った大人の女性ならではの考え方と行動が、男女ともにご縁を引き寄せていくでしょう。

「普通」という条件のハードル

そしてもう一つ、結婚を希望する男女には見えづらいと思われる障害が存在しています。「自分は白馬の王子様など求めていない。ごく普通の、平均的な人であれば十分です」と、相手への条件を語る女性が多くいます。しかし、その「普通」こそが実は、ハードルの高い条件なのです。

ある集団を何かを基準に順番に並べたとき、ちょうど真ん中にくる値を統計で「中央値」といいます。数値を合計して件数で割った平均とは異なります。例えばクラスに20人の子どもがいて、速く走れるタイム順に並んだときに、速い方からでも遅い方からでも同じ順番、つまり10番目、11番目にくる子が中央値の子です。この中央値は、その集団における「普通」

という定義に近いものです。中央値である「普通」は一つの条件のみであれば１／２の人が当てはまるのですが、条件が複数となると極めて少ない割合に減少します。

例えば、《普通の身長》×《普通の年収》×《普通の見た目》の相手、という３つの普通の条件をイメージして「普通の人がいい」と思っているとします。「普通の人がいい」ということは、そのカテゴリーの中央値以下の半分は切り捨てることになるので、

１／２×１／２×１／２＝１／８

つまり普通の身長で、普通の年収で、なおかつ普通の見た目の人は、身長と年収と見た目が連動する要素がない限り、母集団の８人に１人しか対象者がいない計算となります。

この３条件を恋人の最低条件だとすれば、５人×５人の合コンでは相手が見つからない可能性が高く、相手が８人以上の合コンに出かけるか、出かける回数を増やして出会う相手の人数を多くするしかありません。いかに「普通」な相手との出会いが難しいのか、おわかりいただけると思います。

「『相手への条件が多い＝出会う確率が減る』というのが法則です。それならば条件

を下げる、もしくは、どうしても外せない条件を一つだけ残して、ほかは外してしまうほうが、出会いを確実に増やすことができます」（天野氏）

条件なんて簡単に外せないと思うかもしれません。しかし、服装のセンスの悪さなどは、アドバイスを相手が受け入れる人であれば、センス良く変えられるので除外してよい条件です。身長が170cm以上ないとイヤ、目が青くないと無理というような、努力では変えられない条件はしかたないとして、清潔感、センス、趣味などは、相手との関係性構築の努力次第で、あとからどうとでもなるケースが少なくありません。そう考えると、相手に求める条件をあとで柔軟にコントロールできそうなことに関しては除外するという考え方もできるのです。

「最初から理想とおりの相手を探すのではなく、自分の理想に相手を近づけることを考える。レディメイド（ready-made）ではなく、オーダーメイド（order-made）で、自分にとっての王子様をつくればいいのです。そう頭を切り替えるだけで、よい出会いがないという不満も変わっていくはずです」（天野氏）

白馬の王子様にこだわるよりも、いいなと思える村人を見つけて王子様に変えていくという発想もアリなのです。そう切り替えたなら、あとは出会いのチャンスを広げることです。そこから幸せなストーリーを描くことも十分できるはずです。

自立を阻む過保護すぎる「親」

「長期子どもポジションキープ」の現実

日本における未婚化を引き起こしている要因は、婚活当事者自身が持つさまざまな「勘違い」だけではありません。結婚をしようとする本人の「親」という存在も、大きな影響を与えています。

図5-8にあるように、日本では18歳～34歳の男女が「親と同居している割合」は、49・4%と約半数に及びます。

一方、ヨーロッパでは18歳～34歳の親との同居の割合は、オランダ、イギリス、フランスが35%前後、北欧のフィンランド、スウェーデン、ノルウェーは20～25%となっており、ヨーロッパ諸国に比べ、日本では子どもが成人後も親と同居している割合が極めて高いことがよくわかります（図5-9）。

このことは、もともと狩猟民族であるヨーロッパにおいては個を重んじ、古くから早い段階で子どもを自立させることが重要だったことが影響していると考えられています。ここでは詳細は省きますが、都市開発やコミュニケーションなどのあらゆる文化的側面で、狩猟民族ルーツか農耕民族ルーツかで、大きな違いが生じることを多くの専門家が指摘しています※4。

欧米先進国では、現代でも高校を卒業後は親元から自立して生活するのが一般的かつ理想の教育目標とされています※5。一方で、第二次世界大戦前までそのほとんどが農耕主体の生活を送っていた日本では、一人前になった子どもが働き手として家に残ることにメリットがあったという背景があります。農業

※4　木村尚三郎「『耕す文化』の時代」（ダイヤモンド社、1988）など

※5　岩竹美加子『フィンランドの教育はなぜ世界一なのか』（新潮新書、2019年）

【図5-8】　18～34歳男女「親と同居している割合」
（日本）

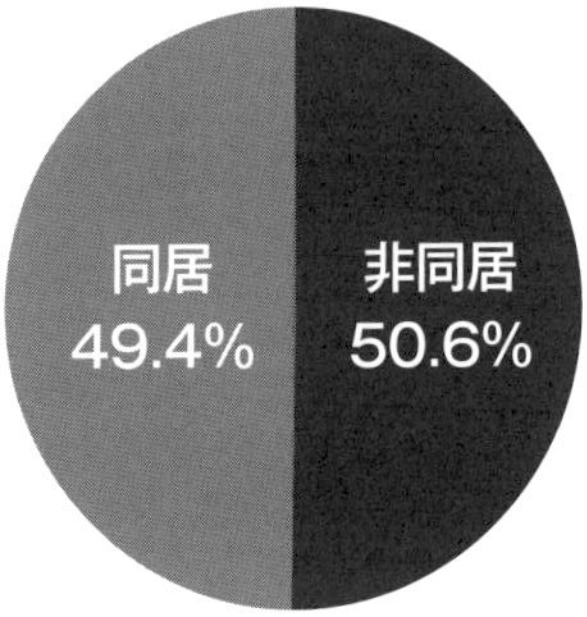

出典：総務省「国勢調査」（平成27年）より編集部作成　データ：未婚者親との同別居

【図5-9】　18～34歳男女「親と同居している割合」
（ヨーロッパ）

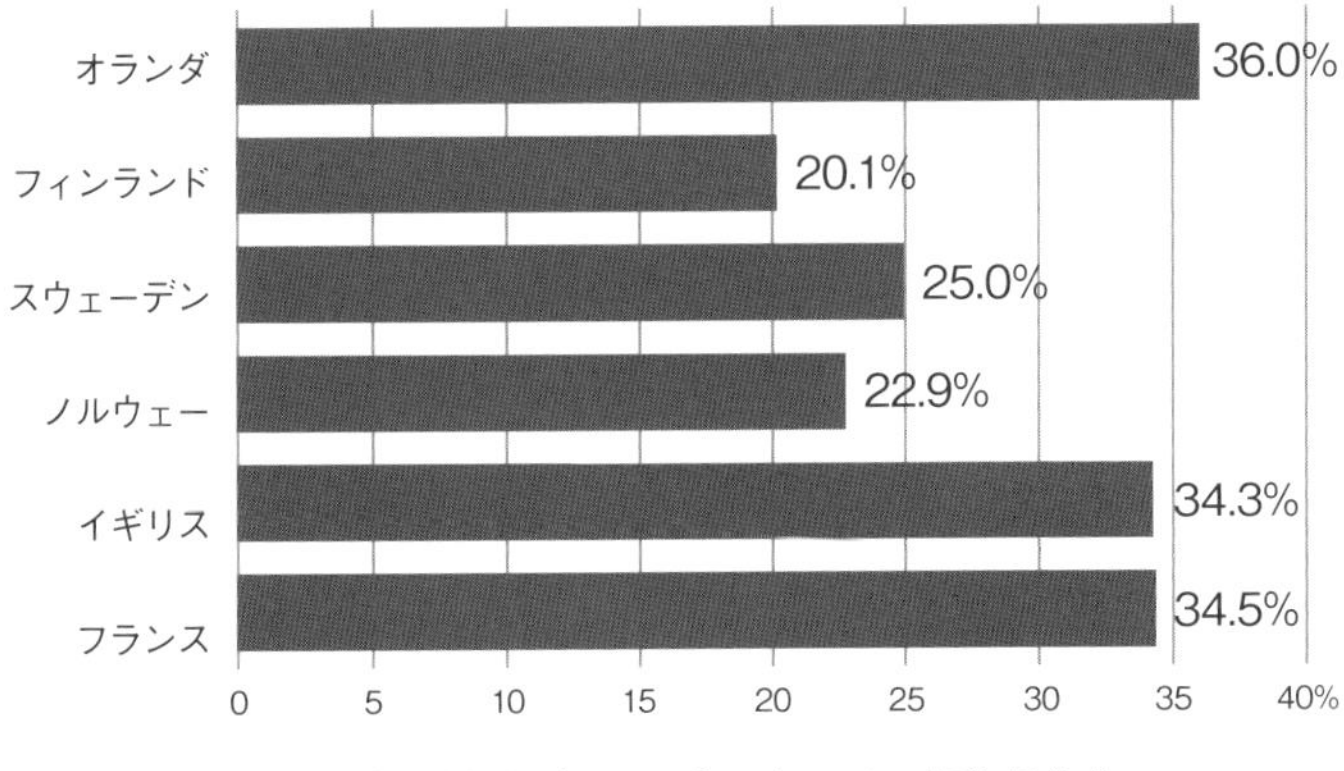

出典：EUROSTAT（EU統計局）オープンデータより編集部作成

人口が大きく減少した現在は働き手として親元に同居する必然性はほぼなくなっていますが、長年の慣習から、子どもが成人しても親と同居することが自然な選択肢として受け入れられているようです。

では、親と同居する子どもは年代や男女別で、どれくらいの割合なのでしょう。図5－10、図5－11は独身男性、独身女性がどのような世帯で暮らしているのかを年代別に示したものです。

20～30代の独身者は男女とも両親と同居がトップです。40代になってからも、男女いずれもが3割以上両親と同居しているという数字が目を引きます。三世代同居や片親との同居などを合わせると20代から40代で6割、50代でも5割という高さです。

子どもが親から自立することなく同居を続けるメリットは、経済的な負担が少ないことに加えて、家事なども担わずにすむことがあげられます。時間もお金もその大半を自分の好きなように使うことができ、食事や掃除、洗濯など身の回りのことは母親がやってくれるケースがほとんどでしょう。快適で気楽な親との同居暮らしは、自分が使えるお金や時間が制限されるかもしれない、家事や育児などの負担が生じるかもしれない「結婚」を積極的に選択しにくくしていることは否めません。天野氏はこのように成人しても独身のまま親と同居を

【図5-10】 年齢ゾーン別 独身男性の世帯の居場所

	20代		30代	
1位	両親と同居	38.5%	両親と同居	30.8%
2位	一人暮らし	29.3%	一人暮らし	31.9%
3位	三世代同居	13.6%	母親と同居	11.4%
参考	**親・親族との同居**	**65.9%**	**親・親族との同居**	**63.6%**

	40代		50代	
1位	一人暮らし	34.7%	一人暮らし	43.9%
2位	両親と同居	32.2%	母親と同居	24.8%
3位	母親と同居	18.8%	両親と同居	14.1%
参考	**親・親族との同居**	**61.0%**	**親・親族との同居**	**49.9%**

【図5-11】 年齢ゾーン別 独身女性の世帯の居場所

	20代		30代	
1位	両親と同居	43.1%	両親と同居	39.6%
2位	一人暮らし	23.2%	一人暮らし	27.8%
3位	三世代同居	14.3%	母親と同居	13.5%
参考	**親・親族との同居**	**72.7%**	**親・親族との同居**	**68.1%**

	40代		50代	
1位	両親と同居	31.9%	一人暮らし	37.8%
2位	一人暮らし	30.4%	母親と同居	26.9%
3位	母親と同居	21.4%	両親と同居	14.3%
参考	**親・親族との同居**	**65.0%**	**親・親族との同居**	**55.3%**

出典:総務省統計局「平成27年国勢調査」より編集部作成（5-10、5-11とも）

続けることを「長期子どもポジションキープ」と呼んでいます。

男性の未婚には母親の影響も

「長期子どもポジションキープ」を長年続けた結果、国内に特に急増しているのが、未婚のまま50代を迎える男性たちです。図5-12のように、50歳男性の4人に1人が未婚のままでいるというのが統計的な現実です。50歳女性は7人に1人が未婚なので、中高年男性の未婚率の高さが際立っていることがわかります。

これまで説明してきたように、男性は20代では「結婚はまだ早い」と考えてのんびりすごし、30代前半ではすでに同世代女性が7割結婚していることで相手が見つかりにくい現実に陥ります。そのまま中高年となり真剣に婚活を始めても、子どもを授かる可能性の高い、年の離れた若い女性を結婚相手に希望するパターンが多く、なかなか結婚が現実化しないことは、「未婚化要因調査」からも明らかです。

統計的な結婚発生確率を全く無視した動き方をすることで、中高年になっても4人に1人

【図5−12】　日本における男女別生涯未婚（50歳時点　婚歴なし）率の推移

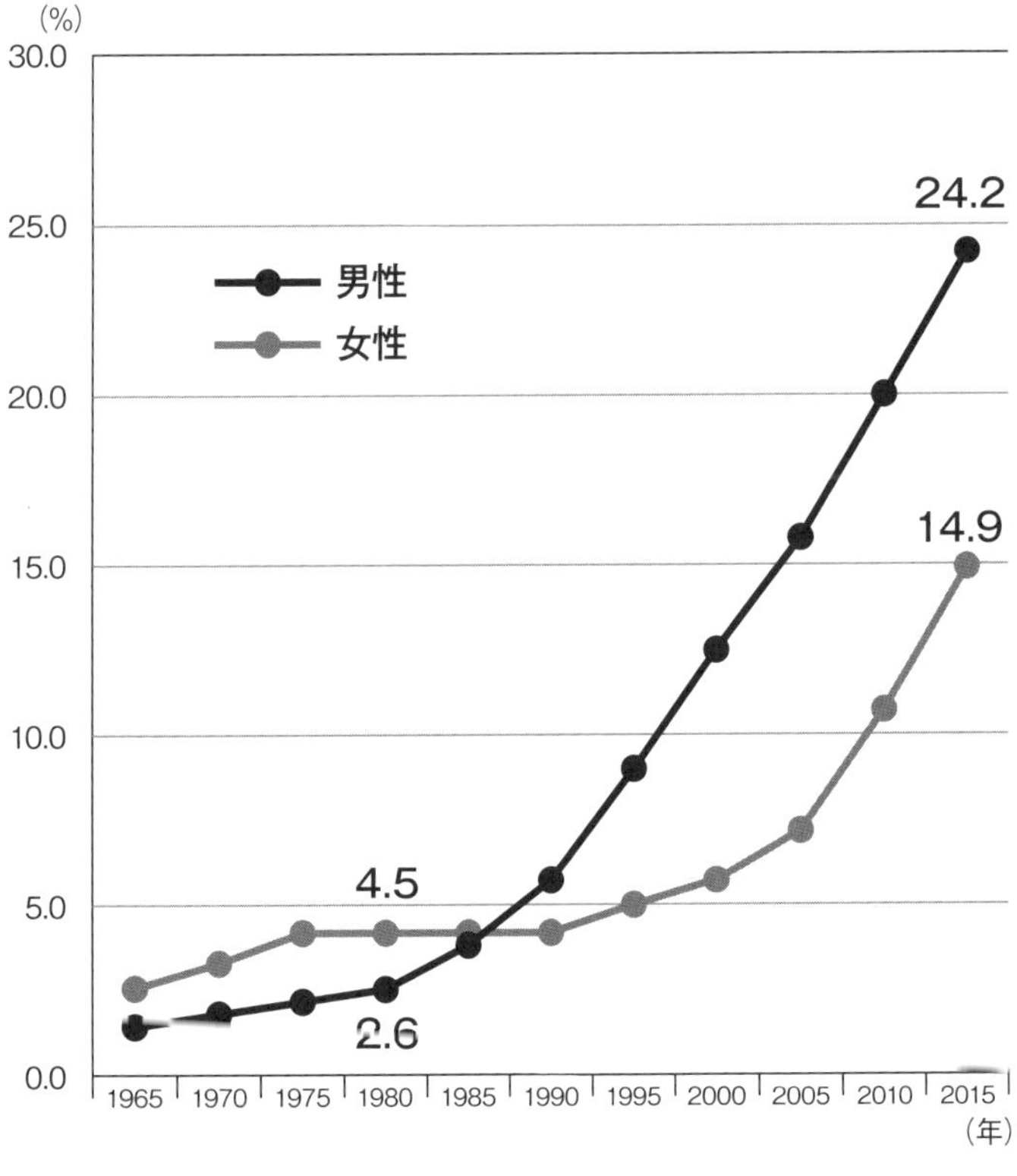

男性の未婚率は急上昇を続けており「日本の50歳男性の約４人に１人は一度も結婚経験がない」という状況。どうして男女で差がついてしまったのか？

出典：国立社会保障・人口問題研究所「人口統計資料集」より編集部作成

【図5-13】 親の「子どもに結婚してほしい時期」

	娘	息子
母親	20代後半までに 44.9%	30代前半までに 36.7%
父親	20代後半までに 47.0%	20代後半までに 36.5%

出典：明治安田総合研究所（2016）「親子の関係についての意識と実態」より編集部作成

※注1
調査対象：親調査…全国の35～59歳の男女（中学生～29歳の子を持つ親）
子調査…全国の15～29歳の未婚男女(高校生・専門学校生・大学生等・社会人)

「子ども」と称するのは、とくに注記等を記載しない場合は「子調査」対象の15～29歳の未婚男女。また、「大学生等」とは大学生のほか、短大生および大学院生。

調査方法：WEBアンケート調査
調査時期：2016年3月16～23日
回収数：親調査……9,715名　子調査……5,803名

が未婚のままとなり、「日本の未婚化を象徴するのは男性」という状況となっています。

中高年未婚男性が増えている理由の一端に、母親の存在があります。

図5－13をみてください。息子に対して20代後半までに結婚してもらいたいと考える父親が36・5％いる一方で、母親は30代前半までにとの回答が最も多く、20代後半までという回答は25％と父親の回答との間に11ポイント以上の大きな差が生じています。父親は実体験としての男性の結婚経験者であり、また、息子の考えそうなことをある程度理解しているからこそ、結婚の時期や結婚の自由度について、母親よりもシビアな意見なのかもしれません。

先に解説した結婚年齢への「ハザードマップ」の存在を親が知らないままに、のんびり構えている息子に、自由で気を遣わないでいられる環境を親が提供し、さらに「20代で焦って結婚しなくても、男は30代になってからでも十分結婚できるもの」と結婚への活動の先送りを追認しかねない状況が浮かび上がります。結婚適齢期の誤解にもとづく心理的な安心感を与えて、却って子どもの結婚を難しくしてしまっているのが実は母親たちだった、とならないように注意したいものです。

また、中高年になった息子の婚活に母親が口を出すことも、よくあるケースです。息子が40歳をすぎて相手探しに苦戦し、ようやく見つけた40歳前後の女性に対して、「孫の顔が見れないかもしれないから」と破談に持ち込む母親の話は、残念ながらいまだに結婚相談所やお見合い紹介などで発生していることが、本書の取材でも現場の声として上がってきています。

このような「孫の顔が見たい」「跡継ぎがほしい」という親のプレッシャーは大都市圏に比べ地方にその傾向が強いのですが、その一方で、地方になるほど結婚成立数の減少が加速化しています。親の希望で限りなく確率の低い相手を探し続けていては、孫の顔が見られないままで、親自身もいつかはいなくなります。そして、残されるのは未婚のまま年老いた息子だけということになりかねません。これは本人にとって、本当に幸せな人生といえるでしょうか。

「本来、子育てのゴールは子どもの自立です。結婚適齢期が近づいても親が同居で快適な環境を提供し続けることは、子どもの出会いや結婚への活動の先送りにつながります。それは最終的に子どもの幸せな老後につながらないのではないでしょうか。子どもといつまでも同居し、結果として結婚を先送りさせることは、『かわいい子どもを手放せない』親の過保護につながっていないでしょうか」（天野氏）

日本の未婚化にどのように歯止めをかけるか

多様化する結婚と出会い方

人々の結婚に対する価値観や考え方は、時代の変化が大きく影響しています。一方、結婚のカタチそのものも、事実婚や同性婚など時代とともに多様化し、さまざまなスタイルが認められる状況になっています。

行政が配偶者の定義を広げ、婚姻状態として積極的に認めるようになった近年の動きは、現代社会がダイバーシティを受け入れようとする象徴的な事象です。その先駆けとなったのが東京都渋谷区の２０１５年の同性パートナーシップ制度の導入です。これ以降、同制度については国内の60を超える自治体が取り入れています。

もちろん、多くの人が選択する法律婚においても、さまざまな結婚のスタイルが広がっています。主な働き手は妻で、家事育児を主に担当するのは夫という「主夫」や、仕事などの関係でお互いが別々の場所で暮らす「遠距離婚」や「通い婚」を選択する人もいます。これまでの固定観念では選びにくかった夫婦のカタチも、社会が受け入れ、行政や企業も制度で支援するようになりました。

そして、今回の新型コロナウイルス感染症の流行により、瞬く間に企業に浸透したテレワークは、これまで妻に頼りがちだった子育てを夫が相応に受け持ったり、遠距離で暮らさざるを得なかった夫婦が同居できたりするようになるといった、結婚生活の選択肢を広げたといえるでしょう。

このように結婚生活のスタイルが多様化している中で、結婚に至るプロセスにも多様な選択肢が求められています。未婚化がさらに進み、少子化に拍車がかかることで、国の根幹となる労働力人口のさらなる減少の可能性があることを考えると、多様性の受容は社会の要請であるともいえます。

今や、職場での出会い、友人の紹介での出会い、合コン、街コン、結婚相談所などの対面お見合い、そしてビデオ会議システムを利用したオンラインパーティやマッチングアプリなどのオンラインを活用した出会いと、さまざまな出会いの手法が登場し、その人にフィットした手段を見つけることができるようになりました。今後はさらに、「結婚したい」「結婚相手を見つけたい」という人の行動を周囲が前向きに認め、そして応援するような社会へ移行することが、よりよい婚活環境の醸成に寄与してゆくのではないでしょうか。

「大切なのは出会い方ではなく、出会いの向こう側にいる相手と確実に巡り合い、カップリングに至ることです。出会い方にこだわって活動範囲を狭めることは、そのまま出会いの確率を減らすのでとてももったいないことです。納得できる結婚を目指すならばなおさら、手段を限定せず幅広く活動をしてみる。それを周囲も温かく見守る社会でありたいですね」（天野氏）

女性も「申し込まれる側」から「申し込む側」へ

マッチングの精度をあげるＡＩの活用もこれからますます進んでいくでしょう。しかし、ここで重要なのは、「好みに近い相手をおすすめしてくれる」ＡＩは、学習を重ねてその精度を上げるものだということです。

「未婚化要因調査」のデータにもあったように、マッチングアプリでは「男性が積極的に活動し、女性が受け身」という構図があります。男性が有料で女性が無料という料金システムの影響もあるのかもしれませんが、男性は短期間にできるだけ多くの相手にアプローチして早く結果を出そうと、活発に活動します。男性と女性の活動量の差は、結婚相談所や自治体センターなどＩＴを用いたあらゆる形態のマッチングの現場において見られます。

そういう活発な男性からの多くの申し込みを受け、「選ぶ立場」となるのが女性です。女性はＩＴ媒体に登録するまでは積極的ですが、そのあとは申し込まれることをひたすら待ち、その中から選ぶという受け身の姿勢に変わってしまう場合が多いのです。しかし、女性が具体的なアクションを起こさなければ、ＡＩはその女性の好みのタイプを学習することができず、自分では気づかないような自分にぴったりな相手探しの精度を上げることができないのです。

ＩＴを活用したマッチングシステムの導入でお見合いの成立が急増したのが、第4章でも紹介している「えひめ結婚支援センター」です。しかし、同センターでも、お見合い後の婚姻成立の割合は決して高いとはいえません。その理由の一つが、男女の積極性の差です。男性は多くの女性に「数を打てば当たる」の精神で申し込みをします。ただし、選択基準が容姿優先となることがほとんどで、数少ない特定の女性に申し込みが集中し、男性の多くが選ばれることなく放置されてしまっているのです。

では、女性はどうしているのかというと、ほとんどの場合、マッチングアプリ同様に男性からの「申し込み待ち」の姿勢です。ところが、少数派ながら女性から申し込むというアクションを起こしたケースでは、男性側から申し込んだ場合よりも2倍以上の確率で、お見合い後の婚姻が成立しています。待っているだけではなく、女性も行動を起こすことで、結婚という成功をより高い確率で手に入れられるのです。

「女性は相手への条件としてのこだわりが明確で、その条件に沿って相手を選ぶ傾向

が強くあります。そのため、いくら相手から申し込まれても、そのこだわりに合わない方とは会いません。それならば最初から条件に沿った相手に自分から積極的に働きかける方が、そのこだわりに近い男性を獲得しやすくなるのです。

一方、男性は交際を申し込む際に女性の容姿を重視する傾向が強く、そのため容姿端麗な女性に断られる、返事すらもらえないという経験を多くしています。それだけに、女性側から申し込んできてくれると好感を持ちやすい状況にあるのです。また、結婚に関しては女性の容姿は関係ないことが、成婚分析からわかっています。男性の成婚相手の決め手は『少し若い方が有利』程度しか有意な結果は出ておらず、結婚は女性側が条件を支配している傾向にあるとの結果が、えひめ結婚支援センターでの行動分析から出ています。

ですので、登録しただけで満足して、あとは男性待ちという女性が多いのは非常に残念です。女性は〝申し込まれる立場でいたい〟というプロセスに固執せず、自分から積極的に理想の男性をつかまえに行ったほうが望む出会いにはるかにたどり着きやすくなります」（天野氏）

また、婚活市場にもデジタル化が押し寄せる中、得られる情報から「フィルターバブル」に陥らないようにすることも非常に重要です。

「フィルターバブル」とは、インターネット上のコンテンツを利用しているうちに、レコメンド・エンジン機能によって、自分にとって好ましい、または都合のいい情報だけがフィルタリングされて見えるようになることを言います。ユーザーのお気に入りをレコメンド・エンジンが勝手に分析して、次々と紹介してくる仕組み（レコメンド機能）がサイトに内蔵されているケースが多くあります。結果、自分に心地いい情報が多数派であると勘違いし、それ以外の考えを受け入れなくなることで、偏った情報をあたかも当たり前のことだと思ってしまうリスクが発生します。

例えば、画面上に次々と映し出される芸能人の歳の差婚のニュースを見て、「中高年になっても若い女性と結婚できるかもしれない」と思い込んでしまったり、30代女性が素敵な結婚をしている情報ばかりを見ているうちに、30代女性の婚活ハンディを忘れてしまったりすることなどは、典型的なフィルターバブルにはまっている状態といえるでしょう。

このように多くの人々がインターネットを主な情報源としている状況にあって、結婚したいと考えている人たちへの情報提供の在り方は、大変重要となってきます。国や自治体に加え、企業や学校などにおいても、その内容や手法、受け手のリテラシー向上について研究する必要があるのではないでしょうか。

「未婚化」が引き起こす日本の消滅

序章で詳しく解説したように、未婚化は私たちの「ふるさと人口（日本の空の下で生まれる人口）」の消滅につながる極めて深刻な問題です。このまま未婚化が進めば、私たちの未来はどうなってしまうのでしょうか。

少子化の問題への対応としては、まず上流段階として結婚するカップル数が大きく減っていることに対しての「結婚希望を叶える支援」があり、続いて中流段階に結婚に至ったカップルへの「出産支援」、そして下流段階として無事に生まれてきた後の「子育て支援」など子育ての環境整備があります。

少子化の大元の原因であるカップルができないという「未婚化」が進行することは、子育て支援をしようにもその子どもが生まれず、育児する対象もいない状況を生み出します。こうしてふるさと人口が減り続け、移民などの海外からの人口流入がなければ、やがて誰もいなくなり地域の人口が消滅することをも意味します。このまま人口減少が続いた場合は、日本は経済的影響力を失い、やがて国力は衰え、言葉、食、生活習慣など、私たちが愛するあらゆる日本文化が消え去る運命となるのです。

今こそ日本が「未婚化」の流れを止めるための施策を国家単位で真剣に検討し、少子化問題の上流課題であるこの問題の解決を進めることは喫緊の課題です。生まれた子どもに対する支援に目が行きがちですが、子育て支援する対象となる子どもを生み出すカップルを増やし、出生数を回復させることに対する支援は、間違いなくふるさとと人口が消滅するという深刻な危機の回避策となるのです。

日本と同じように出生率が低下していたフランスでは、1976年以降から出生率回復政策に国をあげて取り組み、2006年以降は2.0前後に回復させています。2020年の出生率は日本が1.34に対して、フランスは1.84です。実はフランスは人口維持に非常にセンシティブな国です。2006年に2.0に出生率が回復した際に、これでドイツの人口に追いつくであろうと政府のスポークスマンが発表したほど、人口維持について国をあげて取り組んでいます。それでも、この1.84という数字でさえ人口の増加となる値ではないのです。

私たちは今一度、「人口が減る」ことの意味、ふるさと人口の消滅を日本人共通の課題としてもっと真剣に考えるべきなのです。

このような急速な出生数減少の状況にあって、国や自治体もさまざまな施策を打ち出しています。ただ、少子化対策として、待機児童の解消や子育て世帯への児童手当支給など、生まれた子どもたちとその親に対する支援が施策の中心でした。近年、少子化対策には婚姻数のアップが不可欠であることが認識され始め、国も自治体の結婚支援施策を後押しするようになっています。その結果、2021年7月時点で結婚支援センターを設置している道府県は34、ITを活用したマッチングシステムを導入している県は27に上ります。

このように自治体がそれぞれに結婚支援に乗り出しても、実際の婚姻数の減少傾向に歯止めがかかっていないのが実情です。そこで、待ったなしの少子化対策として、内閣府は2021年度より自治体の「AI婚活システム」導入への補助の拡大を決定しました※6。自治体がAI婚活システムを導入する場合、補助金の割合をこれまでの「2分の1」から「3分の2」へ引き上げるというものです。国が支援を強化したことで、未婚化の流れを抑えられることができるかは、正直

※6　朝日新聞デジタル2021年2月3日「単なるマッチングじゃない? AI婚活へ補助、国も本腰」

なところ未知数ではあります。ただ、ＡＩ婚活だけにとどまらず、今後もあらゆる施策を国として継続してゆくことが必要であることに変わりはないでしょう。

コロナ禍で日本の結婚、出産数はさらに減少

婚姻数、出生数の減少に悩む日本にとって、今回の新型コロナウイルス感染症の流行はどのような影響を与えたのでしょうか。

コロナ禍にあって人々は、他者との接触が大幅に制限されるなど、これまでにない生活を強いられました。そして、第1章で説明した「新型コロナウイルスの恋愛・結婚の価値観への影響調査」でも明らかになったように、社会全体が不安に陥る中、既婚者は家族の大切さを改めて実感し、未婚者はお互いに支え合うパートナーを求める人が多くいました。そのような願望を抱く人が増えた一方で、現実的に周囲を見渡せば、経済の先行きが見通せず、雇用不安や生活に対する不安が存在する。そういったことも結婚への具体的な活動をにぶらせている要因の一つといえるでしょう。

【図5−14】 婚姻数の推移

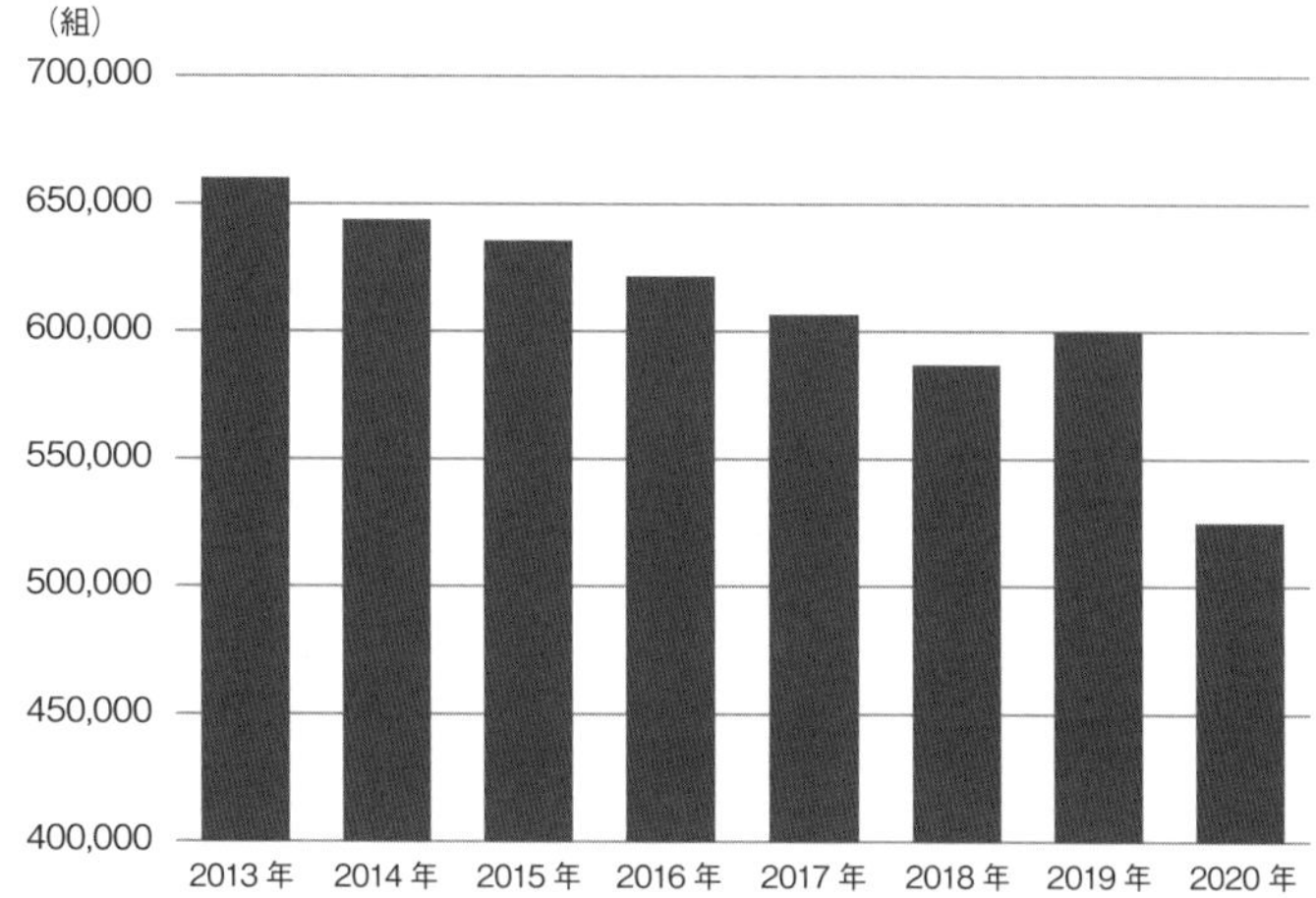

【図5−15】 出生数の推移

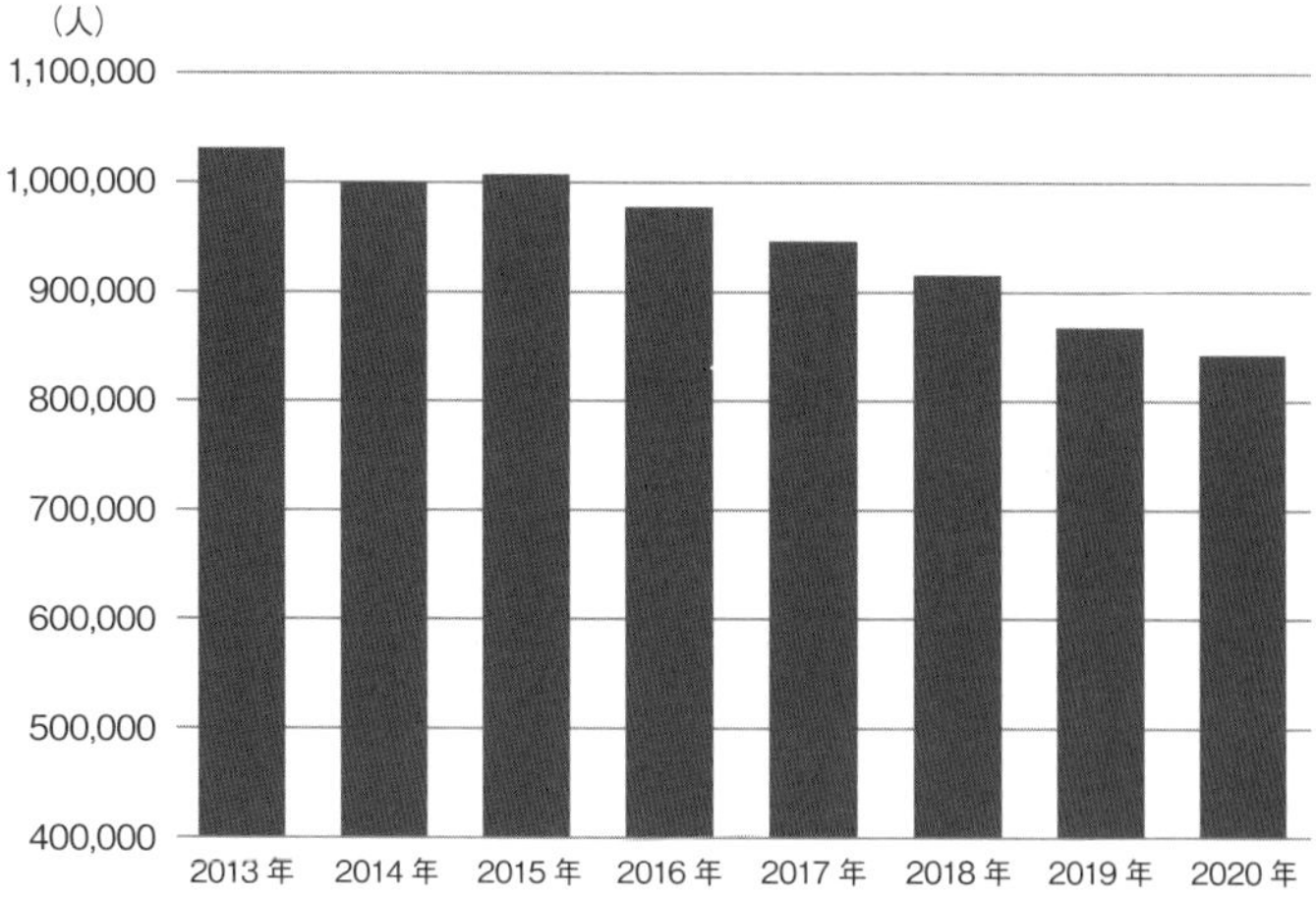

出典：厚生労働省「人口動態調査」より編集部作成（5-14、5-15とも）

２０２０年の日本の婚姻数は52万５４９０組で、前年度よりも7万件以上減少して戦後最低を記録しました（図５－14）。２０２０年は「令和婚」効果で7年ぶりに婚姻数が増加した前年の反動に加えて、コロナ禍による結婚式などの先延ばしや精神的に結婚に前向きになれない、これまでの対面方式を前提とした出会いの機会が、年間を通じて大きく制限されたといった理由があると考えられます。統計的に結婚適齢期にある20代人口が最も多く集まる東京都においては、大学の授業もオンライン講義、新入社員生活もテレワークが中心といった状況が長く続いています。結婚だけでなく、出産への不安を感じる人も多く、妊娠届出数、出生数も全体的に落ち込んでいます（図５－15）。２０２１年も大きく回復する要因は今のところ乏しく、コロナ禍が長引くことで婚姻数、出生数の減少に拍車がかかる懸念があります。

世界的な結婚・出産減による人口減少危機

結婚や出産に対する新型コロナウイルス感染症の影響がみられるのは日本に限ったことではありません。

例えば、２０２１年3月に公表された財務省「人口動態と経済・社会の変化に関する研究会」

報告書によると、米国では、２０２１年の出生数が30万件以上減ると予測されています。また、同年6月5日の朝日新聞では、フランスでも、２０２１年1月の出生数は前年同月比13・3％減で、ベビーブームが終わった１９７５年以来の大幅減少と報じています（仏国立統計経済研究所／ＩＮＳＥＥの統計）。

同じく3月10日の英フィナンシャル・タイムズは、ヨーロッパで最初にロックダウンをするなど新型コロナウイルス感染症の影響が大きかったイタリアの国家統計局（ＩＳＴＡＴ）の数値として、２０２０年の出生数は40万人で前年比2万人減となり、その結果、スペイン風邪が流行した１９１８年以降で最大の人口減と報じました。加えて同紙はスペインでも２０２０年12月、２０２１年1月の出生数は前年比20％減で、12月の出生数は統計が残る１９４１年以降で最低となったとしています。

出生数の減少は、コロナ禍で結婚するカップルが減ったことも要因の一つとなっています。イタリアでは２０２０年1月〜10月の間に婚姻件数が50％以上減、またフランスの２０２０年婚姻件数は前年比34％減となり、２０２１年の全体の出生数はさらに下がると予想されています。

結婚や少子化に新型コロナウイルス感染症の影響が影を落としているのはアジアも同様で

す。

韓国統計庁の発表によれば、２０２０年の合計特殊出生率は０.84と世界最低水準を記録しました。２０１８年以降３年連続で、１人の女性が生涯に産む子どもの数である合計特殊出生率が１を割り込む状況となっており、世界に大きな衝撃を与えています。韓国では雇用不況、住宅価格の高騰などが原因で結婚をしない「非婚」が若者にとっての選択肢となっていることに加え、コロナ禍がそれに追い打ちをかけました。２０２０年の婚姻件数は前年比１割減の21.４万件で、統計発表以降の最低記録を更新しています。２０２１年１月～３月の婚姻件数は、約４.８万件で、前年同期より17.6％減少しているのです。

韓国同様に、深刻な超少子化に悩むのが台湾です。米国中央情報局が発表した２０２１年の世界の出生率予測では、多少持ち直すであろうとされる韓国の１.09を下回る１.07と世界最低値となっています。台湾の２０２１年１月～３月の婚姻数は２３５７万人の人口に対し２万８７５５組で、コロナ禍の影響が表面化しつつあった前年同期の３万３０００組よりも１割以上少なくなっています。

シンガポールや中国でも婚姻数や出産数の減少は国の重要課題で、東アジアでは一部の国を除いて「未婚化↓出産数減少↓人口減少」が全体的なトレンドとなっているのです。

世界においては、いまだ高い出生率を誇るアフリカやアジアなどの途上国以外の国々で、以前から続く人口減少の流れが、コロナ禍により回復するどころかさらに厳しい状況に直面しているのです。人との交流が抑制されて結婚へ至る出会いの機会が減り、経済的な先行きに対する不透明感や医療体制への不安から、世界中で未婚少子化の深刻さが加速している状況にあります。コロナ禍の影響の長期化が、先進諸国における人口や経済に与えるダメージは計り知れないものとなるでしょう。

未婚化を食い止め、国民と社会の幸福な未来を

多くの未婚男女が「結婚したいのに叶わない」という現実をいかに変えていくかが、「未婚化」解決のポイントです。そのためには、本書で述べてきた結婚に対するさまざまな思い込みや勘違いといったギャップを是正し、結婚当事者である未婚男女が誤解のない正しいマッチングの発生確率等の知識にもとづいて、結婚希望が叶いやすい行動をとることが、最も有効な手段となります。

「未婚化要因調査」をニッセイ基礎研究所と共同で実施したエウレカの担当者は、今回の

調査の意義を次のように語ります。

「漠然とイメージされていた男女間、そして未婚者と既婚者間のギャップの存在が、データとして目に見える形になりました。これにより未婚者、そしてそれをサポートする私たちのような民間サービス企業も含めた周囲がしっかりとこの問題を認識できました。なんとかなると思っていても、動かなければどうにもならないのがいまの時代の結婚です。結婚を叶えるためには、現実から目をそらさずに正確に事態を把握し、自分は何を優先し、どう行動すべきなのか。結婚を考える皆さんには、ぜひ考えてもらいたいと思います」（天野氏）

また、ニッセイ基礎研究所の天野氏は、個人の意識改革と同様、社会がサポートする必要性を語ります。

「人間も自然界の一部であり、ヒトという動物です。生物学的に結婚に適した年齢、出産に適した年齢があるのです。現代人はあらゆることを人間がコントロールできるという間違った感覚に陥りがちです。人間は都市化された生活の中ではすべてをコントロールできると感じやすく、その結果、自然発生する確率を大きく離れていることに関しても人工的にコントロールできる可能性に過剰に期待し、叶わないケースでは極めて脆弱《ぜいじゃく》な状態に陥りやすくなっていると思います。

都市化された安全な生活に慣れてしまい、天災等の自然の中にこそ感じ取れる人知ではコントロールできない『神の手』に対して、それを受け入れ、諦念を持つことができる強さを私たちは失いつつあるのではないでしょうか。そのため結婚や出産に対しても『いつかはできるはず』『ダイバーシティだからどんな結婚も可能な時代になった』などと、自分の1人の意志でどうにでもなるかのような主張をする方も少なくありません。また、それを多様性の象徴であるかのように捉えがちな今の日本の風潮に通ずるものがあると思います。何歳になっても思うような結婚ができる、という思い込みの壁を打破することが、未婚化を解決するための社会の課題といえます。

大切なのは、いつかはしたいという結婚希望があるのであれば、できるだけ早くから出会いを求めて、とにかく動くということに尽きます。自分の思い込みに縛られず、はじめから相手を多くの条件で絞り込まず、広い視野で相手を探していくことで、人生のパートナーとなりうる人との出会いが多くもたらされます。

そうはいっても、どう動いていいのかわからないという人は、ぜひ自分からＳＯＳの手を挙げて、周囲の助けを得てください。結婚しても、しなくても、自由な時代です。だからこそ、黙っていては『ハラスメントになりかねない』との気遣いから誰も手を差し伸べてくれません。

一方で、社会は、当たり前にお見合い相手を探してもらえていた時代の終焉《しゅうえん》を経て、今後は希望者の声を拾い上げ、それに応える新たな結婚支援サービスやツールを充実させる責任があります。そして、結婚に困っている人を意志ある人々で支えてあげることで、初めて未婚化をストップする流れをつくりだせるのだと思います」（天野氏）

個人の幸福はもちろん、私たちが暮らす日本の将来のためにも、「未婚化」社会からの脱却は社会全体の課題です。多くの幸せなカップルが生まれる未来のために、いますぐに行動を起こすことが必要だといえるでしょう。

第５章　未婚化を阻止するために

おわりに

本書を最後までお読みいただいた方は、いま日本を襲う急速な人口減少・少子高齢化の背景に、そもそも子どもを授かるためには不可欠なカップルの〝成立不足〟、という事実があることに気づかれたことでしょう。そして、このことに対する危機意識の共有が図れたと思います。

では、なぜ人口減少・少子高齢化を防ぐことに対して、いま真剣に向き合わなくてはならないのでしょうか。

それは改めて申し上げるまでもなく、高齢者を支える生産人口（15歳～64歳）の割合が相対的に低下することで、さまざまな弊害が社会に生じる可能性が高くなってきているからです。

働き手の減少による生産性の低下は、経済の減退を招き、新たな投資も停滞し、人材や資本の流出によりイノベーションも生まれづらくなります。国や自治体の税収は下がり、結果として、これまで受けられていた各種行政のサービスの質が低下する、道路や上下水道など社会インフラの維持管理もままならなくなる等々、私たちの生活環境は悪化へ向かいます。

同様に、消防、救急、警察といった機能の低下も免れることはできません。超高齢化社会による深刻な状況が間近に迫りつつあるのです。

人口減少・少子高齢化問題は、経済成長といった話のみならず、65歳未満が半数を占める孤独死の増加、介護問題の深刻化などとともに、生活環境を維持していくといった側面からみてもまさに喫緊の課題なのです。

それならば、ダイバーシティの時代なのだから、若い移民をどんどん受け入れて生産人口の維持を図ればいいのではないか、そのように考える方もいらっしゃるかもしれません。果たして、今の日本でそれができるでしょうか。

日本の移民比率は2020年で約2％です。今の1億2000万人超の人口維持を考えた場合、団塊の世代が現在70代前半であり、あと十数年で平均的な寿命に達する中、その1／3しか赤ちゃんは生まれていません。それを移民で補うとなると、単純計算で毎年生まれる赤ちゃん数の2倍の人数の移民を受け入れる、という計算になるのです。

生産年齢人口を数の上で補うことができる、という単純な議論ではなく、極めて多面的議論を要することであることを軽視してはならないと思います。

一方で、国際結婚を後押しすることで、婚姻件数を増加させればよいのではないか、という意見も存在します。確かに、地方の農林水産業を中心とした地域の男性にとって、女性パートナーの不足は深刻ですし、昨今の多様性、国際化の視点では増加していくことは歓迎すべきことかもしれません。しかし、直近の日本の国際結婚比率は約4％です。したがって、統計を見る限りでは、人口減少・少子高齢化に歯止めをかける策として期待するというのは現実的ではない、と言えるのではないでしょうか。

このようなことから、本書で繰り返し説明されているように、日本国民の未婚化に歯止めをかけ、カップリングを希望する適齢期同士の婚姻を増加に導くよう尽力する、ということが、人口減少・少子高齢化対策においていまの日本が国を挙げて取り組むべき施策の最適解となります。結婚したいと願う適齢期の男女はいまだ全体の約9割におよび、この施策の持つポテンシャルは極めて高いと言えます。

加えて、昭和の時代では当たり前だった「世話焼きさん」や社内紹介による異性との接点づくりに代わるものとして、ＩＴを活用した結婚相談所や、マッチングアプリなど広域の男女を対象にカップリングすることも可能なサービスが登場し、出会いの手法が多岐になっていることも追い風といえます。

しかし、それでもまだ多くの課題があることが本書からは伝わります。結婚希望者が大多数であるにもかかわらず、その多くが交際相手を持たず、適当な異性と知り合う機会にも恵まれないと考えている状況です。また、婚活の場面においては、既婚者よりも独身者の方たちの行動が鈍い、遅いという実態が本書で浮かび上がりました。

行動が鈍い独身者の背景には、その親世代の持つ、結婚に対する旧態依然とした価値観、若い世代の恋愛観・結婚観と親世代のそれとの間に大きなギャップがあること、さらには、一部の子離れできない親の存在による「足かせ」があることなどについても指摘されています。

本書で詳らかにされた「日本の未婚化の実態」から私たちが理解しなくてはならないのは、日本の家族観や恋愛観が、欧米に比べると全体として前時代的である、ということです。「男性が女性を経済的にリードして、家は女性が守るもの。子どもはお母さんの方が好きに決まっている」「働き方改革は女性が機嫌よく家を守るための職場での配慮であり、男性はその分、女性の時間や発言にも気を遣わねばならなくなった」「自分たちがそれで問題なく、幸せだと感じてきたのだから、若い世代だってそうであるはずだ」などと、目の前に発生している、これまでとは異なるカップル形態を求める若者たちのリアルなデータを読み解かず、「彼らは口ではそういっているが」「きれいごとだ」「結婚したくないんだから仕方ない、多様性だよ」などと、自らに都合のいい解釈を選択することは、いま日本で起きている未婚化や、今後起こるであろう日本の未来を、正しく理解することにはつながりません。

多様な家族観、恋愛観を社会が積極的に受け入れることは、〝カップル成立〟を促進させる土壌となります。

広く国民が「未婚化問題＝家族観の非多様性問題」であることを認識できるような、「きちんととらえた」データに基づく情報発信、教育が大切です。そして、それに国が正面から向き合うことで、日本の家族の在り方、特に中高年世代が抱くノスタルジックな「ステレオタイプ的家族観」が持つ〝非多様性〟に対して、多くの人々が気づけるような警鐘を鳴らせるのではないでしょうか。

いま、新しい政権が発足しようとしています。さまざまな政策が議論の対象となっていますが、中でも「こども庁」の創設が注目されています。「あらゆる家庭で子どもを安心して生み育てられる社会の実現」という理念を否定する人はおらず、むしろ、なぜもっと早く着手できなかったのかという声さえ聞かれます。いずれにせよ、関係する各省庁の縦割りという弊害を打破し、子どもに関する政策のコントロールタワーが出来上がることは歓迎すべきことです。

しかし、こういった議論を前にして感じるのは、産まれてきた子どもとその家族を応援することに加え、そもそも子どもをつくるカップルの成立をどのように応援するのか、カップル成立を阻むような家族価値観をこの社会は内蔵したまま進んでいるのではないか、という議論になぜ行きつかないのか、ということです。少なくとも、日本のふるさとと人口やふるさとと文化を守るには、この議論を差し置いてあり得ないのです。

近い将来、どのような形であれ、愛する人と一緒にいたいという人々の願いによりそい、そして、その願いを応援する気持ちや制度が、極めて自然体に受け入れられる日本へと成長すること、すなわち日本の真の「家族観のダイバーシティ」を願ってやみません。

２０２１年10月
天野馨南子

【参考】 日本の将来推計人口（平成 29 年推計）

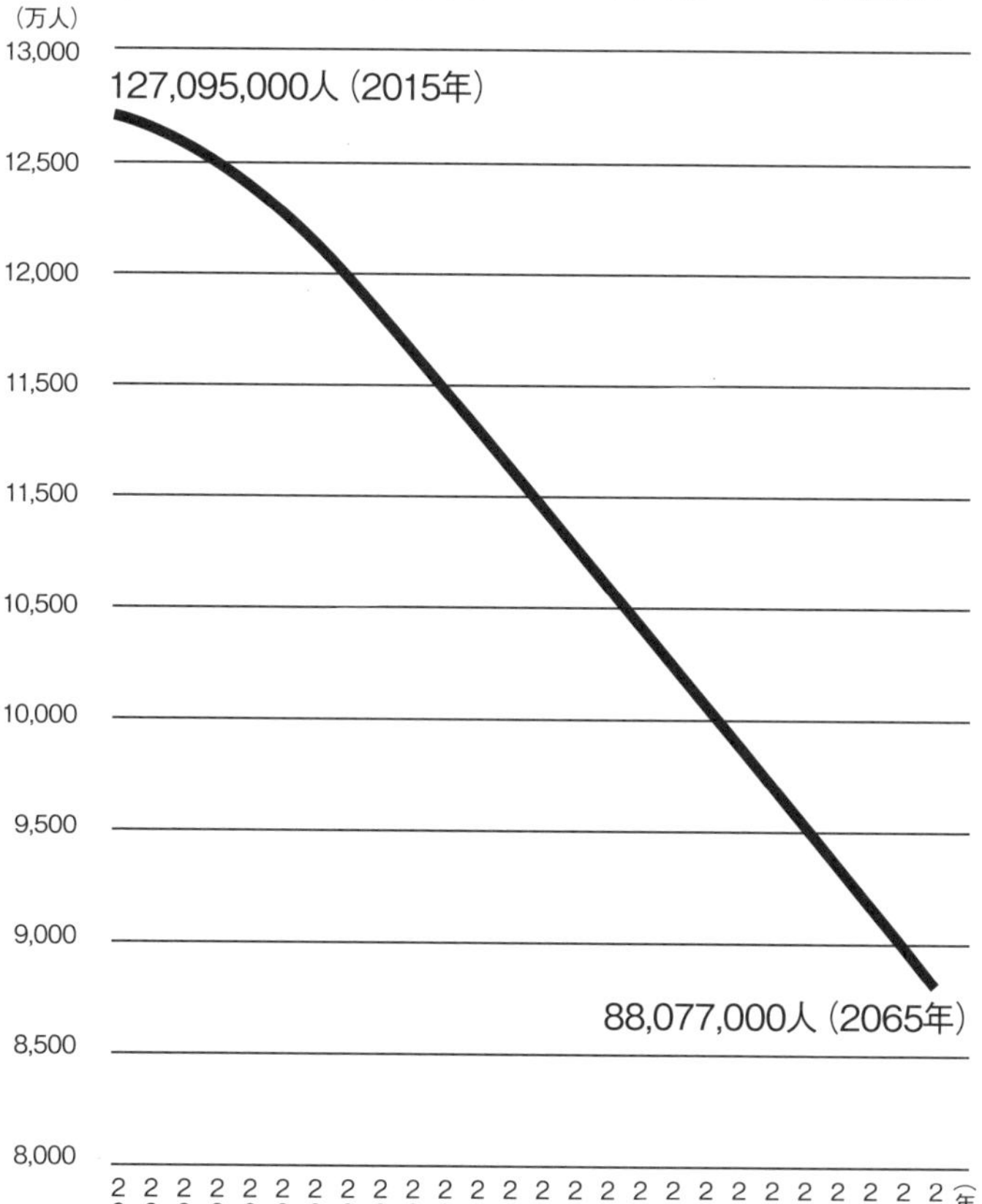

各年 10 月 1 日現在の総人口 (日本における外国人を含む)。2015 年は、総務省統計局『平成 27 年国勢調査　年齢・国籍不詳をあん分した人口 (参考表)』による。

出典：国立社会保障・人口問題研究所「日本の将来推計人口（平成 29 年推計）」より編集部作成

監修者 PROFILE

天野 馨南子（あまの かなこ）

㈱ニッセイ基礎研究所　生活研究部／人口動態シニアリサーチャー

東京大学経済学部卒。日本証券アナリスト協会認定アナリスト（CMA）。1995年日本生命保険相互会社入社、1999年から同社シンクタンクに出向。専門分野は人口に関する社会の諸問題、特に少子化対策・一極集中・ダイバーシティ推進。内閣府少子化・共同参画関連有識者委員、地方自治体・法人会等の人口関連施策アドバイザーを務める。エビデンスに基づく少子化対策・地方創生・女性活躍推進・ライフデザイン講演実績多数。著書に『データで読み解く「生涯独身」社会』（宝島社新書）、『Before/With コロナに生きる社会をみつめる』（ロギカ書房）等

未婚化する日本

ペアーズ共同調査と
統計データが示す
その傾向と対策

2021年11月21日 第1刷発行

編著	白秋社編集チーム
監修	天野 馨南子（株式会社 ニッセイ基礎研究所）
編集協力	株式会社 エウレカ
装丁	森田 佳子
カバーイラスト	金子 茜
本文デザイン	小林 秀嗣
取材・執筆	工藤 千秋　石渡 真由美
発行人	高橋 勉
発行所	株式会社 白秋社 〒102-0072 東京都千代田区飯田橋 4-4-8 朝日ビル 電話 03-5357-1701
発売元	株式会社 星雲社（共同出版社・流通責任出版社） 〒112-0005 東京都文京区水道 1-3-30 電話 03-3868-3275
印刷・製本	創栄図書印刷 株式会社
校正	有限会社くすのき舎

ISBN 978-4-434-29197-5